# それからの海舟

半藤一利

筑摩書房

# 目次

# それからの海舟

プロローグ

# 「本所の勝麟」ぶらぶら記

## ●薩長嫌い

昭和十六年十一月、「江戸最後の日」という映画が封切られ、勝海舟に扮したバンツマ(阪東妻三郎)の熱演に、盛大な拍手を送った記憶がある。いま考えれば、対米戦争を前にした日本帝国の苦悩とダブる話なのであるが、ときにわたくしは十一歳、幕末ならびに昭和の不可解な政治的駆け引きなどわかるはずもない。が、「戦争か平和か」で苦悩するバンツマの姿にぞっこん惚れ込んだ。

それからあとは、いわゆる「卵と鶏」的などっちが先かの垢抜けない話になるのであるけれど、わたくしはどうも生まれつきの勝海舟好きであるようである。東京は向島生まれ、空襲で焼かれ都落ちして越後長岡の中学校卒、と自己紹介すれば、わがうちなる薩長嫌いは申さずともわかっていただけようか。幕末における薩長は暴力組織以外のなにものでもないと思っている。「官軍」とは色をつけてもいわない、つねに「西軍」といってきた。

祖母からは幼いときに、「高位高官だの将軍や提督だのになって威張っておるが、薩長なんてのは泥棒そのものだて。七万五千石の長岡藩に無理やり喧嘩をしかけて、五万石を奪いとってしもうた。尊皇だなんて、泥棒の一分の理みたいなものなんよ」とさんざん耳に吹きこまれて成人した。

そんなわたくしであるから、江戸っ子夏目漱石や永井荷風の薩長嫌いの弁のことごとくに、大いに溜飲を下げている。なかんずく荷風さんである。枚挙にいとまのない、その藩閥政府への憎悪と侮辱と嘲罵のことば。早い話が、荷風が心からなつかしむ江戸文化を、遠慮会釈なく叩き壊した泥くせえ連中にたいする怒りなのである。

「薩長土肥の浪士は実行すべからざる攘夷論を称え、巧みに錦旗を擁して江戸幕府を顚覆したれど、原《もと》これ文華を有せざる蛮族なり」（「東京の夏の趣味」）

昭和十九年十一月二十一日『断腸亭日乗』の記は凄まじい。

「明治以後日本人の悪るくなりし原因は、権謀に富みし薩長人の天下を取りし為なること、今更のように痛歎せらるるなり」

こっちは所詮は昭和の子、荷風さんの胸の底の底にある薩長観とはずいぶん深度の違う浅いところでの反撥ながら、三つ子の魂とやらで、かなりの感情的な薩長嫌いで通している。小学校六年生のとき、「天皇陛下、天皇陛下と有難がるが、徳川様《とくせん》の江戸城の間借人か、せいぜい借家人にすぎないんだぞ」とやって、危うく転校させられそうになったほどである。

「それからの海舟」を書くにあたってのきいた風なご挨拶のようであるけれど、江戸城無血開城の後のそれから、ということは、結局は「明治」という波瀾万丈の時代をテーマにすることになる。

たとえば海舟の明治のお偉がた観を『氷川清話』から引けば——、

「今の大臣などは、維新の風雲に養成せられたなどと、大きなことをいうけれども、実際剣光砲火の下を潜って、死生の間に出入して、心胆を練り上げた人は少い。だから、一国の危機に処して惑わず、外交の難局に当って恐れない、というほどの大人物がないのだ。ただ先輩の尻馬に乗って、そして先輩も及ばないほどの富貴栄華を極めて、独りで天狗になるとは恐れ入った次第だ。先輩が命がけで成就した仕事を譲り受けて、やれ伯爵だとか、侯爵だとかいうような事では仕方がない」

なんていう江戸っ子勝っつぁんの大気焔に乗っかって、歴史散歩を試みようという按配で、思えば大変な人を「同行二人」の相棒にえらんだものよ、という気がしないでもない……。

## ●両国公園の記念碑

最近の新聞報道によれば、「勝海舟の銅像を生誕の地、墨田区に建立しよう」という運動が活発になっているらしい。墨田区外の勝ファンの間にも広まって、目黒区のある女性作詞家が名乗りでて、作詞した勝っつぁん賞揚の歌「勝海舟—負けて勝つ」を除幕式で使ってほしい、と申しでているとか。はたしてこんなお祭り騒ぎを、勝っつぁんは許すかどうか。ただ有難迷惑と苦笑するばかりならん。*1

秋晴れの、朝からすこぶる気分上々のとある日、突如、隅田川東岸の勝ゆかりの地を訪ねてみる気になった。銅像建立運動の新聞報道にいくらかは心を動かされてしまったらしい。とくに向島界隈は悪ガキのころから、「あっちの神社で勝海舟センセイが剣術の朝稽古で腕を磨いたんだ。こっちの寺で座禅をして肝っ玉を鍛えたんだ、そっちの神社で下手な俳句を詠んだんだぞ」とねんごろに教えられて育ったところ。どうしても勇み立つ気持が抑えられなくなる。

勝っつぁんは文政六年（一八二三）二月十一日、本所亀沢町（いまの墨田区両国四丁目）に生まれた。よく知られているように、祖父の平蔵が三万両で株を買い、千石取りの男谷家をついだ。そして父の小吉はそこから勝家の養子に入るが、実際は男谷家に仮住い。そこが海舟の誕生の地ということになる。つまり、生家は亀沢町に住んでいた剣聖・男谷精一郎宅というわけである。その男谷道場は切絵図にも明記されている。ちなみに海舟は精一郎の従弟に当たり、はじめ彼は従兄から剣を学んだのである。ところが、小説や随筆などを読むと、入江町とか長崎町に勝の生家をもっていっているのがかなりある。

妙なことといつも思っている。

で、当時の切絵図にしたがって、おぼしき所を探してみても、いまは勝の力の字も残ってはいない。あるのは、相撲の二所ノ関部屋で、出てきた砂まみれの褌かつぎクンに尋ねても、「オッス！ そんなの知らん」と無愛想に答えるだけで、これは聞くほうが愚かであった。

このあと天保六年（一八三五）に、小吉は大横川に沿った入江町に小さいながら一家を構えた。いまの緑四丁目付近であるが、遺跡らしいものはないから、緑町公園で汗を拭くのがせいぜいで、無駄骨ということになる。海舟はこの入江町から、多分、大横川ぞいに、向島の弘福寺や牛島神社に走るようにして通ったのであろう。

結局、両国界隈にあるのは、忠臣蔵の吉良邸近くの両国公園（両国四―二五―三）にある「勝海舟誕生之地」の石碑のみということか。これじゃ土地の英雄に冷たすぎる、ということで、慌てふためき、銅像建立運動がいまになって持ち上がったのかもしれない。

なお、両国公園の西側が両国小学校で、芥川龍之介の母校である。

## ●「さあどうだ妙見様」

両国から清澄通りを北上して、春日通りを右に曲がり、しばらく行ったところ、能勢妙見堂（本所四―六）に立ち寄ってみる。過去に訪れた記憶がないから、あるいは初めての参詣なのかも知れない。入口の立札に、祈禱の種類が書かれている。開運除厄や、交通安全や、虫封じや、方除や、相性は分かるが、「六三除」という〝おまじない〟には面食らった。あとで調べて、六三の災いを除く密教的な呪法と知った。説明すると長くなるから略して、とりあえず境内にご案内すると、ここに勝っつぁんのあまり出来のよくない胸像が、おごそかに鎮座ましましている。思いもかけない対面にヘエーとなる。

もう一つ、びっくりしたのはご本尊さま。峨々たる巌の上に屹立する黄金の像は甲冑を帯び、右手に剣、左手に金剛不動の印相を結ぶ。そして凄まじい折伏の御形相。

勝っつぁんが九歳であったとき、犬に男の急所を嚙まれて生死の境を彷徨うような重傷を負った。父の小吉がこの妙見菩薩に、徹夜のハダカ詣でをし、子の生命を助けてくれと喧嘩腰の祈願をした話は、もう有名すぎるほど有名である。ここは、子母澤寛の名作『父子鷹』のそのときの小吉の言葉をそのまま引用しておきたい。

「ね、妙見様、お前様がまこと菩薩か、それともそうじゃあねえか、此処で忽ちはっきりするところですよ。……（略）あのまませがれが死ぬような事があったら、やがて小吉もあの世へ行き、諸神諸仏の御前へ罷り出て、妙見菩薩というは飛んだいかさまだ、かぶとを冠り刀を振上げ、姿形はいかめしいが、人を憐れみ、苦難を助け、いささかの慈しみも遊ばさぬどころか、徒らに信心者の供養を受けて、安閑といねむりをしている奴だと、洗い浚い申上げるぞ」

寺伝によれば、安永三年（一七七四）能勢頼直が法華の霊場・能勢妙見山から分霊した妙見大菩薩を、江戸下屋敷に祀ったことにはじまる。小吉の拝んだのも目の前のご本尊様と同じ。そう思うと、一目置きたい気分になり、恐さよりも有難さが増してくる。

さて、このあとの小吉は、

「その眼の光をまた本尊へ向けて、

『さあどうだ妙見様、わかったか』

いい終わったら、べたりとそこへ坐って、

『南無妙法蓮華経、南無妙法蓮華経』

からだをゆすってお題目を称え出した。腹の中からゆり起こって来る声は、涙を交えて実に悲壮であった」

悲壮にして痛快、さぞや妙見様もこの頭ごなしの直談判には閉口したことであろう。見上げながらその様を想像してみると、本尊の厳しさをよそに、テヘヘへと思わず笑いがこぼれてしまう。

病床にあること七十日、麟太郎は全快する。いらい約束どおりに小吉は死ぬまで妙見様のために、あれこれ精根こめて尽くしたという。『夢酔独言』を読んで、奇想天外な傑物、常識でいえば放蕩無頼で、やること成すこと頓珍漢であるかも知れないけれども、この親父の一生は見事にりゅうとした心棒が通っていた。どうせ造るなら、海舟よりも親父の銅像のほうが似合ったかも知れない。

## ●王子権現の寒稽古

向島は、まずは、言問橋のたもとの牛島神社（向島一―四―五）へ。当時は橋の北側にあったが、いまは南側で、ちょっと位置が違っているが、だからどうって言う料簡もない。牛御前王子権現社と称し、昔は一般に牛の御前とか王子権現と呼ばれていた。

男谷精一郎が、勝の剣術の師匠として、自分の代わりに島田虎之助を選んだことは、これまたよく知られている。が、なぜ？となると、よくわからない。親父小吉が、男谷では従兄弟ゆえ生温くなると案じて、豪放な島田に息子を任せることにしたのではないか。島田は男谷道場の師範代であり、のちに許されて霊岸島に道場を開き、直心影流島田派の祖となった実戦的な剣客である。しかも剣一筋に生き抜いた生真面目さ。勝っつぁんは島田について、

「この人は世間なみの撃剣家とは違うところがあって、始終、『今どきみながやりおる剣術は、型ばかりだ。せっかくのことに、足下は真正の剣術をやりなさい』といっていた」

と回想している。その真正の剣術をやらせるべく、島田は少年時代の勝を、「本当に修業したのは、剣術ばかりだ」と、後年の勝に言わせるほど、みっちりとしごいた。飯

炊き、拭き掃除から洗濯、そして道場での荒稽古。寒稽古の季節になると、朝っぱらから素足に袷一枚で木刀を持たせ、勝に王子権現に駆け足で行かせた。生半可なところはない。

「寒中になると、島田のさしずに従うて、毎日けいこがすむと、夕方からけいこ着一枚で、王子権現にいって夜げいこをした。いつもまず拝殿の礎石に腰をかけて、瞑目沈思、心胆を錬磨し、しかる後、立って木剣を振りまわし、更にまた元の礎石に腰をかけて心胆を錬磨し……こういうふうに夜明けまで五、六回もやって、それから帰って朝げいこをやり……」

『氷川清話』の一節。これじゃ眠っている暇もないじゃないか、と冷やかしたくなる。

そして、詩的なことも珍しく口にしている。

「はじめのうちは、深夜樹木が森々と茂っている闇の境内で、ただ一人いるのであるから心が臆した、梢を渡る北風の音も凄まじく聞こえ、思わず総毛立ち、今にも大木が頭上に折れて落下するのではと恐れたものだ。だが鍛錬を重ねるうちに次第に慣れてきて、のちには俗塵を洗い清められる心境に到達するまでになった」

いまは広々とした境内で、とても「樹木が森々と」というわけにはいかぬ。墨堤に残る大燈籠に「本所総鎮守」とあるように、本所一円の総鎮守であったから、勝っつぁんのころは鬱蒼とした森に囲まれていたものならん。権現造りの社殿の前面の左右に脇鳥居を組み合わせた明神鳥居が珍しい。それよりも近頃は撫牛のほうがよく話題になる。寺の御賓頭盧《おびんずる》様と同様に、自分の体の悪い部分を撫で、牛の同じところを撫でると病気が治るという信仰で、身体だけでなく心も癒るといわれている。ガキのころ、角を撫でていたら、「角を撫でると頭に角が生えてくるぞォ」と意地悪な大人におどかされて、思わず頭に手をやって大笑いされたことを覚えている。

勝の寒稽古のころにも、この撫牛があったかどうか、つまびらかにしないが、幕臣・淡島寒月の句に「なで牛の石は涼しき青葉かな」というのがある。あるいは勝っつぁんもかつての日に犬に嚙まれた自分の急所のあたりを撫で、ついでに牛のあそこも撫でてみたりしたかも知れない。もっとも、この撫牛の男性自身はいずくにありや、といきがけの駄賃で探してみたが発見できなかった。

## ●弘福寺の座禅

島田虎之助の教え「剣術の奥義を極めるには、まず禅学を学べ」を海舟は忠実に守ったらしい。『氷川清話』にある。

「それで、たしか十九か二十の時であった。牛島の廣徳寺という寺に行って禅学を始めた。大勢の坊主と禅堂に座禅を組んでいると、和尚が棒を持ってきて、不意に座禅をしている者の肩を叩くよ。すると片端から仰向けに倒れる。なに、皆が坐して無念無想のように見えても、銭の事やら、女の事やら、甘い物の事やら、色々の事を考えて、心が何処にか飛んでしまっている。そこを叩かれるから、喫驚りしてころげるのだ。おれなんかも、始めは此のひっくり返る連中であった。段々修業が積むと、少しも驚かなくなって、例の如く肩を叩かれても、只僅か目を開いて視る位に達した。こうして四ヶ年間、生真面目に修業した。此の座禅と剣術とがおれの土台となって、後年、大層為めになった。瓦解の時分、万死の境を出入して、ついに一生を全うしたのは、全く此の二つの功であった」

ここに出てくる廣徳寺は、芭蕉の句碑「いざさらば雪見にころぶ所まで」で知られた長命寺の隣の、牛頭山の山号をもつ黄檗宗の名刹弘福寺のこと（向島五－三－二）。延宝二年（一六七四）鉄牛和尚によって開かれた。本尊は恵心僧都作の釈迦如来像。で、中国風の堂々として、変わった造りの山門をもっている。黄檗古式の本堂だってなかなか品位がある。庭を桜雪庭という。花によし雪見によし。ふつうは「こうふくじ」と呼ばれているが、わたくしなんかは子供のころより鹿爪らしく「ごずさん・ぐふくじ」といっている。

境内に、戦国時代の禅僧・風外和尚作と伝えられる翁と婆の石像がある。風邪や百日咳を病む人がお参りすると、たちどころによくなることから、「咳の翁婆」として凡夫凡妻に親しまれている。また、この寺は森鷗外の菩提寺で、大正十一年に鷗外が死んでからいったんここの墓地に葬られた。翌十二年が関東大震災で、復興事業として隅田公園がひろげられるまで、ここに鷗外の墓があった。東京府がどさくさまぎれの復興をしなければ、かの「森林太郎之墓」は、向島の文学名所の一つとして息災であったろうに、残念なことであった。

それにしても空襲にも焼けずに残った本堂の真ん中にとくに頼んで座して、勝っつぁんを気取ってみると、なかなかに結構な気分になれる。シーンとした中で、本尊に向き合い独り問答を試みながら、ふと、幕末の老中格・立花種恭の回想を想起したりした。

「いよいよ恭順と決し諸向へ達すと、満城の士が泣き出すもあり、落胆するもあり、それはそれは大変な事でした。榎本（武揚）は満座の中へ突っ立ち上がり、将軍様は腰が抜けたか、恭順するとはと叫び、大久保一翁は榎本は感心な男だと大層に賞美しましたが、しかし、この中で睾丸の据わっているのは勝安房一人だと言いました」

西軍の東征を迎えて、抗戦か恭順かを議した江戸城での最後の大評定の様子である。痛憤、怒号、涕泣、憤激、悄然の渦巻く中に、毅然として動かざること山の如き勝っつぁん。これ一事をもってしても、勝の修行は並のものではなかったことが知れるではないか。

ついでながら、勝っつぁんにいくらか関係のあるもう一話を。

弘福寺のほぼ隣といっていいところに三囲《みめぐり》神社（向島二―五―一七）がある。江戸時代から〝三囲のお稲荷さん〟として親しまれている。昭和二十年代に浅草のストリップ劇場に通っていたころ、舞台でこんなコントが演じられていたものである。三囲神社へ参詣しての帰り道、向こうから美しい女がひとりやってくるのに出会う。何とか懇ろになろうといろいろと口説く（このへんが芸の見せどころであるが略）。やっと口説き得たので隅田堤へ連れていく。ぐっと押し倒して上からかぶさってみたが、男はふと気がついて聞いた。

「まさか、お前は稲荷の狐じゃあるまいな」

女はもぞもぞしながら答える。

「いいえ、あたいは狐じゃないが、もしやお前は馬ではないか」

と、戦後もこんな風に有名（?）であったが、ちかごろは隅田川七福神めぐり[*2]が流行して、この社に恵比寿・大黒の二天ありとのことで、いろいろな本にくわしく紹介されて、わたくしごときの割って入る余地もなくなった。もっとも、有象無象の書物のなかには、大正大震災で本殿は焼失したことありだの、太平洋戦争下の東京大空襲でやられたのと、知ったかぶりを書いているものもある。それらはすべて何かの誤り。大震災では境内にあった其角堂、空襲では額堂、水舎、神楽殿など焼失したが、いまの本殿は安政年間の建築そのままなんである。したがって勝っつぁんも眺めたことがあるわけになる。

この本殿と、毘沙門天のいます鐘ヶ淵の多聞寺の山門が、濹東に残るとっときの江戸時代の建物ということになる。そして歌碑、句碑などは弘福寺の隣の長命寺、ちょっと離れた百花園もふくめればおよそ無尽蔵。江戸の名残を偲ぶには向島がいちばんである。と、かなり脱線してしまったけれど、元へ戻すと、三囲神社とくれば江戸の俳人榎本其角の「夕立や」のお話がよく知られている。折からの旱魃で葛飾村の農民が鉦や太鼓をうちならして雨乞い祈願の真っ最中に、其角が来合わせた。農民の頼みに応じて、其角は神前に夕立の句を献じた。すると、翌日どしゃ降りの雨が降った。この話、まんざらの根なしごとではなくて、『五元集』という其角の句集にでてくる。

「牛島三めぐりの神前に雨乞ひするものにかはりて

　夕立や田をみめぐりの神ならば

　翌日雨降る」

三囲と見巡りとみ恵みとをかけたもの。さらにいえば、夕立の「ユ」、田をみめぐりの「タ」、神の「カ」で、治まる御代の豊作を祈ってもいるそうな。元禄六年（一六九三）六月のこと。何事も事実そのままじゃ面白くないということで、江戸っ子たちは

「翌日、雨」でなく、句を献ずると一天にわかにかき曇り大雨沛然、にたちまち物語を作りかえる。*3 子どものころわたくしは「たちまちに」と教えられたものであった。

さて、遅ればせながら、ここで勝っつぁんが登場である。時代はぐんとさがって明治三十一年（一八九八）七月、久しく雨が降らないので、さぞやお百姓さんたちは難儀をしているであろうと、海舟は一首を詠んで、三囲さんに奉納させたというのである。署名は物部安芳。

　三囲の社につづくひわれ田を
　　神は哀れと見そなはさずや

しかも、とたんに雨が降った、と『氷川清話』にご自身が書いている。そして、

「オレの歌も天地を動かし鬼神も泣かしむるほどの妙がある。小野小町や榎本其角にも決して負けない」

と大得意で小鼻をぴくぴく動かした、らしいが、片腹痛し、こっちはとても信じることはできない。結局はカラ振りの三振とみる。伯爵勝安芳と肩書は立派であるが、気力も失いつつある最晩年の、この下手くそな歌が鬼神をゆり動かすとは、いくら言霊の幸《さきわ》う国とはいえ、あまりに安直にすぎる。無効であった証しに、其角の句碑は三囲さんの境内にあるが、海舟の歌碑は、どこを探しても、残念ながらない。とけなしたままでは申し訳ないところもある。勝っつぁんにも墨田川を詠んだなかなかにいい歌もある。

たちかへるわが古里の墨田川
　むかし忘れぬ花の色かな

ついでながら、日本は言霊の幸う国で、詩歌の功徳で旱天に雨を降らした話が多いのにびっくりする。古くは天平時代に大伴家持が「この見ゆる雲ほびこりてとの曇り雨も降らぬか心足らひに」と雨乞いした歌があり、海舟の言にもあるように、小野小町も京都神泉苑で「ことわりや日のもとなれば照りもせめさりとてはまた天が下とは」とやって、見事に雨を降らしたというのである。勝っつぁんもこの歌の天才たちの仲間に入れてやることにするか。

**この章の「余談」——**

＊1　雑誌「ちくま」にこれを書いてから二年たって、二〇〇三年七月二十二日の朝日新聞の川の手版に、八百人以上からの寄付四九〇〇万円で、墨田区吾妻橋一丁目の区役所うるおい広場に「勝海舟の銅像が完成」という記事が大きく載った。銅像なんて「勝っつぁんは許すかどうか」と、いくらかソッポを向いて冷やかし気味に書いたが、ただちに野次馬に宗旨変えで、翌日にさっそく対面すべく吾妻橋畔へ出かけてみた。除幕式は七月二十一日に終わり、お祭り騒ぎもすんでいて、うるおい広場はさしたる

人影もなく、勝っつぁんの銅像は所在なげに立っていた。ご本人は背丈一五八センチしかなかったが、銅像は二五五センチもあるそうな。それが二メートル以上もあろう四角い台座の上に立っているから、ふんぞり反って仰ぎみるほかはない。もっとも上野の山の西郷さんだって靖国神社の大村益次郎だって、銅像なんてものは偉そうにバカ高いところに立っている。あれらに比べれば、いくらかは親しみやすく出来ているといえようか。そして台座にはやや小さく「海舟」、ちょっと大きく「勝安芳」とだけ名が示されている。

銅像の勝っつぁんは、痩身で精悍でかなり男前である。地についた刀の柄を左手で上から押さえ、右手を前に伸ばし人さし指を突き出し、生地の両国から東京湾のほうを指している。羽織の裾が軽くめくれているのは、向かい風をものともせぬ心意気ならんか。新聞記事によれば、制作は地元で育った彫刻家の木内礼智・東京家政大学名誉教授で、「像は、江戸城無血開城の時の四十代当時の勝を描いた。隅田川の下流を指しているのは、太平洋から世界に続く道筋、日本の針路を示している」んだそうな。

隣のビア・ホールで暑気払いに一杯やっていると、やっぱり勝っつぁんは迷惑至極と思っているんじゃないかな、とだんだんに強く思えてきた。いやいや、寄付を一文も出していない奴の世迷《よま》い言、余計な感想であったかもしれない。

＊2　余談のまた余談となるが、七福神について一言。

もともと、この七福神信仰は室町時代からあったといわれている。人間の七福である寿命、有福、人望、清廉、愛敬、威光、大量を、七人の神に結びつけ、上から寿老人、大黒天、福禄寿、恵比寿、弁財天、毘沙門天、布袋の順になる。しかもこの七神の選び方はまことにバラエティに富んでいる。恵比寿だけが日本土着の神で、あとはインド産が大黒と毘沙門、中国産が福禄寿と寿老人、唯一女神としての弁天さん、そして布袋にいたっては中国の唐の時代の実在の和尚であるという。神道、仏教、道教をすべて総合、外来文化と土着文化とが習合して独自のものを形成したのである。

江戸末期に、さらにこれが神社寺院とくっついて、信仰というよりも一種の行楽としてその巡行が盛んになったという。とすると、勝っつぁんもあるいはと考えられるが、いまはその証しは提出できない。ともかく、いちばん古い谷中を筆頭に、いまは亀戸、麻布、品川などにもそれぞれ七福神あり、七福神詣でが行われているが、何といってもピカ一は隅田川の七福神ということになろう。

三囲神社の恵比寿と大黒、弘福禅寺の布袋、長命寺の弁財天、白鬚神社の寿老人、多聞寺の毘沙門天、それに百花園の福禄寿。これが隅田川の七福神である。言問橋からずっと北の方へ川沿いに鎮座している。ここを訪ね歩いて、それぞれで陶器製の小さな福神を購って、七福ぜんぶそろったところで、宝船を買って乗合船に仕立てるという趣向である。ただし、元日から七草までの行事で、その折りに働きすぎるのであろう、残りの時季は七神とも休憩中となるからご注意を。

＊3 『江戸名所図会』にはこう記されている。

「社僧云く、元禄六年の夏大いに旱魃す。しかるに同じ六月の廿八日、村民あつまりて神前にむかい請雨の祈願す。その日其角も当社に参詣せしに、伴いし人の中に白雲といえるありて、其角に請雨の発句をすべきよしすすめければ、農民にかわりて一句を連ねて、当社の神前にたてまつりしに、感応やありけん。その日膏雨たちまちに注ぎけるとなり。その草は今も当社に伝えてあり」

これによると、句を献納したその日に雨が降ったことになっている。

# 第一章　苦心惨憺の〝その日〟まで

## ●二人のボロ船の船長

亡き大宅壮一さんが例の如く譬え話でこんなことを語ってくれたことがある。

「日本語で外国語にうまく訳せないのが『いっそ』と『どうせ』、それから、『カチューシャ可愛や別れのつらさ、せめて淡雪とけぬ間に』の、あの『せめて』の三つだそうだ。いずれも日本人的な独特の感性なんだな。徳川家の無条件降伏のときの、どうせ駄目ならの勝海舟は、昭和史にあっては米内光政。小栗上野介は阿南惟幾、せめて死中に一戦を、ということなんさ。人間みんなチョボチョボ、たいして変わらない、同んなじだよ」

当時は、なるほどとえらく感心したものであるが、いまは少々異見というか変ちき論をもっている。小栗の阿南はよろしいし、なんなら榎本武揚以下をいっそ自爆覚悟の厚木飛行場の反乱軍、彰義隊をどうせ負けるならの宮城乗っ取りの反乱将校に。米内光政には大久保一翁を当てたくなる。そして勝海舟となれば、これはもう首相鈴木貫太郎に擬するのが正当と思うのである。

昭和二十年八月、鈴木貫太郎さんは最後まで強気であった。腰抜けのところなんか毫も見せなかった。米内をはじめ和平派の人々が、首相はどっちへ顔を向けているのか、と疑うほどであった。米内なんか鈴木を見放して辞職を考える始末である。志賀直哉の評を借りれば、[*4]貫太郎首相は、沈みそうなボロ船で荒れ狂う海へ乗り出していくような威勢をみせ、アッというまに安全な港へ入れてしまった。鳥羽・伏見の敗戦のあとを回想した『氷川清話』の一文などを読んだりすると、勝海舟また然り、ボロ船の船長と断言したくなってくる。

「……城中鼎を沸かすようだった。それは祭りにさえ騒ぐ江戸ッ児の事だから、江戸の騒ぎも大抵察せられるだろう。この時、幕議では事の起りが行違いだから、大したことにもなるまいとの説だったけれども、おれは独りで、西郷めがこの機に乗じて、天兵を差し向けはしないかと心配していた処が、果してやって来たわい。西郷は実にえらい奴だ。当時人心きょうきょうとして、おれは常に一身を死生一髪というきわにおいていた」

幕閣の楽観論というか手前よがりの論というか、現実認識を失った考え方はもう笑うほかはないが、こんな連中を相手に勝っつぁんの苦労のほどもよくよく偲ばれる。そして西郷の来ることを察した先見の明も大したもの。と褒めるよりも先に、来てくれるといいな、さあ、やって来い、という江戸っ子的な向う意気の強さを言外に読み取るべきではないか。どうも事の不拡大というよりも、ギリギリの拡大化を待ち望んでいる。西郷を褒めながら、実はわれに成算ありきを語っている、そんな口ぶりのほうが感得される。ボロ船を見事に港へたどりつかせてみせるぞ、という壮んなる気概である。勝には「せめて」も「いっそ」も「どうせ」もなかった。リアリズムに徹しぬいていた。

### ●錦の御旗じゃ 知らないか

勝海舟の『慶応四戊辰日記』や『幕末日記』などをひもとくたびに、残念でならないことがある。わたくしが「官軍」とは金輪際いわないと頑張っている薩長を主力とする「西軍」を、勝っつぁんはアッケにとられるほどあっさりと「官軍」と書いている。

たとえばその一つ、『戊辰日記』慶応四年一月十七日の項に、

「夜俄に海軍奉行並被レ命。且て京師より問罪の官軍東下す。三道之小侯議論紛々といえども、多くは駆役せられ、或は其城邑を焼かんと云説、日夜不レ堪。（以下略）」

といった具合なのである。いくら西軍に知己多しといったところで、ここは一番、不敵の人らしく仏頂面で「西軍」と言い切ってほしい。

それというのも、この年の一月五日、東西両軍が激突した鳥羽伏見の戦場に、「錦の御旗」が、西軍の本営に高々と立てられたからである。その報せは江戸にいた勝の耳に

もすぐに届いていたからに違いない。西軍は錦旗すなわち天皇旗を捧げもつ朝廷軍「官軍」になっている。「官軍」とするのは遠く江戸にあっては冷静な観察であったのであろう。

歴史には「もしも」はない。が、戦場にもし錦の御旗がたたなかったならば、である。東軍が一挙にへなへなとなるはずはない。いや、それ以前に、錦の御旗が自作自前、さらにいえば「官軍」を自演したとんでもないしろものと、もしもバレるようなことがあったら、である。薩長嫌いの忌ま忌ましさもあって、そんなことをあえて想像したくなる。

というのも、一月三日に開始された鳥羽伏見の戦いは、一進一退、勝敗はいずれとも定めがたく、「葵御勝利のよし」と幕閣は江戸あての四日夜の文書にしたためているほど、乱戦模様であった。土佐藩は出兵しながら戦争を幕府と薩長の私闘とみなし、戦闘に加わるのを避けようとしている。越前も尾張も、その他の在京の諸藩も、東西いずれにつくとも決定していない情況である。

それゆえに、薩長の陰謀家たちは、負けた場合はどうするかについて、真剣そのものに作戦をねっている。幼帝の生母の父親である中山忠能が「玉印」をもって山陰方面に逃げる。幼い天皇を比叡山に移して時をかせぎ、その間に宮さまたちを地方へ派遣して勅命をくばる。こうして軍勢をととのえて、あらためて決戦にでる。なんだか後醍醐天皇御代の南北朝時代とそっくりの戦術のようであるが、ともかくも背水の陣をしかざるをえない。そうした情況下に、東軍の総大将の徳川慶喜が大坂城をでて、勇躍して戦場に姿をあらわしたならば……である。歴史の歯車はどう動いたか、ほんとうのところわからない。

ところが、記したとおり五日、西軍の陣頭にへんぽんとして錦旗がひるがえった。その報が慶喜のもとに届いた。かれは勤皇一点張りの水戸徳川の子として育てられている。「もし一朝こと起りて、朝廷と幕府と弓矢に及ばるるがごときことあらんか、われらはたとえ幕府にそむくとも、朝廷に向かいて弓引くことあるべからず。これ義公（光圀）いらいの家訓なり」（『昔夢會筆記』）

と、のちにはっきりと述懐するくらい、朝敵になることを心底から怖れる将軍であった。まったく、錦旗一旒でことは決した、とかいつまんでいうほかはない。たかが布でつくった旗じゃないか、などと馬鹿にできない魔力をもっていたのである。

では、どうやって錦の御旗が西軍の陣にひるがえったか。そのことをこれから一席するわけであるが、そこまでのところの経緯はくどくどしくなるから簡単にするが、前年の十月十三日付けで倒幕の密勅と「会津・桑名を討て」の御沙汰書が薩摩と長州の両藩に下った（正確には長州には十四日付け）。薩摩の大久保一蔵の日記には「秘物拝戴」とある。いずれも岩倉具視の秘書玉松操の草するところを、正親町三条と中御門経之が分担執筆し、中山忠能が幼帝に恭々しく読んで聞かせたんであろう。幼帝とは記すまでもなく明治天皇。このとき御年十五歳。したがってごくごく厳密にいえば、勅諚は天皇の与り知らないものなのである。

そしてこのときに、正親町三条は錦の御旗の「目録」も添えて下賜したという。目録となっているのは、その実物が天皇の手元になかったからである。

お歴々は「目録」をありがたく頂戴したものの、錦旗とはいかなるものか、さっぱり見当もつかない。実物は見たこともない。

「なれど、倒幕の戦いには、ぜひ錦旗がなくてはならぬ」

といって、ともかくも見本を携えてきたのが公家の岩倉である。日月章に飾られた図柄は、なかなかに巧緻で、それに品もある。大久保と同席した品川弥二郎はすっかり感心した。

「どなたの作で？」

と大久保が聞くと、岩倉はちょっと胸を反らしていった。

「玉松操が、昔の本を参考にして描いたものです」

ところで、岩倉と大久保と品川の三人はご存じであったかどうか、錦の御旗が史上初めて登場したのはいつのことか。調べてみたら、『太平記』なのである。巻五「大塔宮熊野落ちの事」に出てくる。

「宮、げにもと思召して、日月を金銀にて打ち著たる錦の御旗を、芋瀬の庄司にぞ被レ下ける」

そして巻七「吉野の城軍の事」には、

「元弘三年正月十六日、二階堂出羽入道道蘊、六万余騎の勢にて、大塔宮の籠らせたまえる吉野の城へ押し寄する。菜摘川の川淀より城の方を見上げたれば、峰には白旗・赤旗・錦の旗、深山おろしに吹きなびかされて、雲か花かと怪しまる。麓には数千の官軍、かぶとの星を燿かし、鎧の袖を連ねて、錦繡をしける地のごとし」

名調子に乗せられて長く引用したが、どうやら錦旗が風に靡いた本邦初はこのとき、と断じていいようである。

こうした歴史的事実の理解ありやなしやはともかくとして、三人の策士はさっそく錦の御旗を新しく作ることにする。それも京都では人目につく、ということで、品川弥二郎が長州で誰かに作らせるということで話がきまった。

そういえば、太平洋戦争前には「官軍」を讃えるためか、品川弥二郎作詞の「とんやれ節」が大いに歌われていたことを思い出す。

宮さん宮さん　お馬のまえに／ひらひらするのは何じゃいな
とことんやれ　とんやれな
あれは朝敵征伐せよとの／錦の御旗じゃ　知らないか

とことんやれ　とんやれな
わが腕白時代には、そのよってきたる意味も知らずに、とことんやれとんやれな、とよくがなったものであるし、錦の御旗というもののおごそかな意義もいっしょに覚えさせられたもの。いまにして思う、なるほど、とことんやれは品川弥二郎の大仕事自賛の歌であったのかと。*5

余談はともかく、十七日、主導権をにぎり時代をひっぱっていく方策を練るため、さっそく薩長の策士たちは行動を開始する。大久保や品川は長州へ向かった。当時、大久保は祇園一力の養女おゆうを愛人にしていた。そこでおゆうに、西陣へいって大和錦と紅白の緞子を買ってこさせる。*6 それを大久保の従者は背にかついでいる。品川は長州へつくと、岡吉春という男に作製を命じた。岡は大いに困惑したが、大江匡房著『皇旗考』を参考に、岡は弟子の鬼丸重助に手伝わせて、暮夜ひそかにその製作にとりかかった。作業は一ヶ月以上を要する。逆算すれば、武力革命の旗揚げは十二月に入ってから、ということになる。ともかくも『錦旗調整一件』（山口県資料館蔵）によれば、日月をあしらった錦旗二旒と、紅白の緞子を使って菊をそめぬいた紅旗と白旗を各十旒も作りあげたという。

東西両軍の激突はその十二月も過ぎて、いちばん都合のいい一月に起きている。西郷吉之助（隆盛）がいよいよ開戦の報を聞いて、

「鳥羽の一発の砲声は、百万の味方をえたよりも嬉しかった」

と語ったというが、ムベなるかな。

そして五日、岡吉春が長州でひそかに作った錦旗のいよいよお出ましである。先頭には薩摩藩の軍勢が進み、つぎに日月の錦旗を寒風にひるがえして、錦旗奉行がつきしたがい、つぎに征討大将軍仁和寺宮が赤地錦直垂に沢瀉縅《おもだかおどし》の式正鎧《しきしょうよろい》を着けて馬上ゆたかに進み……と、書いていると何となく南北朝の大塔宮がダブッテくる。

戦場のいちばん展望のひらけている場所に、威儀を正した軍隊が本営を構築する。戦闘中の薩長軍の将兵が何の旗かと訝しく思いつつ、へんぽんとひるがえる旗を仰ぎ見た。これが朝廷の錦の御旗と知らされると、歓呼してこれを迎える。当然である、西軍はこの瞬間から官軍になり、東軍は賊軍と規定されたことになる。

翌六日、鳥取の藩兵が寝返り、津の藤堂藩が西軍側に転じ、東軍を攻撃するのを契機に、列藩はつぎつぎに勤皇の旗幟を鮮明にしはじめる。どこまでも慶喜が冤罪と知りながらである。

あとはさきに書いたとおり。前日まで「千騎が一騎になるまで退くな」と檄を飛ばしていた慶喜が「江戸へ帰る」とあいそもこそも尽き果てることを言い出した。こうして、この日の深夜、闇にまぎれて慶喜たち数人の上層部は大坂城を脱出、敵前逃亡と相なった。情けないったらないが、これが現実である。だれもが錦旗が急造品とはとんと存じなかった。

そこで、どうであろうか。またしても歴史の「もしも」である。海舟先生がもしもこのインチキを知ることがあったならば……。いや、
「いまさら南北朝の争乱の真似事なんかにつきあってられないよ」
と、やっぱり、嚙んで吐き捨てたにきまっている。

## ●「慶喜謹慎の間」のこと

いよいよ恭順と心を決したあとの徳川慶喜は、堪らなく孤独であったであろう。当時まだこれからというときの三十二歳。西軍の要求するものが、その生命であることははっきりしている。親切にも届けられた越前の松平慶永（春嶽）の家臣中根雪江の書簡は、きびしい京都の情勢を伝えてきている。

江戸へ逃げ帰ってからの慶喜の態度は、あまり罪を感じていないように、朝廷では受けとられている。いまの京都の輿論は会桑同様に慶喜も極刑に処すべし、ということで一致している。であるから、「御自身にも御恐縮御謹慎にて御伏罪、斧鉞を待たせられ候御手続と相成り候えば上等なり」。ところが、「旧内府公（慶喜）御悔悟之なきにつき、他よりも先ず内府公を禁錮し、指し次ぎたる会桑はじめを誅罰し、……」というきびしさで、しかも岩倉具視のいうことには「御伏罪の上は、御割腹でもなされねばなるま

い」という主張なんである、云々。

こうなっては自信家の慶喜も心中穏やかならざるものがあったであろう。とりまく情況がかくも苛烈なものなれば、あくまで内乱を避け朝廷にたいして恭順の誠を精一杯にみせるのが唯一無二の法である、という勝安房守の献言もある。万事窮した慶喜は恭順の具体化として、上野の寛永寺に引退し、ひたすら謹慎することに意を決せざるをえない。すべからく後図を田安中納言たちに託して、かれが江戸城をでたのが、慶応四年二月十二日のことである。

ついでながら、殿様が城を捨てると判明したあとの幕閣や旗本たちの情けなさ。勝は例によって例の調子で書いている。

「将軍が帰東されて二、三週間はいわゆる御殿様連中が空威張りをして、狐使い位にはやって居ったが、二月十日を過ぎて、いよいよ東叡山退居となるや、さァ事だというので、誰一人踏み込んで相手になる奴はありゃしない。あわれむべし三百年天下政権の座たる江戸の大城は寂として人なしだ。何処へ逃げ上ったか、皆我身が恐ろしいものだから大義も君恩も構えはしない。お気の毒ながら将軍は只独り大城の奥に坐せられ、奥女中や番人位な、逃げようにも力及ばざる奴ばかりに放任されて悲惨なものだったよ」

こんな内情を読まされると、さすがに、官軍嫌いの看板を下ろしたくなってくる。手前は命懸けなのに、まわりがかかる有様じゃ、勝っつぁん、やってられなかったろうな、とご同情申しあげる。

でも誠心誠忠という語が、幕臣にまったくなくなってはいなかった。慶喜は羽織袴のいでたちで城を出る。付き添うのは高橋伊勢守（号泥舟）を中心とする精鋭隊の面々で、山岡鉄太郎、関口隆吉、中条金之助、大草多喜次郎、松岡萬、ほか七十名。近藤勇の新選組は沿道で見え隠れに護衛している。死なばもろともに、である。

勝の姿はお供のなかにはない。勝の『戊辰日記』十二日の項に、

「払暁、終に東叡山中塔中大慈院へ御移転御謹み、小臣御供に立たず、陸軍士官等へ思召を説諭す。みな勇気と憤激と凜然として涕血す。俗吏は其方向を失して青色のみ」

とある。士官たちへの説諭ばかりではない。朝廷を相手とする政治の矢面に立つ勝は城に残らねばならない。将軍のことは万事を槍の名人の高橋泥舟に任している。泥舟の「自記」にある、という。

「夜既ニ闌ナリ。大城寂トシテ人ナシ。真ニ言フベカラザルノ情態ナリ。余ガ君上ヲ負担スルト、安房ガ朝廷ニ当ルモ、是又言フベカラザル機密アレバナリ」

これを阿吽の呼吸、あるいは以心伝心というのであろう。

慶喜は寛永寺に詣って、まず輪王寺宮に謁し、京都への謝罪のよしなのことを依頼して、そして大慈院の一室にて謹慎にはいる。

さて、長々と将軍が城を去るまでのことを一席してしまったが、本題はそこにあるの

ではなく、書きたいのは、この「慶喜謹慎の間」についてなのである。実は、いまから三十年ほど前に、「漫画読本」という雑誌を編集しているとき、ここを訪れてささやかなルポを書いたことがある。自慢高言は馬鹿のうち、と承知しておれど懐かしくなって、それを引用してみたくなった。

《・徳川十五代将軍慶喜が、上野の寛永寺に謹慎したのは、慶応四（一八六八）年二月十二日。いまから百一年前だ。慶喜、当時三十二歳。

・そのころの寛永寺は、いまの上野公園全部と上野駅までもふくむ大きな寺院であった。総坪数三十六万坪というから、現在の皇居（三十三万坪）よりも大きい。慶喜が謹慎したのはその一部、大慈院の一室。歴史の皮肉というか、寛永寺の本堂をはじめ大部分の建物は、維新の上野戦争で焼け落ちてしまい、さらに土地は明治政府の手でとりあげられた。したがって明治八年に寛永寺が再興されたときは、焼け残った大慈院がいわば寛永寺そのものになった。

・幼稚園も経営している寛永寺の事務所を訪れる。出てきたジャンパー姿の青年に恐る恐るいう。

「慶喜公の謹慎の部屋を見せていただけませんか」

と、彼氏はニッコリ笑い、

「はい、どうぞ、どうぞ」

「あのォ……特別の許可証とか拝観料とかは？」

「なんにもいりません。どうぞお上がり下さいな」

ずっと奥の方へ長い廊下をいきながら、

「重要文化財か何かになっているんではないんですか」

「何にも」
・「慶喜が東叡山内大慈院に入った時に、やっと夜が明けたが、障子を〆切ったまま、手あぶりの火鉢に手をかざしたまま、いつ迄も無言でいた。謙三郎（高橋伊勢守）は次の間に控えている。障子へ時々日足が射しこんでは、また、ぱっと消えて行く。雲が出たようだ」（子母澤寛『逃げ水』より）
・手あぶりの火鉢と座蒲団、脇息が昔の位置に、そのまま置かれてある。上の間と次の間の二つの部屋。もとは十二畳半（上の間）と十畳の二間であったが、いまは十畳と八畳に縮められているそうな。床の間に花、違い棚に葵の紋章のついた什器類。
・「訪れる人なんかありませんよ。これまでもずっとそうであったし……それで雨戸も閉めたままなんで……」（ジャンパー氏）
・暗い部屋で、慶喜は、さかやきも剃らず、髭もうすくのばし、粗末な木綿の羽織袴で悄然とすわっている。身辺寂寞たるのみ。そんな慶喜の姿が、その部屋にしばし座っているると、はっきり見えてくる。そんな気がしてくる。

・四月十一日、いよいよ江戸開城の日である。その日丑の下刻、いまでいう午前三時、慶喜は大慈院を出て水戸へ移る。謹慎まる二ヶ月、頰から顎にかけて髪は「蝟毛の如し」と慶喜公伝にある。蝟はハリネズミである。

・前夜、慶喜が涙とともに書いたと思われる書が、額におさまって、床の間に飾られている。人の一生は重荷を背負うて坂道を行くが如し……にはじまる徳川家の家訓を書いたものである。闊達、凜乎の名筆。その最後に、「東照宮惜別　慶喜書」とある。東照宮とはふつうにとれば寛永寺のことである。境内に東照宮がある。明日は寛永寺を去るの意となろう。もう少し掘り下げれば、徳川家康への別れの辞ということになろう。

「それともう一つ」とジャンパー氏がいった。

「徳川家そのものへの別れ、とも考えられます。明日に亡ぶ徳川家への壮烈なる弔辞なんですね」

・「余はもう世を捨てたい」――それが大慈院を出るときの、慶喜の最後の言葉であったという。そしていま、謹慎の間は、世に捨てられて、昔のまま残されている。》

## ●山岡鉄太郎の登場

大慈院に謹慎している間の、慶喜の助命嘆願のための筋道は大きくみて三つにわかれていた。

まず、静寛院宮（皇女和宮）が宮廷の親近者や公家に働きかける。もちろん、女官らをとおしてである。ただし、この筋は余計な礼式が先立ち、それに最終的に目指すのは徳川家の存続であり、下手をすると慶喜の身柄の安全なんか除外される可能性は多分にあった。二番目の道は、輪王寺宮（公現法親王、のちの北白川宮）をとおして直接に大総督宮に訴える。ただし、あまりに真っ正面正当すぎるから、どうしても装置が立派な大芝居的になり、交渉が容易に展開しそうにもない。残るは、山内容堂や松平慶永など主たる諸侯の斡旋による裏工作である。ところが、これも政治力学からくるさまざまな思惑がからみ、かえって邪魔扱いされたりしている。

大慈院の慶喜は悠揚迫らざるものがあったかもしれないが、周囲は気が気ではない。海舟その人も昼は日ねもす夜は夜もすがら、出来るかぎりの努力を傾ける。朝廷には直接に慶喜の名や徳川家中の名で嘆願書を書いて差し出す。また、自分の名で、松平慶永をとおして働きかける。勝っつぁんは文章を書くのが億劫でなかったらしいし、それに下手でなかったからよかったが、逆であったらはたしてどうしたものか。それに字もまんざらではなかったのがよかった。

いずれの書簡でも、鳥羽伏見のことを詫び、前将軍は蟄居謹慎していることを述べ、無理にも軍を東下させ国家内乱を起こすことは、罪なき良民を苦しめることになる、天朝のなさることではありますまい、という趣旨をきちんと書きつらねたものであった。

勝っつぁんのいいたいことは依怙地なくらい首尾一貫している。

しかし、西軍の、というよりも希代の革命家西郷隆盛の決断のほうが、文書が往来しているよりも、ずうーっと迅速である。押せ押せの西軍は兵站や軍資も後回しで、たちまちに駿府（静岡）まで本営を前進させる。もたもたとした文書などの嘆願では間に合わなくなる恐れが出てきた。万事人任せの慶喜もさすがに首筋にあたる冷たい太刀の刃先を感じざるをえなくなっている。となれば、またしても勝海舟の出番である。

「二月廿五日

東台拝趨、此日、京師へ御使命ぜらるべき旨あり。依て陸軍総裁御免を願う。夜に入り、諸有司申す所あり。御使の事免《ゆる》さる。軍事の儀取扱申すべき旨仰渡さる」

と『戊辰日記』にある。東台とは東の台地、すなわち寛永寺。勝っつぁんは大慈院に呼ばれたのである。その方はただちに京都へ使者となっていき、わが恭順のことをよく説明し、江戸進撃をなんとか猶予させよ、とか何とか慶喜に命ぜられた。海舟はただちに承知したが、陸軍総裁の要職にありながら、すっぽかして江戸を去るわけにはいかない、総裁職を免じていただきたい、と言う。すると、

「聞きとどける」

と、慶喜は言った。ところが、である。帰宅して旅支度をはじめていると、夜になって、使者のことも総裁免職のことも取り消す、このまま江戸にいるようにと言って来た。

勝は想像を逞しうする。

「官兵日に逼《せま》るの聞えあり、依て内命御旨意相貫き、御侵撃之事御容予下されたき旨を以て、懇願すべき為なりしが、有司、我が帰府を止められ、京師或は途中に躊躇せん時は、再び是を解かんの術《すべ》無し、然し先ず差遣されざらんには、と云《いう》議多きを以てなり」

簡単に説明すれば、勝海舟を京都へ差し向けるのはいいが、京都に抑留されたり、途中で足止めを喰ったりしては、大そう困ることになるから、止められるがいい、と役人たちが言い立てたからである、そう海舟は書いている。が、正直なところは、勝っつぁんを使いに出すと西軍のほうに寝返る恐れがある、側近どもがそう慶喜に忠言したにちがいない。また、それをただちに容れてたちまちに前言を翻すあたり、慶喜の定見のなさを物語る。勝っつぁんもさぞや呆れたであろうが、考えてみれば毎度のこと、いまさら喋々すべきにもあらずと、筆を丸くして止めたのかもしれない。

それにしても、慶喜の勝海舟の登用が、勝を心底から信頼してのものではなく、薩摩や長州との深い縁につながる政治力を利用しようとの魂胆によるものであったことが、十二分にわかる。海舟はほんとうにやり難かったことであろう。

ただし、この場合の朝令暮改は偶然のことながらいい方向へと回転することになる。ならば、海舟の他に人物はあるか。高橋伊勢守（泥舟）が慶喜に呼ばれた。「大総督宮熾仁《たるひと》親王様が駿府城へお入り遊ばしたという」と、慶喜が愁然としていった。泥舟の

『遺稿』にあるという。

「ああ、事いよいよ迫れり。予、寝食すること能わず。汝、直に駿府に到り、予が恭順の実を、朝廷に奏せよ。即ち命を奉じて、御前を退き、将に駿府に向わんとす。公、また遽《にわか》に召して曰く、伊勢々々、待てよ、汝去らば、麾下の士豈《あに》爆発する者なきを知らんや、汝にあらざれば、予が命を全うする者なく、又、麾下の士を鎮定する者無し。この時に当りて、汝の身体二つ無きを憂うる也。今、汝に代るべきものあらば、汝、之を挙げよ。

と告げ終りて涕涙交々下る」

海舟がダメなら泥舟だと、あちらこちらに口を掛け、そのたびに命令変更を余儀なくさせられる。慶喜には頼れる人は寥々たるもの、孤影悄然という言葉そのままの人がそこに坐っているようで、そぞろ憐れみを覚えるほかはない。敗軍の将にはなりたくないものである。

それはともかく、問われて泥舟が答える。

「それがしが義弟に山岡鉄太郎と申す者がございます。願わくはこの者に御命じなされますように、謹んで申しあげます」

こうしてやっと歴史に山岡鉄舟が登場してくる。野に遺賢あり、とか簡単に言うが、時をえなければそのまま埋もれている才能はかならずしも少なからず。ひとたび順風快風をえて舟は走るのである。鉄舟は幸運であったといえる。とは言うものの、飛んでもない大役で、運だけではどうにもならないことは言うまでもない。

ただちに山岡は大慈院によばれ慶喜より特命をうける。細かく書く余裕はないから以下略す。山岡はその足で勝宅を訪れる。

海舟の『戊辰日記』三月五日にある。

「旗下山岡鉄太郎に逢う。一見、その人となりに感ず。同人申《もうす》旨あり、益満《ますみつ》生を同伴して駿府へ行き、参謀西郷氏へ談ぜんと云。我れ是を良とし、言上を経て、其事を執せしむ。西郷氏へ一書を寄す」

と、海舟は初対面とは思えないほどにあっさり書いているが、どっこい、物騒な奴がやってきたわいと、勝家の家人たちは山岡の来訪を剣呑に感じたものらしい。山岡の書いたものにある。

「軍事総裁勝安房は、余、素より知己ならずと雖も、かつて其胆略あるを聞く。依て早速、氷川町なる宅に至り事の急を告げて面会を求む。家人疑念を抱蔵して頗《すこぶ》る躊躇の色ありしも、余の請求甚だ厳なるを以て遂に安房に面会するを得たり」

山岡は面会を強要したものらしく見えるが、海舟は『日記』には右のとおり至極さらりと書いている。この辺が勝っつぁんの曲者たるのゆえんで、くどくどいわず、「一見、その人となりに感ず」なんである。ちなみに、山岡三十三歳で、海舟は四十六歳。

ところで、この日の海舟の日記で、面白いのは「益満生を同伴して」と益満休之助が同伴して駿府へいくことを、山岡が言い出したように書いているところである。何か勘違いして、と思いたいが、それはありえない。

「貴殿の決心を察するに、ヨモヤ仕損じもあるまじ。乞う貴殿速やかに駿府に馳せ、右の情状を貫徹せしめてくれよ。また序《つい》でながら幸いなれば、余が書簡を西郷氏に届けてくれよとて、一封の書を托せらる。而して付人として薩人益満休之助を従わしむ」

と、益満同行のことは、海舟のほうから言い出したように、山岡その人が回想しているのである。

こうして勝との対面を終えた山岡は家に帰る。一升あまりの飯を茶漬けにしてかっこみ、着替えをして羽織袴の正装になる。勝に命ぜられ追いかけるようにしてやってきた益満と肩をならべて、

「お英《ふさ》、ちょっと出て来るからな」

「いってらっしゃい」

山岡は夜の明けない中に鷹匠町の自宅をあとにした。小気味よくさばさばとしていて豪快で、この一景をわたしは最高に好んでいる。

## ●男の慟哭とは

前項を書いているうちに、そういえば真山青果の傑作『江戸城総攻』で、益満休之助はなかなかにいい役どころをえていたことが、突如思い出されてきた。さっそく書棚から引っ張りだす。この作品は「江戸城総攻」（一幕二場）、「慶喜命乞」（二幕）、「将軍江戸を去る」（二幕四場）から構成されているが、各編はそれぞれが独立した作品としても成立している。益満は「江戸城総攻」の序幕から登場する。勝手ながら長く引用したい。

《安房　おれが仏蘭西の力をかりて、軍艦を大坂湾に出し、公然薩長と戦おうと決心した時、お前は背後からおれを斬るか。

益満　（ふるえながら睨みて）斬る。

安房　鳥羽、伏見以来薩摩の挑戦は、無道だ、不義だ。主家のため已むを得ず立った勝麟太郎を、お前は斬るか、斬るか。

益満　（滂沱として頬を流るる涙のまま）斬る、斬る。

安房　無偏無党、王道は蕩々たり。罪なき慶喜を殺すのは王道を傷け、錦旗を潰すものだ。それでも斬るか。

益満　斬る。関ヶ原以来、薩摩は今日を待っていたのだ。

安房　うむ……。（嘆息）羨ましい国だ、西郷は羨ましい……。

休之助、嗚咽して泣く。》

実は、休之助にとっては、危うく処刑されるところを救ってもらったゆえの、海舟は命の恩人である。それに食客としてその家で暮らせば、勝の偉大さも自然とわかる。益満には勝を斬れるはずはない。が、藩の大義のためには斬らねばならない。さらには慶喜を殺すのは無道と知りながらも、三百年の怨念を晴らすためには斬る決意を固めなければならない。であるから、嗚咽して男泣きせざるをえない。メソメソしたセンチメンタリズムの涙ではなく、切羽詰まった極限状況において泣かざるをえない男の慟哭、まずらおぶりというやつである。真山青果の独擅場ともいえる悲しくも勇壮なる場面。折から、外には初鰹売りの澄んだふれ歩きの声が流れている。

第二編「慶喜命乞」の幕でも、「征東大総督府武家参謀の詰所」の場に益満が登場。敵中突破の山岡と一緒に、無事に駿府まで辿り着いた益満は、こんどは和平の使者となって熱弁をふるう。

「西郷先生。先生の口から英国という名が出たから申します。勝先生の衷心から恐れるところは、此の際に起る外国の干渉です。日本国が東西の二勢力に分れて戦う時、英仏の二箇国が、必ずその何方へ加担しましょう。そして若し一度外国の勢力を借りた時、異人干渉の発端がそこに開けて、東西両軍は勝っても負けても、外国権利の侵入を受けましょう。印度の亡びたのも、支那が領土を失ったのも、皆外国の勢力を一時かりたためではありませんか」

舞台を観ていると、東軍贔屓としては、よくぞ、益満クン言ってくれた、と心から拍手してしまう。益満は一日にしてひと皮もふた皮もむけて、大きくなっている。勝っつぁんの感化の大いさなるか。

## ●王道堂々たり

戯曲のセリフにある「無偏無党、王道は蕩々たり」は、書くまでもなく山岡に託して勝が西郷につきつけた有名な書簡にでている。いってみれば、勝っつぁん一世一代の、信念と気迫とが肺腑よりほとばしり出ている名文である。嘆願書にして嘆願書にあらず、敗者の卑屈さや姑息さは微塵もない。やっぱり抜かすわけにはいかぬ。

「無偏無党、王道堂々たり。いま官軍鄙府に逼るといえども、君臣謹んで恭順の礼を守るは、わが徳川氏の士民といえども、皇国の一民なるを以てのゆえなり。かつ皇国当今の形勢、昔時に異なり、兄弟牆にせめげども、その侮を防ぐの時なるを知ればなり」

と、まず国際情況の危機を指摘し、いまはいたずらに内乱で国を乱しているときではない、と正面から主張している。さらにその先で、それでもやるというのであればこっちにも覚悟がある、と述べる。「しかしながら」と、つぎに同情心に訴えて、最後に、

「その御処置のごときは、敢えて陳ずる所にあらず。正ならば皇国の大幸、一点不正の御挙あらば、皇国の瓦解、乱臣賊子の名目、千載の下消ゆるところなからんか。小臣推

参して、哀訴してその情実を哀訴せんとすれども、士民沸騰鼎のごとく、半日も去る能わず。ただ愁訴して、鎮撫を事とす。（後略）」

と、正論で押しまくる。「御処置のごときは、敢えて陳ずる所にあらず」としつつも、「正ならば皇国の大幸、一点不正の御挙あらば」と脅している。この捨て身の抗議は、西郷のもっとも痛いところである。その指揮下の西軍のやってきたことは、まさに覇道で、王道ではない。きたない策略であり、無法の連続である。これでイギリスやフランスなどの介入を招き、国を滅ぼさんか、千載の悔いですまされることではない。「哀訴」「愁訴」と泣くところでは手放しで泣きながら、キッとなって言わねばならないところでは真っ向から叱りつける。江戸っ子勝っつぁんならではの啖呵といえようか。

### ●散歩の効用

勝海舟は江戸の町をよくぶらぶらと散歩して回った。ステッキの頭に磁石をつけて、これで方角を見失うことなく歩いた。家のものが人様に笑われますから止めてほしいと願っても、笑いたい奴には笑わしておけと、とんと気にもせずにまたふらふらと出掛けていった。

もとはといえば、長崎の海軍伝習所時代にオランダ人先生たちが用もないのに町を歩く習慣のあるのを不思議に思い、海舟がそのわけを尋ねたのにはじまる。

第一に身体のためによい。つぎに、見知らぬ町を歩き回ることで、人びとの生活の様相や、人びとが何を望んでいるか、それが知れる。つまり、今日にいう〝世論〟が自然とわかるようになる。目的なく気散じで歩くが、嘱目することが勉強になるのである。

海舟はオランダ人の説明から大いに会得するものがあった。

といって、神詣《もう》でや寺参りでならともかくも、目的のないぶらぶら歩きなど、当時の日本人にあっては、はしたないこと。あさはかなこと。大小を腰に、羽織袴が外出のさいの礼儀であるサムライが、あてもなく巷をうろついたりしたら、とてもまともな振舞いとは受け取られなかった。海舟はそのまともならざることを平気でやった。生活日常のひとつとした散歩の習慣を、勝は長崎ではじめて、それをそのまま江戸にもちこんできた。

それに勝は四十俵小普請の本所育ち、父親の勝小吉ゆずりで下情に通じ、どんな身分の人とでも心を割ってつきあえた。住まいを山の手に移しても同じである。

慶応四年（一八六八）三月、勝ちに驕って攻めのぼってきた西軍を目睫の間にみて、幕府軍の最高指揮官たる勝が降伏・恭順のほかはないと腹をくったのも、実は散歩からえた最後の決断であったのである。お蔭で、「譜代の、主家をあやまる臆病武士」と冷たい目でみられ、四面楚歌、幕府軍からも西軍からも狙われ、暗殺の危機はしょっちゅう、が、屁とも思わなかった。江戸町民が骨の髄から戦いをのぞんでいないことを、勝は散歩をとおして身にしみて知っていたからである。

もちろん、勤皇だの、佐幕だのと血の道をあげていると、殷鑑遠からず、インドのごとくなるぞ、中国の二の舞を踏むぞとの、卓越した世界観もある。が、根本のところにある勝の信念が、江戸無血開城の決断をさせたとみるほうがよい。

その年の一月末に、麴町三番町にあった幕軍選りぬきの精鋭部隊を、勝は巡視したことがある。陸軍総裁に任命の発令直後のことで、わざわざ通報しての公式の視察ではなく、散歩がてらにふらりと立ち寄った。洋式戦術の第一人者大鳥圭介が、ナポレオンを撃破したロシア軍の首都モスクワ焦土戦術を滔々として論じていた。入口のところで、しばらく聞いていた勝が、つかつかと大鳥のそばに行って、無造作に口を切った。

「いまの大鳥さんのご講義、たいへんに結構だ。歴史を学ぶということあ、武士の表芸なんでね。そこで、いまは時間がねえんで、くどくどしたところは抜きにして、一つだけ、わたくしの意見を言っとこう」

何事かとばかりの大勢の視線を浴びながら海舟は諄々と説いた。

「ロシアの焦土戦術というのはね、戦術としてはそういう非常手段もあろうさ。だがネ、自国の首都を焼く、そのために何万人の人が家財を灰にし、無辜の民がどのくらい殺されたかを考えなきァいけないよ。モスクワでその数が八万とも十万ともいうわさ。だれがこの戦術を考えたか。調べてみたら、名前は忘れたが、プロシャ人の総参謀長なんさ。

外国人だから、平気でよその首都を焼き尽くすことができたんだ。自分の国のなかで、はたしてこれができるか。いや、やってもいいものか。あんたたち上級士官は、よく考えてみておくれよ」

軍事史家の土門周平氏によれば、大鳥圭介は、兵学者である自分たちにないまったく別の次元で、勝安房守がナポレオン戦争をみているのに心底から驚いたという。

この一挿話からも、維新の大乱に遭遇して旧套旧陋を墨守するだけで、よき智恵も臨機の処置もなく、幕府の高官たちが狼狽している間に、海舟ひとりが颯爽と変に処しえたのは、用もなく町を歩きながら、江戸の裏店の連中の心理を読みとり、世の動向を見分けられたから、ということがわかる。

そのいっぽうでよく知られているように、政治家たる勝っつぁんは万に一つの場合も考えている。平和裡に城を明け渡す談判をすすめながら、事が破れたときの用意に、およそ奇想天外な作戦計画を練っていた。『海舟座談』(岩波文庫)に愉快なことが書かれている。

「……吉原では金兵衛、新門の辰。この辺で権二。赤坂の薬罐の八、今加藤。清水の次郎長、行徳の辺まで手を廻した。松葉屋惣吉。草刈正五郎と八百松の主人などはそれぞれ五百人も率いている。公事師《くじ》の正兵衛。講武所の芸者。吉原の肥った芸者〆……」と、江戸の鳶職、やくざ、芸者、香具師《やし》など総動員である。海舟は語る。

「あの親分子分の間柄をご覧ナ。何んでアンナに服しているんだい。サムレエの世界にはない。精神の感激というもんじゃないか。そう思っているがね」

海舟は町をほっつき歩いて、この人びとの心を結びつけている「精神の感激」をよおく弁えている。そこで新門辰五郎たちの府下の博徒の親分三十余人、江戸いろは組の火消しはもとより、日本橋の魚市場、神田の青物市場の勇み肌の兄ィたち、血の気の多い連中のすべてに話をつけた。

「事が破れたときの用意をしておかぬことには、最後の談判にも腹に力が入らない。そこでだ、どうしてもこっちの歎願をきかぬとなって、錦切れ（西軍）が強いて江戸市中に進撃してきたそのときには、江戸八百八町に火を放って、かれらを焚殺しておくれな」

ゲリラ戦である。そのあと大鳥圭介の率いる精鋭部隊が出動し、西軍と決戦しようというのが、海舟の作戦であった。

「お殿さんはどうなさるおつもりで？」

「すでにイギリスに頼んである。軍艦にのせてもらって安全なところにお移り願う。イギリス国は承知したよ」

この辺はまこと、勝の深謀遠慮というほかはない。イギリスはむしろ西軍に肩入れをしていた。それを味方に引き込んでいる。しかも、市民の悲惨を最小限にするために、房総の漁民を呼びよせてこう達した。

「江戸に火の手があがったら、そっちの海岸にありったけの大小の船を、ただちに江戸湾に向かって漕ぎつけて来てくれ。それらを江戸の川や堀、海岸につけて、逃げてくるものを乗せてやってくれ」

まさにぶらぶら歩きで知り合った名もなき人びとと、「精神の感激」を海舟は共にしていた。しかも、そのいっぽうで、江戸市中に高札をだし人心の平穏につとめている。

「大総督府下参謀西郷吉之助殿へ応接相済み、恭順謹慎実効相立ち候上は、寛典の御処分相成り候につき、市中一同動揺致さず、家業致すべく……云々」

勝はこうして万全の策を立てて西軍の到来を待っていたのである。

さて、三月十四日、江戸城総攻めの前日、勝は西郷と会談し一気に無血開城の決着をつける。海舟が主張したことはただ二つ。徳川慶喜の命を確実に保証すること、幕臣のメンツを潰さぬだけの石高をよこせということ。これが守られなければ断固武力をもって抗する。と勝はいいきった。慶喜の生命の保証を第一条件とするあたり、慶喜を天皇と換えてみると、昭和二十年八月の日本帝国の降伏を偲ばせる。

それはともかく、勝は『解難録』に記している。いざ鎌倉というときの決戦準備はすべて完了していたが、

「この議（作戦計画）ついに画餅となる。この際、費用夥多、我大いに困窮す。人ひそ

かに知る者、我が愚なるを笑う。我もまたその愚拙を知る。然りといえども、もしかくの如くならざりせば、十四（ママ）、十五（ママ）の談、我が精神をして活潑ならしめず、また貫徹せざるものあり」と。

薩摩屋敷で西郷を相手に、隣室には村田新八、中村半次郎らおっかない連中が刀を撫していたが、勝の精神は活潑充実していた。その尺進あれど寸退なしの気力が勝者をも圧倒したのである。気力勝ちである。つまりは、周章狼狽の幕臣どもを相手とせず、「精神の感激」でまとまった連中の結集、およそ他人にできようもない手を打つことができたお蔭である。それができたのも、年がら年じゅう裏町を歩きつづけた散歩の効用というものであろう。

## ●歴史は繰り返す？

勝っつぁんは、どうしたことか後年になって〝その日〟すなわち西郷どんとの一世一代の大談判の日付と場所とを、ともに間違って語ったりしている。最初は慶応四年（一八六八）三月十三日、高輪南町の薩摩藩下屋敷、二度目が翌十四日で芝田町の薩摩藩倉屋敷[*7]。この後のほうの会談の場所に二人の会見の碑が建てられている。ＪＲ山手線の田町駅を三田口側に出る。駅前を走る第一京浜国道に面して建っているＭ自動車販売会社の玄関わきの植込みにそれはある。現在では高い建物が櫛比して望むべくもないが、そのころは会見の座敷からはひろびろとした海が眺められ、潮の香も漂っていた。

「あたしゃあ弁当をつかうよ。無造作にふところに入れてきた鮨の包をといて海の景色を眺めながら喰い出した。今朝おたみに作らせて来たものだ」

子母澤寛『勝海舟』に、西郷を待つ間、いかにも勝らしい振舞いが書かれている。腹がへっては戦さができないというところか。

だれもが引用する『氷川清話』の有名なセリフをここでも引用するが、海舟は楽しそうに十四日の会談を回顧する。

「当日おれは、羽織袴で馬に騎って、従者を一人つれたばかりで、薩摩屋敷へ出掛けた。まず一室へ案内せられて、しばらく待っていると、西郷は庭のほうから、古洋服に薩摩風の引き切り下駄をはいて、例の熊次郎という忠僕を従え、平気な顔で出て来て、これは遅刻しまして失礼、と挨拶しながら座敷に通った。その様子は、少しも一大事を前に控えたものとは思われなかった」

そして、いよいよ談判となって、西郷はオレを信用してすべてにOKをだした。お蔭で、江戸百万の市民の命と財産が救われた、と大いに相手を持ち上げて、勝っつぁんは語る。

「もしこれが他人であったら、いや貴様のいう事は、自家撞着だとか、言行不一致だとか、沢山の凶徒があの通り処々に屯集しているのに、恭順の実はどこにあるとか、いろいろ喧しく責め立てるに違いない。万一そうなると、談判はたちまち破烈だ。しかし西郷はそんな野暮はいわない。その大局を達観して、しかも果断に富んでいたのには、おれも感心した」

引用が長すぎたが、海舟の感謝の気持がよく表されていて、読んでいても心地よい。外交交渉というのは、およそいつでもこうでなければならない。相手を立てることで、こっちも光る。

「戦さは好んで致すべきではありませんから、明日の総攻撃は、差し当たり一時中止することにいたしましょう」

と、西郷はあっさりといって、次の間に控えて談判の成り行きを窺っていた村田新八と中村半次郎を呼び入れ、海舟の面前で進撃中止を命じる。勝が倉屋敷を辞そうとしたのは、もう間もなく日が暮れるという刻限。西郷は勝を門まで送って出てきた。

念のために書くと、これですべてが丸く納まったわけではない。「嘆願書の一条については、拙者が駿府に出向いて、大総督宮の御意見を伺いますが、都合であるいは京都へ参ることになろうか、と思います」との西郷の言葉が、難問が奈辺にありやを明らかにしている。一条とは、慶喜の処分についてで、「隠居の上、水戸表へ慎み罷りあり候よう仕りたし」という幕府側の必死の嘆願である。

と、こんな風に書いてくると、なるほどなあ、人間みんなチョボチョボ、とつい納得してしまう。追い詰められた最後の段階になると、どんなに智恵をしぼろうと、同じようなところで右往左往するんだな、というか、歴史はやっぱり繰り返すもんなのかなぁ、というごくごく当たり前の愚見にたどりつく。

**この章の「余談」——**

＊4　志賀直哉は「鈴木貫太郎」というエッセイで、まことにうまくこのへんの事情を書いている（原文は旧かな、旧漢字）。

「こういう時代には政治の技術など、たいして物の役には立たないのではないか。それ以上のもので乗切るより道がないような状態に日本はなっていたと思う。……正面衝突ならば、命を投出せば誰れにも出来る。鈴木さんはそれ以上を望み、遂にそれをなし遂げた人だ。鈴木さんが、その場合、少しでも和平をにおわせれば、軍人は一層反動的になる。鈴木さんは他には真意を秘して、結局、終戦という港にこのボロ船を漕ぎつけた。吾々は今にも沈みそうなボロボロ船に乗っていたのだ。軍はそれで沖に出せという。鈴木さんは舳だけを沖に向けて置き、不意に終戦という港に船を入れて了った」

この「鈴木さん」を「海舟」としても、決して誤った観察にはならないと思う。

＊5　皇国時代の育ちゆえに、戦時中は、悲しいことに薩長が善玉で徳川側は悪玉の見方からなかなか脱却できないでいた。で、すぐに「とんやれ節」が出てくるのであるが、ここに挙げたのは二番であることをこのほど知った。一番は左の如し。
「一てん万乗のみかどに手向いするやつを／トコトンヤレ　トンヤレナ／ねらいはずさずどんどんうちだす薩長土／トコトンヤレ　トンヤレナ」

そして四番になると、心底からガッカリする文句となる。

「おとに聞こえし関東ざむらい　どっちゃへ逃げたと問うたれば／トコトンヤレ　トンヤレナ／城も気概も捨ててあずまへ逃げたげな／トコトンヤレ　トンヤレナ」

阿呆くさくて頭にくるが、これも歴史的事実として書いておく。

＊6　木戸孝允には幾松、坂本龍馬にはおりょう、と幕末のローマンスの相場は昔から決まっているが、大久保一蔵とおゆうはあまり知られていない。どっこいどっこい、これもまた、勤皇の志士の間ではかなり噂の的になっていた艶話であったようである。大久保あての友人の手紙などにはしょっちゅう「おゆう殿によろしく」なんて文言がみつかる。たとえば、『大久保利通関係文書』にある慶応三年一月十六日付けの、薩摩藩の小松帯刀への書簡の一節である。（漢字をひらいて読みやすくする）
「……浪花土産の験までに呈し候、ご笑留くだされ候。紙包はおゆうへ物笑いに遺したくござ候間、これまた宜しくお頼み申しあげ候。……」

大久保は堅物のイメージはいささか変更する要ありか。

＊7　三月十四日、会談に先立ち勝海舟が示した手紙がまことにすばらしい。気迫に満ちていて毫も卑屈なところがない。長文のものゆえ、読みやすくして後半のみを引く。

「……然りといえども不日にして一戦、数万の生霊を損せんとす。その戦、各々名節条理の正しきに非ず。各々私憤を包蔵して、大丈夫の為すべき所にあらず。吾人これをしれども、官軍猛勢を奮い、白刃飛弾を以てみだりに尫弱《おうじゃく》の士民を刼《おびや》かさば、我もまた一兵を以てこれに応ぜずんば、無辜の死ますます多く、生霊の塗炭ますます長からんか。軍門実に皇国に忠する志あらば、よろしくその条理と情実とを詳らかにし、のち一戦を試みられんことを。我輩もまたよくその正不正を顧み、あえてみだりに軽挙すべからず。ああ我が主家滅亡にあたりて、一の名節大条理を持し、従容死につくものなきは、千歳の遺憾にして、海外の一笑を引かんのみ。我輩これを知れども、力支うる能わず、共に魚肉せらるるものは、深怨銘肝、日夜焦思し、ほとんど憤死せんとす。憐れその心裏を詳察あらば、軍門に臨んで一言を談ぜん。幸いに熟考せらるれば公私の大幸、死後なお生くるが如くならむ。謹言。

辰三月　　勝　安芳

参謀軍門」

軍門すなわち総督府、その参謀とくれば西郷隆盛宛てということになる。

# 第二章　「虎穴に入らずんば」の横浜行

## ●金襴と「からうし」の毛

慶喜は江戸を離れた。薩長を主力とする江戸占領軍が笛や太鼓で進駐してきた。

こうなると昭和二十年の敗戦直後の日本が嫌でも想起されてくる。ただし、残念ながらわたくしはそのとき東京にいなかったから、ただちに連想して当時の江戸っ子の情けない想いのほどは書けないが、占領軍とくればこつねんと想いだせるひとつ話がある。

それは昭和二十八年十一月二十四日のこと。前年に講和条約発効で日本はふたたび独立国となっていたが、GIはまだ日本に大勢残っていた。その夜、酔った米空軍兵三人が、ポン引きを数寄屋橋の上から外堀に投げ込んで水死させる。さらにひと月もたたない十二月十八日深夜、サラリーマンがふたたびGIに同じ数寄屋橋から外堀へ投げこまれてしまう。日本の警察は手も足もでない。日付を覚えているのは、ひどく腹が立ったからである。銀座の雑誌社に勤めていたから、野郎め！　いざ仇討ちをしてくれん、と血盟の友とともに数寄屋橋に暮夜ひそかに出陣してみたが、生憎にっくき仇に出会うことはなかったのである。

と、占領軍にたいしてはまずはそんな風に異を立てていたから、いまも子母澤寛や大佛次郎の幕末を主題にした小説を読んで、威勢のいい江戸っ子が、江戸占領軍に歯向かって、小気味のいい啖呵を切ったりする場面に出あったりすると、すこぶる心浮き浮きとなってしまうのである。たとえば錦切れひったくり。錦切れとは、江戸占領軍が筒袖だん袋とよばれた洋服の肩の下あたりにつけていた〝くり守り〟のこと。これを心得のある江戸っ子がすれ違いざまに、サッと千切って掠めとる。この怖いもの知らずの荒技である。そして、俺は何枚とったぞと、あとで自慢しあう。あのころに生まれていたら俺もやりたかったなあと、俄然、小説を読みながら勇み肌の兄ィとなる。

古老の説明によれば、とにかく占領軍たる薩長土の芋侍の出で立ちは「大小はシキハダという鞣皮《なめしがわ》で袋が出来ていて、それを紐で胸から肩へ掛けて吊って、短刀を別に挿して、その上にモヘルのとんびというものを着て、胸に『天賜』という文字を出し、そして肩には赤地の金襴をつけていました。この金襴は外縫いで、切紋とうて切りっぱなしで、戦争の最中だから、切りっぱなしにしてくれと、縁起をかついでよくいいました」とか。とにかく赤地の布切れなのである。薩摩の上級武士のそれは龍の模様の蝦夷錦であったとか。下級のものは安物の錦布で、とにかく赤地に金ピカの布切れを肩にひらひらさせていた。

ついでに書いておくと、芝居や映画で西軍とくると、きまって頭に犛牛《ぼうぎゆう》（からうし）の毛の帽子をかぶっている。厳密にいうと、薩摩は黒色、長州は白色、土佐は赤色の毛で、これをときどきごちゃまぜにしている阿呆な演出家もいる。さらにいえば、大坂から「宮さん宮さん」と江戸へ進撃のときから、もうかぶらせている映画があったりする。これは歴史的事実からいうと大間違いとなる。なぜなら「からうし」の毛は江戸城の倉庫にいっぱい貯蔵されていたものを見つけて、勝者の証しとして総督府がかぶることにきめたからである。つまり江戸開城後でなくてはつじつまの合わない話。

なぜ江戸城の倉庫に多量の貯蔵があったのか。それをくわしく講釈すると長くなり過ぎる。ここでは簡単に「徳川に過ぎたるものがふたつある唐のかしらに本多平八」という大いに流行った歌のあったことをご紹介しておこう。家康の忠臣・本多平八郎忠勝の兜にはその「からうし」の毛が、戦場での目印のごとくに勇ましげになびいていたのである。この猛将の武者ぶりにあずからんと、その後の徳川武士は進んでそれを真似て兜に装した。で、徳川家は積極的に「唐うし」の毛を中国から輸入し、貯蔵していたのである。

## ●空白の間の江戸町民

西軍の総攻撃は中止、あとは朝廷からのご沙汰待ちで、緊張の切れたあとに、安心していやら、危機は相変わらずやら、頼りのない日々が江戸に訪れている。そのころのお話を一つ、二つ。

「あの当時、八丁堀の与力・同心の身に動揺があれば、江戸市中はそれこそ大騒ぎになったと思います。与力・同心の勢力は、今日想像もつかない程あったもので、奉行よりも実力はありました。奉行はその時々によって変わりますが、与力・同心は世襲ですから変わりません」と語るは元与力の原胤昭さん。その与力五十人・同心二百五十人は、全体の方針としては、勝っつぁんの命に従って恭順主義をとっていたらしい。

「なかに多少官軍に抗する佐幕説のものもありました。北町奉行の石川河内守はなかなか気力のある人で、公にはなっていないが、終いに意見が合わないので、病死となっていますが、自殺したことに一面からは見られています」

昭和の敗戦直後にも皇統の護持を祈って、多くの人が自決した。

もう一人、品川宿は桔梗屋のお丸さん。

「とにかく御維新前には、薩州や長州や土州なんかが、みんな乗り込んで来て、ここで遊びましたが、何かというとすぐ刀を抜いては人の前に出すんです。そんな怖い目は何辺したか知れません。皆さんはやって来ると、芸妓を揚げ詰めでした。座敷に出たが最後家なんかには帰れない。出たら出っきり、それからそれへとお座敷に出て、もうまったく朝から晩まで酒づめでした」

彼女は当時十六歳、実際の斬り合いも見たという。

「土佐の小杉(?)さんと相手は薩摩のお侍。原因は女郎の取り合いの遺恨だとかいいました。結局、薩摩の人がズタズタに斬られてしまったのです。初めて斬合いというものを見ましたけれど、刀と刀とがカチリと合うと火がでます。荒っぽいことをしたものです」

さもありなん、と容易に想像がつく。江戸市中は戦闘中止で、あげた気焰のもって行き場がなく、荒っぽくそんな無法の精神状態に置かれていたのであろうか。一触即発の、こんな危なっかしいことを一日も早く何とか収拾しないことには……。勝っつぁんと西郷の苦労のほどがいたいほどよくわかる。

### ●京都の三日間

勝との会談ののち、東海道を駆け上った西郷隆盛が、京都に着いたのは慶応四年三月二十日。十五日に江戸出立であるから、なんとも目をみはるような速度であった。そしてその日には太政官代のおかれている二条城に出頭している。時をおかず御所で緊急会議がひらかれる。西軍側も相当に急いでいるのである。

西郷は、さっそくに勝から差し出された恭順降伏条件の七ヶ条を綴った嘆願書を提出して、詮議のほどを願った。列席しているのは西郷のほかは、三条実美、岩倉具視、大

久保一蔵（利通）、木戸準一郎（桂小五郎）、広沢真臣、後藤象二郎の計七人。

大久保の日記、三月二十日の項にこうある。

「太政官出席、西郷着、関東御処分一条につき御所評議」

さて、七人の間で何が話されたのか。

基本となる文献では、越前藩の中根雪江が残した『戊辰日記』がある。これは主君松平春嶽が土佐公の山内容堂から聞いたことを、さらに雪江が承って記録として残したもの。また聞きのうえに、容堂その人だって、その場に出席していなくて、のちに後藤象二郎から知らされたことを、春嶽に語ったことなんであるから、どこまでが本当でどこまでがホラ話かわかったものではないが。

「（四月二十日）此夕容堂君御来話にて、公（春嶽）への御密話、左の如し。去月十日、木戸準一郎、円山今善において、薩長二侯、ならびに阿侯（阿波）、肥（肥後）の長岡左京公子（のちの細川護久）と、各藩の有志とを会合して、盛宴を張りたるははなはだ深意ありしことなり」

このあたりのことを諸資料でちょっと調べてみると、木戸すなわち桂小五郎は、薩摩藩が慶喜にたいして断固として厳罰を下す心づもりらしいとの話を聞いて、それはまずい、何とかこれを阻止し寛典を主張するの要ありと、国もとから京へ出てきたばかりであったようなのである。その憂慮がこの円山の料亭今善における会合となったのは確か。

木戸の第一の狙いは薩摩藩幹部の説得にあった。

それで、中根日記はこう記している。

「薩論、徳川公を忌憚する事甚だしく、大逆無道に坐して、罪死に抵《あた》らんことを庶幾せり。準一郎その不当なるを患苦し、救済し、一策を施さんと、まず諸侯有志を合して、和親を結び、再会に及んでこの一件を議せんとの心算なりしに、……」

なるほど、中根日記の「はなはだ深意ありしことなり」であるわけである。ところが、その工作の真っ最中に、西郷が江戸より戻って来て、何はともあれ緊急会議が開催された、という次第。

「三条、岩倉、並びに顧問の輩、参朝してその議に及ぶ。この時、吉之助、徳川公大逆といえども、死一等を宥《ゆる》むべきか、の語気ある故、準一郎その機に投じ、大議論を発し、寛典を弁明し、十分の尽力にて、箇条書等も出来せり。徳川公免死の幸福は、準一郎の功、多に居るとぞ」

どうやら会議では、強硬論者のはずの西郷が、まず慶喜助命の案を自分から言い出したことになる。まさかの発言に、シメタと木戸がいち早く乗っかって大熱弁を振るう。他のものも、これ以上に幕府側を追い詰めて内乱を拡大するのは愚と悟った。というわけで、木戸の功績の抜群なることを、中根日記は明らかにしている。

ほかに取り立てて挙げるべき資料もないから、木戸の大功を認めるにやぶさかではないが、世に西郷贔屓の人が山ほどもいる。その人たちに言わせれば、西郷はもう勝との会談以前から実は慶喜助命を考えていた。にもかかわらず、軍を率いて東上するにさいしては、あえて慶喜の大逆無道を鳴らし、極刑を主張しつづけていた。つまりは英雄人をあざむくための演出であった、それがわからん奴は歴史の真理を読めない唐変木なり、ということになる。

そんな方々に、中根日記にある次のような記事をあげて、如何なものか？　などと問うたら、きっときついお叱りをうけることになるであろう。それは、西郷がイギリス公使パークスに会ったときのこと。西郷は慶喜極刑を主張した。すると、パークスはこう言下に反駁したというのである。

「万国の公法によれば、一国の政柄を執りたるものは、罪するに死を以てせず。いわんや徳川公、これまで天下の政権を執りたるのみならず、神祖いらい数百年、太平を致すの旧業あり。徳川公をして死に抵らしむるは、公法にあらず。新政にこの挙あらば、英仏合同、徳川氏を援けて、新政府を伐つべしといえり。西郷大いに驚愕して、爾後宥死の念を起せしとぞ」

もちろん、これも容堂から春嶽への密話で、しかも西郷はこの時点でまだパークスに会っていないときに、すでにこんな風聞がひろまっていたものらしい。げびた、足引っぱりの曲説である。中根日記はそのままに信じられないところがあるわけで、薩長嫌いのわたくしも、西郷が早くから慶喜助命を考えていたという説に、別に異論を唱える要もない。

ということは、「徳川を立てておいては、日本一統、王化の実効は相立たず」のそれまでの西軍の方針を、もう押し通せないところまで政治事情は変化していたことを意味する。徹底抗戦しない敵に過酷に厳罰を加えることは、野蛮そのもので王道にあらず、というのが、西軍に加担している各藩の藩論になっていたとみることができる。さすがの薩摩もゴリ押しはできなくなっていた。

こうして二十日の会議は、夜半になってまとまった。二十一日は天皇が御親征の名目で大坂に行幸するので、西郷はその日は京都にとどまってお見送りをし、翌二十二日、東帰の途についた。西郷のたずさえている宸裁案はこうである。

一　慶喜は死一等を免じられ、願いのとおりに水戸表に謹慎することを許される。

二　江戸城は田安家へお預け願いたいとのことは、大総督宮の思し召し次第にまかせる。

三　四　軍艦と銃砲は残らず引き渡せ。武器庫も同様である。処置がついたのち、相当の員数を返してやる。

五　城内居住の家臣たちが城外に移って慎みたいとのこと、願いどおりに許す。

六　慶喜に寛典を下されたゆえ、鳥羽伏見で妄動したものも、願いどおりに、特別の寛典をもって死一等を減じる。そちらでしかるべく処置せよ。また、万石以上のものは、寛典を本則として、願いどおり朝裁で仰せつける。ただし、会津と桑名には問責の兵をさし向ける。降伏すれば相当のご処置ですむが、抵抗すれば屠滅されると心得よ。

七　士民鎮定のことは願いどおりでよろしい。

いってしまえば、勝が差し出した嘆願書の条目はほとんど全部が聴許されていることになる。いくらか異なっているのは、軍艦や武器については、幕府側で一応は納めおき、事がすんだときに、相当な数を残してあとは全部引き渡すようにしたい、というかなり虫のいい願いを、全部事前に渡せ、といっている点くらいである。七の項目も、万一に暴挙するような者があり、手に余ったらよろしく鎮圧されたい、ということの承認である。

会議の終わったあと、木戸が伊藤俊輔（博文）に送った手紙に、「世間多くは眼中徳川氏のみあるならずんば眼中ただ欧州あるのみにて、天地の公論あい立たざる気味少からず候」とあるように、慶喜厳罰に固執する人もいたらしく、いっぺんにOKというわけにはいかなかったようであるが。

それでも結局、岩倉や大久保という超強硬派と目される人々も、呑まざるをえない気持になるか、すっかり寛典の方へ軟化するか、という状況になったことがよくわかる。

歴史情況の変化というものはまったく力強いもので、これに抗することは何びとたりとも許されなかったのである。

宸裁案をもった西郷が、駿府についたのは二十五日。これまた猛スピードである。ここで、大総督宮に拝謁して報告、つづいて参謀たちにも決定案を示して説明する。最高トップの決めたことゆえすんなり納得してもいいのであるが、どっこい、何か言わないと権威がなさすぎるということで、若干のいちゃもんをつける。

第二項の、明渡しののちに城は田安家に預ける、とあるのを、尾州家に預けると変更する。田安家が悪くて、尾州家がなぜいいのやら、理由はさっぱりわからない。海音寺潮五郎が苦笑まじりに、公家出身の参謀らがこんな風に主張したにちがいないと書いている。

「尾州家でよいやごあへんか。田安家に預けるいうことになると、あんまり向うの言うままになるようで、つけ上りよりまっせ」

多分にそんな理由でもあったであろうか。

それと第六条の「ただし、会津と桑名」とある以下の文章はそっくり削られた。桑名はすでに開城しており、多分に「会津は抵抗すると強うおまっせ。あまり刺激せんほうがよろしよろし」というぐらいの浅智恵を働かせた結果である。

西郷は、少々は参謀たちにも花をもたせなければ、とでも思ったに相違ない。おおらかな気持で言いなりになり、訂正された宸裁案をもって東海道をまた急ぎ旅。池上本門寺の先鋒本営に入ったのは二十八日である。そして本営での会議をふまえて、四月四日に勅裁の趣を徳川方に通達する。

以上、長々と書いてきたが、勝・西郷会談後の、西軍側の江戸無血開城までの苦心談のお粗末は、依って件の如しなんである。各藩連合軍にはさまざまなそれなりの思惑が働いて、一挙に解決とはいかなかった事情はよくわかる。西郷の大きな体軀を粉にしての東奔西走は見事であった。熱汗、冷汗、怒汗、真面目汗と、いろいろな汗をたんとかいたに違いない。

こうして十五日から二十八日までの事態が凍結したままの十四日間、いっぽうの当事者の勝っつぁんは、いったい何をしていたか。機をつかむに敏の海舟が枕を高くして眠っていたはずはない。

## ●江戸っ子の闘争心

西郷隆盛はフウフウいいながら、京都まで東海道を早駆けに往復し、半ヶ月後に江戸へ無事に帰着する。無事に、と書いたのは、かれだって不平不満の幕府撃滅派に生命を狙われているからである。

ましてや、勝っつぁん。ひとつまみの和平恭順派以外は、その情けない降伏政策を罵倒し、武士の意地を貫いて玉砕覚悟の、そんな剣呑な連中に取り囲まれている。そんな一面の情勢についてふれておく必要があろう。たとえば、江戸市中に貼り出された声明なるものがある。「市民」とだけ署名があるが、もちろん、幕臣の手になるものである。少しく訳してみることにする。

「……ミカドはまだ怠惰な少年に過ぎないことを、われわれはみんな知る必要がある。そのうえ、彼は南日本の反乱大名達の手中にある囚われ人だ。彼を囚われの身から救い出し、将来の幸福を保ってやらなければならない。将軍は、反乱とか、謀叛に断然屈してはならない。一言でいえば、将軍は名義上ではなく、事実の上で、自分の地位の実体を要求しなくてはならない。たとえ、ミカド自身から宣戦が布告されようとも、将軍には、次の理由から、これに抵抗する権利がある。……」

そして理由を四つ長々とあげているが、略して箇条書きだけを。

第一、日本の国体にとって重要な、われわれの権力と威信の保護者として。

第二、三百年以上にわたって存続した徳川家の名誉のために。

第三、日本人の幸福のために。（注・薩長両藩は、ミカドの名において、最高権力を獲得するに成功した時には、直ちに内乱を起こし、国家を衰亡させる、としている）

第四、日本人と外国人双方の貿易上の利益を維持するために。

と、説いてきて、結論はつぎのとおり。

「江戸の人々を代表して、われわれは今や『将軍の味方だ』と宣言する。そして、出来るだけ早く、大坂に派兵することを勧告する。もし将軍がこの勧告に従わないならば、われわれは自分をその家臣と思わず、次のように名乗るであろう——『徳川家の旧臣』と。

この場合に、われわれは義勇軍をつのり、江戸を守り、失地を回復する。つまり、われわれは敵にたいし、『われわれが何者であるか、徳川家のために何が出来るか』ということを示す」

また、熱血の江戸商人たちの申し出の文書も、いくつか残されている。必要とあらば、将軍を助けるために、自分たちの財産の大部分を差し出すと、幕府に駆け込み訴えをしているのである。江戸開闢いらいの恩義に報いん、その一例に、近江屋という富裕な商人の文書がある。かれは海軍本部に出頭し、大坂への艦隊派遣による一戦を激しく要求した。

「もし開陽丸、イーグル号その他都合のつく多くの軍艦を大坂に向けるように命令されれば、遠征軍の抜錨した瞬間に、二十万両の金を納める」

文面はざっと右のようなものであったらしい。

いずれにしても、江戸っ子の向こう意気の強さがよくわかる話で、書き写していても楽しくなる。が、勝っつぁんにしてみれば、有難迷惑な闘争心。ほとほと手を焼いていたことは充分に察せられる。いろいろとボヤキに近いことをのちに語っている。これはその一つ。

「維新のころには、妻子までもおれに不平だったよ。広い天下におれに賛成するものは一人もなかったけれども（山岡や大久保一翁には、あとから少しわかったようであったが）、おれは常に世の中には道というものがあると思って、楽しんでいた」

真の政治家とはそういうもの。天下の大事をなすときは、周りはみんな敵のほうがいい。孤立無援の思想こそが最高に強いもの。なんて評するのは後世の気楽さというもので、当人にとってはさぞや生きた心地のしない毎日であったことであろう。しかし、勝はたとえ身の危険があろうと、西郷の京都行きというこの貴重な日々を、無駄に消費するわけにはゆかないのである。*8

『戊辰日記』や『解難録』などから、以下に日録風に丁寧に追ってみる。勝の真骨頂がわかるから。といっても、原文のままでは読むのに疲れが生じよう。巷談風に楽しく翻訳しながら書いてみる。

## ●サトウとの対面

三月十六日。

輪王寺宮のお供をして駿府から帰った覚王院が持参の約定書を見たところ、「慶喜が単騎で軍門に来て降伏するのでなければ、寛典のご処置には及ばれない。将軍では不可能というのであれば、田安殿が名代でもよい。これは大総督宮のご内命である云々」なんて下らないことが書いてある。海舟はこれを読んでカンカンになる。こんな阿呆な約束をしてくるなんて、百両の払いですんでいる買い物に三百両の値をつけるようなもんだ。ばかばかしいことをしてくれたもんだ、と勝っつぁんはかなり吼えまくった。お蔭で、

「覚王院東帰後、其周旋の行届かざるを憤って、もっぱら一戦をすすめて止まず、みだりに有司に会して、一戦を主とす」

と抗戦派をふやす結果となる。勝はますます憎しみの対象となっていた。

この日から、江戸城中での事務は引っ越し、諸官は田安殿へ詰めることになった。

三月二十一日。

「英吉利人来訪、わが心裡を話す。彼善しと称す。亦聞く、西郷吉之助上京して、決議を朝廷に伺うと云」

と海舟の『日記』にある。このイギリス人は文句なしに、書記官アーネスト・サトウである。

サトウの『一外交官の見た明治維新』(岩波文庫)には、「三月三十一日に私は長官と一緒に横浜に帰着し、四月一日には江戸へ出て、同地の情勢を探ったのである」とある。

長官とは英国公使ハリー・パークスであり、三月三十一日は日本の暦の陰暦三月八日（以下、日付は陰暦とする）。さらに、「私の入手した情報の主な出所は、従来徳川海軍の首領株であった勝安房守であった。私は人目を避けるため、ことさら暗くなってから、勝を訪問することにしていた」とも書いている。

海舟はさもそのときに初めてイギリス人（しかも名も書かない）が来訪し、また会ったのはそれきりのようなそっけない綴り方をしているが、サトウの「訪問することにしていた」は、一度っきりの書き方ではない。ちょっと調べてみたら、サトウは三月二十日に横浜から江戸に再度出てきて、三日泊まりで情勢探索をしている。あるいは、三日とも夜は勝邸をひそかに訪ねたのではないか。

ともあれ、二十一日夜のこと。サトウの著書によれば、海舟はサトウにはっきりと現下の情況を語っている。

幕府側の代表は大久保一翁と自分、談判の相手は西郷である。西郷は駿府にいる大総督宮の代理として、談判に臨んでいる。向こうの要求は、一切の武器・軍需品と汽船と軍艦を全部引き渡し、江戸城を明け渡した上、先頭に立って伏見の攻撃を誘発指揮した士官たちを死刑にせよ、というもので、これらの要求に従うならば、ミカドは前将軍に寛大の処置をとるというのである。この「寛大の処置」の内容如何が、自分と西郷の談判の主題であったわけである。談判は品川のある家で行われた（勝っつぁんは会談の場所をこのときも誤って伝えている。品川にあらず高輪)。

「勝は、主君の一命が助かり、たくさんの家臣を扶養してゆけるだけの充分な収入が残されさえすれば、どのような協定にも応ずる用意があると言った。彼は西郷に向かって、条件がそれ以上に苛酷であらば、武力をもって抵抗することをほのめかした」

そして、西郷は幕府側の嘆願書をもって京都へ上ったが、三月末日ごろには帰ってくる予定になっている、と海舟はいい、さらに、自分は慶喜の一命を助けるためには戦争も辞さず、そうなれば天皇の不名誉となるばかりであろう。自分としては、内乱を長引かせるような苛酷な要求は、必ずや西郷の手腕で阻止されるものと信じている、とも言ったとある。そして、サトウの回想では、

「自分と大久保一翁とが、二人の生命をねらう徳川方の激情家の凶手を免れることさえできれば、事態を円満にまとめることができるだろう」

と海舟が最後に洩らした、ということになる。

ついでのことながら、ここで大久保一翁について一言。翁が勝を評して「このなかで、睾丸のすわっているのは勝安房一人」といった言葉は、英雄は英雄を知るで、きわめて好ましいが、有名に過ぎる。で、ここでは、この老幕臣もどうしてどうして勝に勝るくらい性根をすえてこの難局に取り組んでいたことを示す、三月九日付けの平山敬忠あての書簡のことを。これが実にいい。

「御恭順のほかこれなき御事に候えども（慶喜が）咳も致さざるようにては窮屈に堪えず、勇士涵養の道に違え候より、かえって（闘志）激しさを相増し、鎮静致し難く候……。まして彼（西軍）より探人入れこれあり候間、見透かされ候ては残念の至りに候。右様なことは、勝安房ならびに、及ばずながら愚翁にお任せ下され候わば、薩長如きの胆は破るに足り候」

変なスパイなんぞを大慈院に入れるなんてことは、金輪際許さないこと。そんなことになったら、かならず「薩長の胆を破」ってみせると、一翁の自信と気概のほどには胸がすく。

話をもとへ戻すと、サトウとの会見の件、海舟日記には、すでに書いた僅かな文字があるだけである。

そして、その代わりに江戸市中の情けない有様を、こんな具合に記している。

「このごろ、都下の諸藩邸や旗本邸はもちろん、市街のものどもに至るまでが、荷物を江戸近郊に運んでいる。日夜を分かたず。このために人夫数千、市中に火事のときのように立働き、布告を繰り返してもまったく耳を傾けず、旗本どもも知行所へ引っ込んだり、近郊へ疎開したりしている。ゆえに強盗が時を得て四方に起こり、貨物を掠奪し、婦女を犯している。まことに悲しむべき有様である」

原文では最後の一行は「また悲むに堪えたり」である。

どうもこのころの江戸市中は、時勢を悲憤慷慨し、反官軍熱に囚われ、血気にはやろうとするものあり、いっぽうに自分の明日のみを気づかって逃げるものあり、そうした動揺が町民にまで及んで、アタフタとなる。まことに混沌たるものがあり、万事がその日暮しで、明日に何が起こるかわからない、石油をかけた枯木を積んだ情況であったようである。

こうした物情騒然とし、不穏なことが頻発している情況下で、勝っつぁんはかなり狸をきめこんでいる。海舟日記にも『解難録』にもほとんどサトウのことにふれていないところが曲者なのである。サトウによれば、たびたび二人は会っている。たしかにそうとしか読めないのに、勝っつぁんは「英吉利人来訪」とあるだけ。これはうさん臭いとみるほかはない。勝っつぁんは、どうでもいいことを喋々とやるくせに、いちばん肝腎のところを韜晦する癖がある。

したがって以下は勝手な想像になるのであるけれども、サトウとの対面で勝っつぁんは超極秘の情報まであっさりと語ってしまっているのではないか、と推理する。とくに幕府に肩入れをしているフランス公使のロッシュが極力抗戦を主張し、箱根に要塞を建造する、幕府海軍を活用するなど、いかにして西軍を撃破するかの作戦まで示していることをバラしてしまったのではないか。しかし、われわれはこのフランスの執拗な介入工作をいまや峻拒した。ついては、西軍側といわれるイギリス公使団がその威力をもって、こんどは西軍を牽制してほしい、とまで海舟はサトウに懇請したのではあるまいか。海舟日記のたった一行「わが心裡を話す。彼善と称す」には、そんな意味深重な部分が秘められているように思われてならない。

いまあっさり考えても、当時の外国の外交官が情報戦に関して端倪すべからざるものがあったであろうことは、容易に想像できる。海千山千で鍛え方が違うから、日本人は逆立ちしたってかなわぬ。海舟はそれをよく知っていたに違いないのである。西軍の動きや内情について、サトウははるかに仔細に知っている。かなり込み入った当方の内情まであからさまに語っているのは、ギブ・アンド・テイクで、当然のことながら見返りが豊富であるからである。サトウからとっときの情報をたんまり貰ったものと推察できる。

さらに機敏な勝は、サトウとの会話をとおして、勝ち誇っている西軍にたいして、イギリス公使パークスがかなりの影響力をもっているのを看てとった。ついでに、パークスなる男の人物までを見抜くチャンスとしたものと思われる。たしかに、パークスは幕府の衰微を予見して、薩摩を無茶苦茶に応援し、幕府に不利を図った男に違いないが、まったくの帝国主義的硬骨漢というわけでなく、融通無碍な真底の外交官らしい。これを幕府のために利用しない手はないと、勝っつぁんは貴重な情報をついでに得たといえようか。まったく、いいときにサトウが訪ねてきてくれたものである。

その勝に、別のほうから、不思議な話が入ってきた。

## ●「朝臣になれ」の誘い

三月二十三日。

肥前藩の島団右衛門が、極秘に談ずべきことがあると、夜中に海舟の家に訪ねてきた。「拙者は西軍海軍の参謀である」と名乗る。先鋒の海軍総督の大原重実とともに、三月十九日に兵庫を出帆し、二十三日のこの日、横浜港に入港した。その足で島は急ぎ勝を訪ねてきた。話は極秘の上に、よほど急の用件ということになる。『戊辰日記』にも『解難録』にも、勝は対面の内容をややくわしく書いている。それらによって、講談風に書き直してみる——。

「海軍総督の大原前侍従殿は、貴殿のわが日本国ならびに朝廷にたいする精忠をよくご存じである。ついては、貴殿がただちに幕府の軍艦を率いて降伏されるならば、朝廷ではその功績を大いに賞されるであろうし、したがって徳川家にも幸いをもたらすことにもなろう。このことを内密に申しあげよ、ということなので、こうして夜をおかして参上したものである。決してお疑いなきように」

と、島が言う。朝廷の名の下に驚くべき申し条である。勝っつぁんは心中では仰天したに違いない。大原総督殿は、勝・西郷の会談のこと、ならびにその後の動きをまったく知らないらしい。

「いま朝廷としては大いに海軍を興起しようと考え、そのための努力の真っ最中である。ゆえに、有為の人材が欲しい。貴殿は一日もはやく朝臣になられよ。最高官に貴殿を採用し、ともに海軍のために奮闘されんことを期待している。この事は他言なきように」

勝っつぁんはあまりといえばあまりの話に、呆れはてた。恐れ入ったような恰好をしながらひれ伏して、ぺろりと舌をだしている。

「思いもかけざるご厚意のほど恐縮至極。さればご即答もしかねます。ついては、四、五日後に横浜の英国公使館まで出掛けなければならぬ用事があります。その折りに、はばかりながら御陣営に参上つかまつりまして、じきじきに大原卿に拝答申し上げます」

それでは、よきご返事を待っておりますぞ、といいつつ去っていく島を見送りながら、悪戯っ子の気味のある勝は、こんなことを思ったかもしれない。誘いに乗って、いっそ早いとこ朝臣になっちまって、知らん顔で西郷と同じ陣営で対面したら、やっこさん、どんな面をしやがるか、ちょっと見てみてえもんだ、と。そんな茶目がふと頭をよぎるところに、本所もんの骨頂がある。

それにしても、公卿さんというもののお人好しには瞠目させられる。天皇に忠節でさえあれば、主君を裏切ったって構わない、とでも簡単に思ったのであろうが、武士という存在はそんな手軽なものではない。ましてや、われらが勝っつぁんである。二歩も三歩も時代の先をいっていた人であるから、新しい日本国は機軸に天皇をおかざるをえない、それゆえに天皇への忠誠は決しておろそかには考えない。が、であるからといって、主人を裏切って良しとするような安っぽい半ちくな魂はもってはいないのである。そこにこの危機にさいしての政治転換をいかにうまくやるかの苦心がある。

それはともかく、この島参謀の来訪が、どうしたものかととつおいつ考えていた勝の気持の揺れを、いっぺんに吹っ切らせたといってもいいのではないか。男の約束として、西軍の大原海軍総督に返事をすべく横浜に行かざるをえなくなった。わざわざ横浜へでかけなければならない直接の口実のできたことが、勝っつぁんの重くなりそうな腰を軽くしてくれているのである。

くり返すが、勝には横浜の英国公使館へ乗り込んで話をつけておかねばならない大事な用件があった。しかし、外交とは裏の裏の工作を必要とする。アーネスト・サトウを通じ、不敵な外交官の人となりは飲み込んではいるものの、さて、いきなり出掛けていって、パークスが簡単に会ってくれるものかどうか。それが勝の腰をやや重くしているが、横浜に来た「ついでに」ということであれば、無に帰しても別して腹も立たなかろう。勝はやっと心を決めた。

三月二十六日。

勝は、手配してもらった幕艦蟠龍丸に乗艦し、横浜へ出掛けていく。安政五年に英国女王から幕府がもらった木造の艦である。百二十八馬力しか出ない古艦であるが、もともとは英皇室の遊覧船であるだけに、装飾などはなかなかに凝っている。勝はこのおんぼろ船がすこぶる気に入っている。

横浜の居留地には英国軍がいる。市街はすでに西軍の海軍先鋒総督の支配するところ。幕府軍としては当然のことピリピリせざるをえない。蟠龍丸の士官たちは大そう勝の無事を案じ、ひとりでゆくのを止めたが、海舟はてんで気にもとめなかった。死生の別は天に預けてある。ごく気軽に供一人つれずに、羽織姿で上陸していった。

大原総督の陣営は戸部というところにある。鉄砲や槍をもった兵隊がずらりと並び、大いなる威勢を誇示したが、勝は平然と歩を運ぶ。玄関に、かつての日には門下生も同然の、肥前藩の夏秋又三郎が出迎え、「さあ、先生、どうぞこちらへ」と案内した。このへんは西軍に知己の多い勝には気楽になれるところなのかもしれない。

大原重実は、奥の間に、厳然と控えていた。そして、平伏する勝にいきなり浴びせかけた。

「その方、こうしてやって来るなら、慶喜の暴挙を助けた者の首を携えて来るべきであろう。どうしてそうしなかったのか。また、過日、朝廷の密旨を伝えたが、それを受ける所存であろうな」

のっけからずいぶんと高飛車な口上である。勝っつぁんはポンとあっさり跳ね返した。

「はあ、そのことでございますが、謹んでお断り申します。いや、ご辞退申し上げます」

大原はあっけにとられた顔をしながら言う。

「朝廷のお思召しであるぞ」

「ならば、お答え申しあげます。軍艦を率いて降伏せよとの仰せでありますが、どなた様かとんでもない考え違いをされております。軍艦はこれことごとく幕府のものでありまして、勝のものではありません。これからの始末にて、朝廷のご処置がよろしきを得ますなら、お指図がなくとも、朝廷に献納いたすべきものでございます。家臣がひそかに主家のものを率いて降伏するなど、まことに滅法もないことと存ずる。何事にも道と順序がある。道をふみ、順序をふんで、立派に落着がつくのでございますぞ」

さながら喧嘩腰で突っかかると、大原は少し言葉をやわらげて、「まあ、落ち着け。心を静めて事を誤るなかれ。まずは一杯つかわそう」などと言い、勝の鋭鋒を避けようとした。勝っつぁんは『解難録』に書いている。大原は「動静を見るに、すこぶる美質あり」と。お坊っちゃんに見えて仕方がない、というところか。西郷との大一番を終わった勝は、もう怖いものなし、潑剌としている。で、いっそう大きな声をだし、「門前で鉄砲でおどかされました。あたしのようなまやかしは、いつ殺されるかわかったものじゃございません。生命を落とす前に、言うべきことは言わしてもらいます」と、このいい気な公卿をこんこんと諭している。やや難解かもしれないが、ここは原文そのままのほうが感じがでる。

「今天下洶々その方向を失す。かくの如くならば、王政何れの日か定まらん。国内小節を争い、久しくして鷸蚌《いつぼう》の悔いを生ぜんか、我が主の顧み恐るる所、ここにあり。仰ぎ願うところ御処置の正大に出でさせたまわんこと。一朝御不正に出でては、天下の人心、その向背如何を知らず。その罪を悪みて、その人を悪まず、同族憤争して、海外の笑いを引くか。果して何の功あるや」

このあとは、また現代語訳すると、「自分の一命などはどうなってもよろしいのである。一死避けるところにあらず。いわんや、仰せのとおりになり、みすみす主家の転覆を捨て、ぬけぬけと朝廷にお仕え申し上げるなど、私をして言わしめれば、不義の賊そのものなんである」。平たく言えば、この俺に徳川を裏切って天下の恥さらしになれ、と言うのかえ、と勝っつぁんは啖呵をきった。

大原は犬のくそを踏まされたような気分になって、そのまま黙っていたらしい。いずれにしても、役者が違うのである。

ややあって、勝は総督からの二人の護衛をわざわざつけてもらって、悠々と門前にでた。身の無事は保証されたが、今日の仕事はこれまで。明日は、横浜行の最大の目的である英国公使パークスに会わねばならない、と気を引き締める。はたして簡単に会ってくれるかどうか。さすがの勝っつぁんもいくらかは心配である。

## ●公使パークスという男

ここでやや横道にそれる。勝がいま会わんとしているハリー・パークスという英国公使について、ちょっと一言。

この人がオールコック公使の後任として長崎に到着したのは、慶応元年（一八六五）閏五月二日、横浜に初着任は同十六日のことである。その前は清国にあること二十余年、アジアの情勢には精通していた。ところでその一年二ヶ月前にフランス公使レオン・ロッシュが日本に着任し、幕府に取り入っていろいろと工作をやっている。このわずかな着任の差が、アジア問題の権威を自負するパークスをして、薩長側に傾斜させる原因になった、とされている。たしかに、勝っつぁんがやや面談も億劫に思わざるをえないほど、パークスはロッシュの向こうを張って、薩長に肩入れをしていた。

しかし、パークスが真からの親薩摩・反幕的思想の持ち主か、というと、かならずしもそうではない。たとえば、慶応二年六月十三日付けのクレードン外相あて報告書で、パークスは書いている。幕府が、二十名の青年を海軍研修のためにイギリスへ留学させたい、と要請してきた、そのことを知らせた書簡である。

「大君政府（徳川幕府）の信頼を増し、友好的意見の成長を促進するため要請を受けるべきで、この機会を放棄することは不得策である。(中略) 私の現在判断するかぎり、大君政府はこの国のすべてに命令を下せる唯一の政権であり、われわれとの条約を誠実に履行することを保証できる政府である。現在、海軍の訓練で大君政府を援助することは、それによって中立の原則を傷つけることがあってはならないが、同時に大君政府が弱められたり、転覆されたりすることを望まないことを同政府に納得させることにもなろう」

興味深いのは、実はパークスはこの翌々日に薩摩へ出掛けることになっていた、にもかかわらず、徳川幕府が指導力をもつ唯一の政権とみなしていることである。幕府の後盾となっているフランスに対抗して、反幕体制を固めるためにパークスは薩摩へ行った、とよくいわれるのであるが、その直前のこの認識や如何。つまり、慶応二年のころには、ロッシュもパークスも、大君政府を支持する点ではそれほど大きな隔たりはなかったのである。

一つ、証拠みたいなものをご紹介する。篠原宏氏の労作『日本海軍お雇い外人』(中公新書) には、ウィリアム・ビズリーの「サー・ハリー・パークスと明治維新」と題した講演が引かれている。それはかなり注目に値いする。

「パークスは、日本における法と秩序が保たれるようにとの主張を終始一貫して支持してきました。すなわち、はじめは幕府を支持しましたが、これは彼は諸条約に有利な立場をとったと信じたからであります。ついで薩摩の諸計画を支持しましたが、それは、その諸計画がある安定した状況を生み出すものと思われたからであります。さらにその後になって土佐の諸提案を支持しましたが、それは、その諸提案がもっと長く（法と秩序を）継続する結論を生み出し得ると考えられたからであります」

日本国の法と秩序を確立し保全するため、というパークスの基本認識は、このように後々までつづいている。このへんのところを誤解すると、反幕の黒幕がなぜ最後になって武力討幕に反対するのか、とわけが分からなくなる。歴史の一筋縄でいかないところである。

勝はこのあたりの機微を、サトウの口から読みとっていたに違いない。一般に言われているような、薩長一辺倒の外交官ではないのじゃないか。ただロッシュ公使と張り合うためだけの安物とは、どうしても思えない。西郷の京都・江戸往復留守の間の最終の仕上げに、パークスとの面談を策しはるばる横浜まで赴いたのにも、彼を論破しうるという相当の確信があったゆえに、ではあるまいか。

## ●パークス大いに感動す

三月二十七日。

前夜、蟠龍丸の艦将室に眠った海舟は、心地よい目覚めを迎えたようである。早めの朝食をすますと、羽織袴のごく気軽な姿で上陸した。供はない。ところがこの日は、海舟にとっては至極面白くない忍耐の日を迎えることになる。ただし『戊辰日記』には簡単にしか記されていない。もっとも、その足どりを追ってみれば、当日の記載は時間的余裕がなく短くしか書けなかったこともわかる。

「大原殿へ拝謁、本日江戸へ御発途。

此日、英公使パークス氏並に海軍総督キップル氏を訪う。此程の趣意を内話す。英人大いに感ず」

これだけである。まず、西軍の海軍総督府に大原卿を訪ねたが江戸へ出立して留守。それから英公使の公館へいったわけであるから、パークスが朝食後のコーヒーでも楽しんでいる刻限ごろということになろう。その後のことは、『解難録』に詳細に書かれている。それによって、例のごとくに少々講談風に……。

応接間に通されたが、海舟の前にでてきたのは通訳のツループである。パークスはのっけからけんもほろろで面会謝絶の態度を示している。

「君は徳川家の閣老ではなく、軍艦奉行にすぎない。ゆえに外国使臣に会う資格がない。もって会う必要はないと公使は言っている。そのような者と重要事を談じるわけにはいかないのである」

勝はカチンときて苦笑しながらも、慇懃さを示して言う。

「これは心得ぬことを仰せられる。いま、幕府は瓦解し老中や若年寄は皆家で蟄居していて、不肖の拙者が万事をとり仕切っている。いかにも数日前までは、軍艦奉行にすぎなかったが、いまはかつての閣老と同じく重要事を談ずる資格は充分にあると考える」

「何故にあらかじめそのことの通知がなかったのか」

「天下騒擾、その暇がなかったのである。それに徳川家はすでに政権を朝廷に返上し、一地方政権にしかすぎないからでもある」

そんなやりとりがあって、ツループは「そうですか、それならもう一度公使に申し上げてみましょう」と言い、奥へひっこんだが、再び引っ返してきて、困ったように「やっぱりお会いにはならんそうです」と取り次いだ。勝っつぁんはノホホンとして言った。「これは驚きいったお話。ま、どうしても逢わぬというなら、逢っていただけるまで何日でも待つことにいたそう」

『解難録』には、このあとに「待つこと凡そ一日」とある。来訪は朝からであるから、その日の夕方までということになるであろう。昼飯はどうしたか、用足しはどう便じたのか、ちょっと気になるところであるが、恐らくは応接室の椅子の上で勝は泰然自若として居眠りでもしていたものか。八方が敵というい まの境遇では、自宅でもおちおちと眠っていられない。ちょうどよい機会、このさい眠り貯めでもしておくかと、勝っつぁんはすっかり気を楽にしたと、この一行から観察できる。

子母澤寛『勝海舟』には、同じ情景が描かれている。勝を頭から船嫌いとしている点が気に入らないが、ちょっと長く引用する。

「勝は、とうとう本当に眠って終った。ゆうべは、よく眠ったようではあったが、やっぱり海軍でありながら大の苦手の船の中、髄からは眠っていなかったのだろう。それに、この数日、屋敷の中にごろごろして、年から年中、寝転んではいるが、心の苦しみは、この人を一刻半刻も正体もなくさせては呉れないのだ。

時々、眼を開いた。が、うつらうつらと眠りつづける。もう一日二日で、四月という。暑からず寒からず、ほんにいねむりには一番の気候だ」

根負けしたのはパークス。陽も落ちかかるころ、ツループがのこのこと姿を見せ、用件はどんなことかと問う始末である。

「従来、貴国と幕府との間にとり結んでいた約定書を、昨日朝廷に送りましたので、まずそのことについてご説明したいこと。また、貴国とのことは談判中途で決着していないこともある。その始末をきちんとつけたい、と思っていること。等々重要なことであるから、公使が逢わんと言っておられようが、拙者としてはこのまま帰るわけにはまいりません。何日なりとも待つ覚悟でござる」

こんな洒々とした男に、何日も頑張られては閉口、逢う以外に手立てはないとパークスは「大いに無礼を謝す」という結果になる。

勝とパークスの話合いは『解難録』にもとづいて、多くの書物に書かれている。ここでは勝の説明をとくに原文で引用しておく。

「貴国海軍教師、其約定ありといえども、徳川一家に於て其国無く、後の政府是を雇うか、予不知也。故を以て、解雇帰国せしめず、其給料は既に給す。雑費亦可給也。よろしく領之よ。燈台建築の如き、是国家の用。其費用未払分、政府より是を可受取也。(是、其前下之関償金を以て造之約あり。故に徳川幕府より其費用を弁ぜしもの也)。横浜天守堂に入り縛せられし我邦民、我已に是を放免す。其他、是は如此、彼は如此」

とにかく江戸っ子の律儀さで誠心誠意、懸案の徳川家最後の外交問題一つひとつの説明をし、その了解を願っている。有能な外交官としてパークスもこれでは感服しないわけにはゆかなくなる。一言つけくわえれば、横浜天主堂の件とは、日本人が法を犯して外国の教会に出入りしたから、キリシタンの意で捕縛した。しかし、イギリスの申し出を容れて釈放したとの報告である。

しかし、談判にかけては百戦錬磨のパークスはこんな事務的な話ぐらいで、逢うまでは帰らないと勝がねばったはずはない、と見事に察しをつけている。あるいは、アーネスト・サトウとの密談から、きっと向こうが言い出すに違いない、と海舟のほうもひそかに期待していたのかも知れない。その肝腎のことをパークスが鹿爪らしくついに言った。

「このたびは、徳川家は実にお気の毒なことに相なったが、君はこの難局をどう処置し、今後どうするつもりか」

勝っつぁんにとっては待ってましたの質問であった。

「とにかく、わが方には力量のあるものは、かりにいるとしても、あるいは官位を奪われ、あるいは蟄居謹慎を命じられ、私に使用することはできないのです。ですから、拙者は不肖にして力足らずということを承知しながらも、辞職するわけにはいかず、事に当たっているのです。これからの拙者にはこれが安全という道はおよそないことでしょう。一朝にして戦いにでもなれば、ただ空しく死ぬほかはないという覚悟であります」

と、まずは決死の覚悟を語った。が、問題はそのあとで、手記には「其趣意はかくのごとく、此義はかくのごとし」としか残されていないが、それにパークスが「甚だ感激し」てしまった、ということになる。はたして公使の心を動かした「かくのごとし」の内容は何なのか。ともかく二人の会談は推測すればするほど、虚々実々、しかしよそゆきでなく、まことに面白い。これぞ、勝っつぁんの老獪さというべきか、天晴れな外交力と褒めるべきか。

わたくしは、「此義かくのごとく」とやった内容は、勝っつぁんが直面している情況、すなわち、徳川家の希望はこれこれで、また、朝廷側の要求はしかじかである。そこで、外国諸国に迷惑をかけぬように、何とか戦さとならぬよう全力をつくしている、と手のうちを残らずさらけだした。いや、それ以上に、いざとなれば江戸を火の海とする背水の陣を布いたうえで、しかし本意はあくまでも恭順を貫くことを正直に告白したもの、と見ている。要は「ただ私の願うところは無辜を殺さず、外邦の手を借りず、天下の公道に処し、公義のある所に安んぜんと欲するにすぎざるなり」（後年に大久保利通に語った勝の言葉）という信念を吐露したものと見る。

パークスは、そうした敗軍の将でありながら悪びれることなく、率直に弱点を語る勝に胸を打たれたのに違いない。ここから先のパークスの接し方はもうほんとうに親身そのものとなる。

「君はこれからどこへ行く予定なのか」

「徳川家のいま置かれている情況を説明するために、各国公使を訪問するつもりにしています」

「そんな事は私が各国公使に伝えてやろう。それよりも、見るところ君は非常に疲れているようである。ゆっくり半日くらい休息する必要があるのではないか」

いまや、勝っつぁんに惚れ込んでしまった英公使の言葉には、信義と友情のみがあふれている。

「そういえば、いま、わが英国の鉄艦アイロンジックが横浜に入港して、錨を下ろしている。君は艦長のキップルに会っていろいろ相談するがいい。益するところがあろう。

君の疲労を癒すためにも、ディナーを供したいと思う。艦長を呼ぶから、食事をともにしながら、大いに語り合おうじゃないか」

勝の書くところをたどれば以上のごとくである。そして、『解難録』はつぎのように結ばれている。原文のままに。

「人を馳せて艦長キップル氏を召び、叮嚀を尽くし、厚意を表し、肺腑を吐露して余蘊無し。予、甚だその信義ありて事に信あるを感ず。密事を談じ、此艦をして一ヶ月滞船なさしむるを約す」

さきの「かくのごとし」同様に、ここでも「密事を談じ」と例によって歴史を意識してか勝っつぁんは韜晦して、一切合財を秘めごとにしてしまっている。逆にいえばこっちの歴史探偵術をくすぐっている。この密事とは、すなわち「一旦緩急あるときには慶喜のロンドンへの亡命」である。万策尽きて戦さとなった場合、そのときの援助の依頼と、方策についての相談である。もっとも、勝はこの秘策を文字としては残していない。もともとは勝の山岡鉄舟への打ち明け話に基づいている。

「実はいよいよというときは、浜御殿の裏にバッテラーを備えて、慶喜公を乗せてイギリスの軍艦にお乗せ申す計画があるのよ」

まさしく「密事」とはそれに相違なかろう。

子母澤寛さんも同じ推理をして、小説『勝海舟』のなかで両者の会話としてこんな風に書いている。

「……あたしとしては、そういう際には、何処か然るべきところへ御移し申す覚悟である。何処までも、御身柄はお助け申さなくてはなりません」

「それなら勝さんどうだ、将軍をわが大英国の首都倫敦へ送りなさい。一切はわたしが引受ける」

「倫敦？」

「そうだ、もし、いよいよ戦さがはじまるとなったならば、窃にわが英吉利軍艦で、出発してしまえば、将軍は戦さに関係せんことになる。それで朝廷に対して、終始恭順という申開らきが立つではないか。開戦の暁、将軍が日本に在っては、その戦争に関係無くいるということは出来もせんし、実際の上に於いて云訳も立たん」

小説ではここで勝が椅子からはじめて立ち上がって、深々と礼をしたことになっている。さもありなん、と納得させられる。これが正しい推理であろう、という気がしている。ただ、どちらが亡命のことを先に言い出したか、となると、「密事」の文字からしてパークスからと考えたほうが、勝っつぁんの性格から推して、理屈に合うようでもある。勝が自分のほうから持ち出した話であるならば、もう少し色をつけた書きようがあろう。

それともう一つ、面白いと思うのは「この艦をして一ヶ月滞船」の、一ヶ月である。

勝っつぁんは、西郷との談判でケリがついたものとは毛頭考えていない。西郷その人を信じてはいるが、彼が西軍の独裁者的地位にいるわけではない。西郷がいくら主張しようと、そうはならない危惧は拭い難い。安心は禁物なのである。この先の一ヶ月はいつ暴発が起こるやも知れない、日本国は累卵の危うきにある、と観じていたことがわかる。それまでは慶喜亡命のためのアイロンジック号の停泊は何としても必要不可欠なのである。最後の最後の段階まで用意周到、実に細かいところまで気を配っている。リーダーたるものの辛いところなのである。

それにつけても、勝とパークスとは何とまた肝胆相照らしたものよ。幕末動乱を平和裡に収束させるために、勝が西郷との会談でしたことを表とするならば、勝がパークスとの会談でやってのけたことは裏の至芸というべきではないか。重要性は相匹敵するといっていい。パークスはこれ以後、完全に勝っつぁんのシンパになる。薩摩があっと驚く徳川側の応援団長となる。

## ●勝・パークス会談のあと

勝っつぁんの蘭学塾のあとを引き受けた門下生の杉亨二が、随分とのちに海舟の思い出を語っている。このときの、パークスとの横浜会談についての勝の談をバラした秘話がちょっと愉快である。

「ある日、私はパークスは人をいじめていかんと話すと、勝は、ナニ、悪い奴じゃないよ、エエ奴じゃと申した。おれが横浜にパークスを尋ねに行くと、此方は敗北同様だから軽蔑したものか遇わぬ。是非というても遇わぬ。そんなら遇うまで待って居ようじゃないかとねじこんだ。すると飯は出しませんというから、飯などはいるものか、饑えても待って居るというと、然らばとスゴスゴ出て来た。彼はいい奴じゃ、悪い奴じゃないと、こう申しました」

とにかく、この会談における勝っつぁんは老獪。が、パークスもまた負けないくらい老獪であった、といえそうである。

さて、この会談後に話は思いもかけない方へ進展する。四月五日付けの西郷が大久保利通に書いた手紙でそれがわかる。それによれば、京都からの帰途、三月二十五日、早馳けで駿府に到着したとき、アーネスト・サトウの手紙がとどき、英国公使が面会したいと言っている故、立ち寄ってくれという旨を西郷は知る。以下はつぎのとおり。

「さだめて勝などより外国人へ手を入れ、この節の御処置に口をつづかせ候儀とあい心得候ゆえ、これははやく解きつけておく申さず候わでは、ことのさしさわりにあいなるべき儀とあい考え候」

西郷がサトウの手紙でいち早く、さては勝海舟の工作か、と見事に喝破している。さすがに革命家西郷さん、というところである。ただし、このときには、まだ勝はパークスと直接には話をしていない。横浜会談が実現したのは、この翌々日である。そして興味津々なのは、西郷の手紙がこのあとに実に妙なことを記していること。パークスの介入は「さしさわり」になると考えたので、「決して外国人の関係すべきことではないと論じつけておきましたので、ご安心下さい」と、大久保を安心させているんである。

つまり求めに応じて西郷はたしかにパークスに会っている。それもサトウの回想録では二十八日。西郷が江戸に帰着したその日。となると、江戸への急ぎの道すがら、はじめから英国は味方と決めこんで気楽に、ついでにパークスに会いに出かけたということになろうか。ところが、この会談の現実はそんな生易しいものではなかったのである。

サトウの回想録と西郷書簡とで推察すると、それはざっとつぎのようなものであった。

「今日の政治ご一新の折から、慶喜とその支持者たちにたいしての苛酷な処罰、とくに体刑をもってのぞむとするならば、ヨーロッパ諸国の世論はその非をならして、新政府の評判は大いに傷つけられることになろう」

と、パークスは頭から警告したらしい。何とはなしに、勝っつぁんに頼まれて西郷を脅かしているの感がある。西郷は答える。

「いやいや、われら新政府には、そんな苛酷なことをする所存は毛頭ござらん。前将軍を死罪にするような処置をとることは決してないし、慶喜をそそのかして、鳥羽伏見の戦争を起こした連中にも、同様な寛大な処置がとられるであろう」

なんだか思いもかけない約束を西軍はさせられた感じである。

「左様か、それはたいへんに宜しい。至当な処置と思う。そうであるなら、これ以上は、申すべきことはない」

とパークスがいうのに、西郷が答える。

「しからば、万国公法の上でもわが方が非難されるようなことはございませんでしょうな」

「オフ・コース。周到なご処置、つくづく感服いたした」

そこで西郷は最後にこうパークスに申し入れをしている。

「幕府側こそ万国公法において罪ある訳で、この先は、幕府が外国人へ余計な依頼をすることはないわけでありますな」

これ以上は勝の言うことを聞かないでくれ、という念押しということになろうか。勝の裏工作にホトホト閉口したことがみてとれる。それにしても、面白いと思うのは、西郷が万国公法（国際法）が国内戦争にも及ぶと考えていることである。国際法には違反はできぬと、新しく国家づくりするものの健気さが実によくでている。

## ●万国公法について

いくらか主題からはずれるが、近代日本史を考えるとき、日露戦争の前と後との日本人は、違う民族になったのではないかと思われるほどに変わったことにひどく驚かされる。世界五大強国の一つのロシアに勝つことができた（実は惨勝なのであるが）、ということから、日本人はいっぺんにのぼせ上がり、どんどん傲慢になっていった。固有の美風をことさらに強調して、文化・風俗・習慣・信仰・道徳などはもとより、国の成り立ちからして世界に冠たる国家を誇りだした。あえていえば狂的に偏狭な国粋主義だけがはばを利かすようになった。それがやがて世界を敵とする大戦争を起こして、せっかく作り上げた国家を滅ぼすことになるのである。この太平洋戦争の開戦の詔勅にはなぜか、それまでの日清・日露・第一次世界大戦の詔勅には明記されていた「国際法を遵守し」の文字が消滅しているが、その理由についてはいまはふれない。いずれにしても始末に悪い夜郎自大の民族になったことはたしかである。

それに比べると、幕末そして維新の人たちの何と謙虚であったことよ。すべてに於いて日本が世界なみでないことを恥じ、余計な背伸びすることなく、早く列国なみの国家にしたいと真摯に努力の限りをつくしている。さきの西郷の手紙ではないが、慶喜処分については文明国のそれでなければならぬと、本気で考えたのである。

勝・西郷の正式会談の行われる直前に、西郷の命をうけて、西軍の使いとして参謀木梨精一郎たちがパークスを訪ね、英国の助力を願い、負傷者を手当てするための病院を作りたい旨を申し入れた話は有名である。が、そのときのパークスの返答は西軍にとっては青天の霹靂、およそ予想だにしない厳しいものであった。

「いったい貴国に政府はあるのか。考えてもみよ。居留地とは如何なるものか、ご承知であろう。その国において戦争を開くならば、居留地を統括している領事に、政府命令というものが来なければならない。ところが今日まで何の通知もない。また、命を発するに際しては、居留地警備のために兵が出動しなければならぬ。そうしたすべての手続きがあってのち、戦争を始めるのが法というもの。そうしてこそ、その国に政府あり、ということになる。然るにそれらのことを何にもしていない。無政府の国と申すほかはない」

さらにパークスは言い放った。

「ことに前将軍慶喜は降伏の意思を明らかにしているという。何のための進軍であるのか。降参した敵を攻撃するとは何事か。世界に例のないこと。そのような無法が行われるならば、われわれは官軍の暴挙に備え、居留民保護のため軍隊を用意するほかはない」

木梨らの伝えた英国公使の言葉に愕然となった西郷は、国際社会のなかの日本をはじめて意識することになる。国内戦争を開始することは列強の意思に反するのか。目前に立塞がった国際法という厚い壁にガチンと突き当たった思いでもあった。勝との会談を前に、西郷が江戸総攻撃作戦をひそかに放棄していたとされるのは、このときのショックによる、という説のあるのも当然といえようか。

もう一つ、当時の日本人が国際法を重要視した例として、これも有名な榎本武揚と

『万国海律全書』のことにふれておこうか。

五稜郭落城を眼前に切腹を覚悟したとき、榎本はこの書の貴重なことにはたと気がついた。自分は武士として潔く滅んでいく。が、世界の中の一員となるべき日本国にとって、これからは世界列強国との間にさまざまな条約を結び、それに伴う義務も生じてこよう、その折りにこの『万国海律全書』は必要不可欠の文書となる。薩摩・長州のつくる日本国も、畢竟するに日本人の国である。なれば、国際社会の中で堂々と自己主張をし、列強の侮りを受けないようにしなければならない。そのためにこの書の価値は絶大なものがある。榎本はそう考えて、友情あふれる投降勧告をくり返して言ってくる西軍の黒田清隆にそれを贈った、という。

滅びるならば共に、という発想はすでにここにはない。動乱の時代を生きた人々が近代の扉を開いた人びとになりきっていたことを物語る。利己的ではなく、大きくひらいた目をもち、国際人になっている。まことに気持いい心温まる話である。それにつけても、昭和の日本人は……という歎きをまたまた抑えることができなくなる。

**この章の「余談」——**

＊8　勝っつぁんの時勢にたいする処し方を、ごく今日的に考えてみれば——。体制の

なかにいながら、その体制をぶっこわし、体制の枠を越えてずっと先を見通している。そしてその行動は、とうてい他人には理解できるものではなかったと思わざるをえない。伝統的な主君への忠誠の観念からすれば、畢竟、海舟は裏切り者であり、天皇にたいする新しい忠誠の立場からすれば、文句なしにかれは仇敵でしかない。そのどちらへも勝っつぁんの帰るべき場所はないのである。それゆえに海舟は天下独往していくことになるし、宙吊りの孤独に堪えねばならないのである。そのことにたいして説明のしようもない。要すれば、自分の行動自体で自分の哲学や歴史観やらを証明してみせるよりほかはなかった。

「人はよく方針というが、方針を定めてどうするのだ。およそ天下のことは、あらかじめ測り知ることができないものだ。網を張って鳥を待っていても、鳥がその上を飛んだらどうするか。われに四角の箱を造って置いて、天下の物をことごとくこれに入れようとしても、天下には円いものもあり、三角のものもある。円いものや、三角のものを捕らえて、四角な箱に入れようというのは、さてさてご苦労千万なことだ」

「鴨の足は短く、鶴のすねは長いけれども、皆それぞれ用があるのだ。反対者には、どしどし反対させて置くがよい。わが行うところは是であるから、彼らはいつか悟るときがあるだろう。窮屈逼塞は、天地の常道ではないよ」

いずれも『氷川清話』にある海舟の談話である。原理主義的で窮屈な人の多かった当時、この哲学はとても理解されることはなかったことであろう。

# 第三章

# 空しくなった最後の大芝居

## ●最後の大喧嘩

いよいよ江戸城の開城、そして慶喜が水戸へ出立を明日にひかえた四月十日夜、勝はこの大慈院を訪れている。

慶喜は勝の顔を見ると、自分のほうから口を開いた。

「ここまでくるにさいしての、その方の骨折りには深く感謝している。余の恭順の心を朝廷に徹底させて、徳川家も存続することができた。かつはひとり赴いて降伏という恥辱を免れることができ、さらには外様藩の備前に預けられることをも免れ、生家である水戸に預けられることになったのは、みなその方の働きによる。嬉しく思うぞ。今後ともよろしく頼むぞよ」

まったくの話が、慶喜の身柄の確保も、生家の水戸家へのお預けも、無血開城も、勝の政治力と獅子奮迅の裏工作による。慶喜もそれはよくわかっている。わかっているから、自分の方から言い出して、その上に愛刀を勝に下げ渡している。大慈院の上の間にはほんわかとした空気が流れていたことであろう。勝もあまりのかたじけなさに背中に汗をかき、感泣して言葉をつまらせている。

が、君臣最後のあさはかな大喧嘩がこのあとすぐにはじまるのであるから、二人はよほどうまが合わない、というか、根っから相性が悪かったのであろう。ことは、明日の城明渡しは双方から関係者だけが数人でて、ごく簡単にやってしまう予定である、と、勝が報告したことが、なぜか慶喜のカンにさわったらしい。元将軍は顔色を蒼白に変じた。

「それはいかん。ああ、危ういかな。災害がたちまちに生じることがその方はわからぬか。どうして諸役人にも徹底させ、江戸市民にも知らせ、将兵たちをきちんと抑え、人を選んで十二分にも万一の備えをしてかからなければ、足元から反乱のようなことが勃発するであろう。その方の処置は、はなはだ粗暴にして大胆不敵にすぎる。しかも談判のその手順も決めておかないとは……。ああ、取り返しのつかないことをしてくれた。ああ、余のせっかくの恭順も明日はもろくも崩れ去るのか。わが真心はついに貫徹するあたわずか」

と、涙を滂沱とながして激しく勝を難詰するのである。

勝にいわせれば、これを重々しく、仰々しくやったりすれば、どうやら収まっている徹底抗戦派の連中の、反骨やら闘志やらヤケッパチやらをかえってかき立てることにな

る。九仞の功を一簣に欠くとはこれである。『戊辰日記』には、

「大事は果決に出づるにあらざれば失錯生ず。迅雷之耳を掩うべからず、怒雷一驚後、其耳を掩うが如くして可ならんか」

と書いている。つまり耳を掩ういとまなき落雷くらいに、疾風迅雷の果断をもってことをすましたほうがいい、と考えている。

それを大局のあまり見えない慶喜は、頭からガミガミいいだした。まこと、官僚的に、末梢的なことにやたらにこだわる殿様であることよ、と勝は心底からがっかりする。刀を拝領した感激もたちまちに消え失せる。『断腸之記』によれば、「心胆共に砕け、腰足麻痺せり」というわけである。

しかし、ただちに気持を立て直して、昂然として正論を吐くところに、江戸っ子勝っつぁんたる所以がある。

「ああ、慶喜公よ、恐れながらそれはお考え違いですぞ。それに二月に、もはや恭順あるのみとご決心されたとき、この大事を処理するにふさわしい人材がなく、わたくしも微力ゆえその任にあらずと申して、ご辞退したのに、上様は無理やり仰せつけになり、今日に及んだのであります。あのときに、わたくしはしかと申しましたぞ。それでは、これから後は、大難事または大変事になりましても、決して言上してご指示を仰ぐことはいたしませんと。上様も、それはもちろんである、といってご承知されました。それ

を今日はわざわざ申し上げたのは、上様のご心中を恐察いたしまして、黙っていることができなかったからであります。わたくしが決心していることはただ一つ、徳川家がどうのこうのというよりも、江戸百万の民を生かすか殺すかということ、ただそれだけであります。わたくしの決意は、この危機に臨んでも、恐れ戦くところはありません」

しかも『断腸之記』によれば「且言、且罵し、席を立て城外に向う」という喧嘩っぷり。すなわち、勝っつぁんは怒鳴るがごとく、罵るがごとく、言い切って、席を立って、大慈院を後にした。「この際の愁苦、誰にか告げ、誰にか語せん」とも書いている。よほどさびしかったのであろう。

三十年前に大慈院を訪れたときは、わたくしはこの大喧嘩は存じなかった。それでもっぱら慶喜公になったつもりで、畳に座して庭などを眺めていた記憶がある。近く訪れて、こんどは海舟になったつもりで、手あぶり火鉢と座蒲団を相手に大いに罵ってみるかと思っている。

## ●将軍江戸を去る

山岡鉄舟の静岡派遣いらいの、勝っつぁんの蔭の労苦はこんな風にしてすべて報われた。と書くと、いくら何でも大袈裟な言い方だよ、と笑う人もあるかも知れない。しかしながら、昭和の日本敗戦がどっちへ転ぶかわからなかったくらい危険な真剣刃渡りであったように、江戸開城も、敵味方ともに一触即発、国内戦争になっても決しておかしくない形勢にあった。いわば累卵の危うきの連日を辛うじて凌ぎきったのである。勝・西郷会談ですべてが決した、というような気楽さを、そもそも歴史は毛頭許してはくれないもの。必死懸命の努力の連続があって道が辛うじて開けるのである。そのことを改めて強調しておきたい。

四月四日、勅使入城。十一日に江戸城引渡しと決定される。

その前日の十日、西軍は江戸市中に「告諭」を張り出している。

「仮令抗命せし者と雖も、悔悟謹慎せば既往の事は之れを咎めず、才能ある者及び有志の輩は其の器に従いて抜擢し、億兆愛撫の聖旨を以て、徳川譜代陪従小吏に至るまで凍餒の患なからしめ、又徳川氏の良法は俄かに変更することなかるべく、冤枉は宜しく総督府に訴うべし、衆庶疑懼を懐くことなく、各々其の業を安んずべし」

慶喜は江戸開城をみることなく十日に出立する予定であったが、これを変更し、十一日の朝まだき（午前三時）に寛永寺大慈院を出て、水戸に向かった。『明治天皇紀』にはこう書かれている。

「前将軍徳川慶喜、朝命を奉じ、昨十日を以て江戸を退去せんとせしが、旧幕府海陸軍中、江戸開城の事を聞きて憤激する者尠《すくな》からず、動もすれば暴発の虞《おそれ》あり、仍りて慶喜病と称して退去の延引を請い、姑く形勢を観望せしが、勝麟太郎より旧臣等漸く開城の事を承服せる旨の報ありしを以て、是の日未明、銃卒数百人・銃剣隊千二百人を随えて上野大慈院を発し、水戸に赴く」

さて、この「将軍江戸を去る」となれば、真山青果の戯曲が必然のように想い出されてくる。それも千住の大橋の場面である。

橋のほとりには、「公方様がお通りになる」「江戸から出ていかれる」のを知って、幕臣や町人たちがささやき合いながら待っている。やがて、黒木綿の羽織に小倉の袴をつけた質素な身なりで、敗軍の将慶喜が歩いて花道から出てくる。人々が名残を惜しんで悲しみの声をあげる。「やがて目出たく、ご帰城の日のあらんことを」と泣きながら訴えるものもいる。暗かった舞台がだんだん明るくなる。見送りの山岡鉄舟が出て、平伏しつつ、橋に足をかけた慶喜に「上様、それが江戸の地の際涯でござります」という。「そのみ足の第一歩が、江戸の地の限りでござりまする」とも。

そういわれて慶喜は、正面に向き直る。このときの、腹からしぼりだすセリフが、絶品なのである。

「天正十八年八月朔日、徳川家康江戸城に入り、慶応四年四月十一日、徳川慶喜江戸の地を退く。歴史の記述は短かろうが、その間二百七十有八年の年月を通じて、われらが目にうつる江戸は、長い過去、忘れがたき歴史の事実をもっているのだ。……」

悲痛な述懐はますます盛り上がって、最後に前将軍はいう。

「江戸の地よ、江戸の人よ、さらば」

わたくしは、どこで観ても、何度観ても、「さらば」の声を待てずオイオイ泣いてしまう。もちろん、青果の作劇術のうまさもあろうし、セリフ回しのよさもあろう。が、それよりも何よりも、わが賊軍びいきの性向が腹の底より涙を流さしむるのであると思う。この芝居を観るたびに、明治維新が何だ、薩長が何だ、くそくらえ、と品格を喪失して絶叫してしまうのである。

## ●彰義隊について

四月十一日、慶喜は水戸へ去った。同日、江戸開城もつつがなくすんだ。これにて危惧すべき問題がすべて氷解したわけではない。いちばんの危険きわまりないところといえば、江戸市中ということになろう。残っている旧幕臣にわだかまる抗戦意欲は侮りがたいものがあるから、市内を二分する東西両軍の睨み合いは日に日に剣呑さをましていく。特に上野の山の精兵三千人と呼号する彰義隊の、芝増上寺に本営を置く新政府軍を相手とする確執が、平和的手段ですべての解決を計りたい、と考えている人びとをやりきれぬ不安に駆り立てている。彼らは数を恃んでしばしば市中で新政府軍将兵を相手に小競り合いをくり返し死傷者を出したりしていた。

なかでも西郷がいちばん心を痛めている。抱懐する「敬天愛人」の政治哲学からいっても、ここまできて江戸を戦火の巷と化して無辜の民に多くの死傷者をだすことは、とうてい忍びえない。またこの方針は、大総督有栖川宮をはじめ、大総督府内の主要な参謀たちの同感するところでもある。そこで平穏に矛を収めるようにと、勝や大久保一翁や山岡鉄太郎たちの斡旋に期待をかけていた。

ところが、その当の勝が何かと生命を狙われるという、はなはだ困った立場にあるから、そうは簡単に問屋がおろさない。『断腸之記』に少々悲壮感をもたせて、勝はその顚末を記している。

「四月末、麴町半蔵門外を通行す。時、薄暮を過ぐ。静かに馬を歩して過ぐ。此際、官軍府下に入るを以て、行人稀也。忽ち後より官兵三、四名、小銃を以て狙撃す。其弾、頭上を飛で響く。馬逸して後足を以て立つ。余、馬上にたまらず、後面に落つ。路上の石片にあたり、頭後を強く打ち、悶絶す。少間、人事を不弁、自から気息出て、かえりみるに無人、敵兵既に去って跡なし。側数歩、馬、草を喫て立つ。直に乗じて帰る。

これ敵兵、銃殺せしとおもい、去りしに因る。是を以て万死を遁る。誠に天幸というべき也」

死にそこなった勝をよそにして、いずれにせよ、江戸の情勢はいまや沸騰点に達せんばかり。

ここで、もうよく知れ渡っていることかと思うが、彰義隊について一言ふれておくことにする。ことの始まりは、慶喜の出身である一橋家の家臣十七人が、慶喜の身を案じ、雑司ヶ谷の鬼子母神堂の境内の料亭「茗荷屋」に集まったことにある。慶喜が大慈院に謹慎した前日の二月十一日のことで、自分たちの命にかえても慶喜の冤罪を雪ぐことを朝廷に嘆願すべく「いまこそ蹶起せよ」の檄を回すことを決めた。つぎの会合が東照公の命日にあたる二月十七日。四谷の鮫ヶ橋の円応寺にて。現在の明治記念館の裏にあった橋であり寺であるが、いまはない。三回目の二十一日もまた同じ寺で、という具合に回を重ねるごとに参集者がふえ、この三回目には数百名を超えるまでに同志はふくらんだ。

その血誓書に曰く。

「方今社稷危急存亡の秋、臣子尽忠報国は、士道の常にして諸士の仰ぐ所なり。然れども昇平三百年の久しき、士気相弛み候より、尽忠報国は人口に膾炙するのみ。互に其の実際を見ず。故に今日の形勢に至り候も、敢て人を恨むに詮無く、誰か是を恥じざらん哉。然らば言行相反せず愈々身命を抛ち君家の御恥辱を一洗し、反逆の薩賊を戮滅し、上朝廷を尊奉し下万民を安堵せしめ、遥に神祖の聖霊に報い奉るべく有志の士は、断然一死を天地神明に誓い、姓名を此帖に記載を仰ぐ。我等不敬といえどもいささか馳駆の労を以て、諸君の孤忠を世に示さんものなり」

こうして、二十三日には浅草の本願寺に移り、そこで「尊皇恭順有志会」の看板を掲げ、やがて昭義、貫義などの各説も提出されたが、最後に彰義隊の隊号をつけることとなる。

彼らが上野の山に移ったのは四月三日。もう約千人の大勢力となっている。名目は慶喜の身辺警護。ところが、ご本尊の慶喜が水戸へ旅立った。となって、知恵をしぼって考え出したのが、上野東照宮には家康公の木像があり、徳川先祖伝来の墓所もある、それを守護するために、という新たな名目であった。つまり居座りである。そして、これに合流する諸隊が上野の山に集まり、およそ三千人の兵力が大いに気勢をあげるようになったのであるから、こうなれば旧幕高官の忠言であろうと聞く耳をもたぬようになる。ましてや新政府軍の「解散せよ」の説得なんぞどこ吹く風と蹴飛ばした。これがまた、新政府軍与しやすしとの観念を彰義隊の壮士に抱かせ、キャツ奴らはものの数にあらずの敵対意識を強固にする結果を生むのである。しばしば衝突が起こったのも自然のことである。

愉快なエピソードがある。『山縣有朋』(PHP文庫)を書いたときに知ったことで、この後の軍政を牛耳った大狸その人も、狂介を名乗っていたころ、彰義隊の猛者と衝突、大しくじりをしたことがあるのである。四月三日にやっと江戸へ出てきた山縣は、数日後に、奇兵隊の軍監福田俠平、鋭武隊の軍監飯田竹次郎とともに、吉原へ遊びに出かけた。金がないから、長州藩出入りの袋物屋駿河屋に案内をさせて、である。ところが、

「芋侍」が身分も弁えず登楼したことで花魁に嫌われ、ちょっとした騒動となる。これを知らされて彰義隊の隊士が出張って取り囲む。さすがに彰義隊も店の中にまでは踏み込んでこないものの、一触即発の怪しげな情況となった。

仰天したのが駿河屋で、裏口から抜け出すと増上寺に走り、総督府参謀の木梨精一郎に救援を求める。西郷の指示もあり、万事穏便にを最高方針としているとはいえ、諸隊の幹部が三人も、それも吉原の遊郭で捕らえられたのでは、藩のメンツもあり、全軍の士気にもかかわると、三個小隊に出動の準備を命じて置いたうえで、みずからは馬を走らせて、勝に急をつげる。

さすがの勝っつぁんも椅子から転げ落ちそうになる。折角の今日までの苦心も吹き飛んで、こんなことで戦争をおっぱじめられたんじゃ、たまったものではない。木梨に懇々といった。

「いいかね、かならずなんとかするよ。俺が吉原の彰義隊の囲みを解かせる。兵を出動させるのは、暫時見あわせておくれなよ」

やがて山縣たちは旧幕府の役人につきそわれ、何とか無事に、ただし青菜に塩で本営に戻って、世はなべてこともなし、という具合に収まった。

勝っつぁんはなかなか楽ができない。

## ●水面下の最後の大芝居

ところで、水色の羽織に白い義経袴をはき、朱色の鞘の刀といういでたちの、多くは十代の若者たち。江戸庶民の間に絶大の人気が高い彰義隊を、海舟は後の手記などではしきりと非難しているけれど、その言葉は本気であったかどうか。これはあくまで仮説なれど、彼らを使っての勝っつぁんの策謀がかなり裏側に働いていた、と思いたい。すなわち慶喜退去・開城後の新しい政治的局面の展開を前にして、新政府との改めての混沌複雑な交渉を有利にすすめるため、これら旧幕勢力の一部を温存し、いざという時の最後の切り札として利用しようとしていたのではあるまいか。

市中においては彰義隊、北関東には大鳥圭介が率いる旧幕陸軍、江戸湾には榎本武揚指揮の旧幕艦隊と、総合すれば軍事力としては政府軍の上をゆく。戦火を交えるつもりはないとしても、これだけの実戦部隊を海舟ほどの政治家が利用しないはずがないではないか。

江戸開城からわずか二十日にして、旧幕部隊の圧力や彰義隊の横行やらもあり、手を焼いた新政府は、江戸の治安確保に自信がもてなくなる。やむなく鎮撫の委任状を旧幕幹部に出す。そこには勝たち徳川方の重臣に江戸を任せることが記されている。閏四月二日のことである。

「江戸の鎮撫万端の取締りのことを委任されるから、精励するように、大総督宮から御沙汰あらせられる」

はたして白羽の矢を立てられた勝っつぁんたちはニヤリとしたのではあるまいか。

これは新政府軍が江戸の支配を一部放棄し、徳川勢力の復権を認めたことに外ならない。勝はこれを絶好のチャンスとみた。旧主君の言葉なら旧幕臣たちはいうことをきく。早速にも慶喜を江戸近郊の寺院などに呼び戻すこと、それを新政府に献言する。これが閏四月四日、とにかくやることが素早い。あまりにも長文の彼の建白書を、かいつまんで現代語に訳すと、こんな風になる。

「恐れ多いことを死を冒して言上いたします。江戸鎮撫のことをお任せいただけるのは光栄至極のことでありますが、臣義邦のごとき無才無能の者のたえる所ではありません。いま開城・領地献納などが安らかにすんでいますのは、決して臣義邦の苦心尽力によるものではなく、ひとえに皇威にたいする慶喜の至恭至順の誠心のいたしたところであったと存じます。……というわけでありまして、江戸市内を静謐にし、これを遠く遠境にまで及ぼし、民衆の安寧をはからせ給うには、臣義邦ごとき者の力では及びませぬ。恭順の至誠をもって民衆をしておのずから感化せしめたる慶喜の近日の行状こそ、その任に最も適することを証明するものと存じます。……罪を負うていります慶喜を、国を譲って間もないのに、江戸へ帰還させることは朝廷の御威光にもかかわるという議論もありましょうが、今日の慶喜は前日の慶喜ではありません。無用をもって有用を助け、皇化の御為にもなるであろうと存ずる次第でございます」

よくもまあ言うものよ、の感があるが、勝っつぁんの「死を冒して」の言上はかなりの効果をあげたようなのである。第一に、西郷がこれに耳を傾けはじめる。京都の朝廷に、江戸を徳川に返すことを勧めている書簡がいまに残されている。

さらに政治家の海舟は、最新のメディアであった新聞も利用してこの独特な政略を推し進めている。当時最大の発行部数を誇る「中外新聞」をパラパラすると、「徳川慶喜、再勤の説あり」「慶喜公江戸城へ召し返し」「慶喜公を江戸府内に帰させたまえば、江戸は安靖に至る」などの記事がやたらに掲載されている。さらには勝の建白書がそのまま掲載されたりしている。慶喜復帰のために、どうやら勝っつぁんは世間のムード作りまでやってのけているらしい。

勝の深謀遠慮の運動は相当に執拗であった。その後も手を替え品を替えて、新政府に働きかけている。閏四月十五日に田安慶頼へ、十九日に静寛院宮へ、嘆願書が提出される。とにかく利用できるものはすべて総動員して働きかける。二十五日には、その二日前に三条実美とともに西郷が京都から帰ってきたと聞くと、さっそくにも再度の建言をした。さらに閏四月二十八日、こんどは西郷だけに宛てて書簡を送っている。しかし、結果論でいえば惜しむべし、勝の返し技的な政治力には限界があったというしかない。

これらに対して西郷がいかに反応したか、史料には何も残っていない。なぜならば

〝戦争の技術者〟大村益次郎が三条実美とともに威風堂々と江戸入りをしており、二十九日には彼が参謀となって彰義隊討伐作戦にとりかかっていたからである。具体的な戦略が明示されたのは五月一日、田安慶頼と彰義隊に委嘱されていた江戸市中お取締りの解任の通知である。対して彰義隊のほうも解散せよというならば、と法外な資金を要求する。そして彼らは五月五日には断固戦うことの決意をまとめている。歴史に「もしも」はないが、大村がもしあわただしく江戸に来なかったなら……。

事実は、勝の慶喜呼び返しの政略はここに潰えることになる。[*9]

大村から作戦計画を聞かされたとき、正面攻撃は薩摩軍の担当と知って西郷は「薩州兵をみなごろしにせらるる朝命でごわすか」と思わず唸ったという。大村は手にした扇子を開いたり閉じたりして天井を仰ぎ、しばらく無言ののちに「左様」と、いともあっけらかんと一言答えた。ただし、この話は眉唾とされている。『防長回天史』にだけ伝聞という但書つきで記載されている。ではあるけれども、いかにもありそうな、というよりも、象徴的な話ということになろうか。言うならば占領軍同士の暗黙の権力獲得の戦いが、早くもはじまっていたという意味で。

五月十五日、午前八時から大村の総指揮のもとに上野の山への攻撃が開始された。彰義隊もしばしば斬込みに出て新政府軍を寄せつけなかったが、それも時間の問題である。大村の卑劣ともいえる戦法もあって、昼すぎにはもう散り散りの負け戦さとなる。

勝の『幕末日記』に悲憤の文字がみえる。

「山内の別当覚王院、大和多武峰別当竹林坊等の奸僧、我小吏無識輩と妄議し、終に此挙あり。我が尽力今日に及びしもの、瓦解に到らしむ。憎むべきの極也」

余っぽど無念残念であったのであろう、しばしば引いてきた『慶応四戊辰日記』は、同様の痛憤を認《したた》めたこの日の記載をもって閉じられている。

わたくしはかつてテレビ番組で勝の慶喜呼び返しの経緯を語ったことがある。その折りに結論としてこう言ったものであった。

「勝の慶喜呼び返しの政略は、単に勝ち負けのための巻き返しではなく、明日の国家のビジョンを見据えての巻き返しでした。一時的な勝ち負けはもうどうでもいいのですよ。それよりも早く有為の人びとが力を合わせて、新しい合議制の国づくりに踏み出さなきゃいけない、と勝は思っている。しかし、薩摩や長州には、面子とか意地がありますからね。だけどもう、そんな時代じゃないんだよということを、勝はくり返し言っていた。しかし、その真意はついに理解されなかった。むしろ誤解された。彰義隊が蜂起することで戦争になると、討伐する新政府軍のほうが完全な正義になってしまう。勝っつぁんはほんとうにガッカリしたと思いますね」

いまもこの歴史推理には変わりはない。上野戦争の勃発で、勝っつぁんはことによったら生き甲斐までも喪失したのかも知れない、と考えたくなる。西郷との会談このかた、勝自身の戦いは一勝一敗というところであろうが、ともあれ、勝海舟の最後の大芝居が幕を閉じたことは間違いない。

この章の「余談」――

＊9　風雲急を告げだしたとき、海舟は戦闘を何とか阻止しようと、ふたたび山岡鉄舟に彰義隊説得を依頼している。いわば最後の努力というところか。

そこで山岡は上野の山に上り、直ちに解散するようにと説いて聞かすが、彰義隊の面々はいまさら聞く耳を持たぬとけんもほろろであった。「将軍家をしてかくまでに悲しみお落とし参らせたのは誰なんだ」と逆に詰問し、鉄舟を取り囲んで、「獅子身中の虫とは貴殿のことだ」「戦の血祭りにあげてやる」と、いっそう気勢をあげる。山岡もあまりの雑言に思わず刀の柄に手をかける始末であったという。しかし、それは断じてやってはならぬことと辛うじて腹の虫を抑え、「主人は涙をのんで静かに山を下った、と語っておりました」とは、松子夫人ののちの回想である。東京日日新聞社社会部編『戊辰物語』（岩波文庫）にある話である。

また、ついに始まったこの戦闘で、益満休之助が戦死している。湯島の切り通しの石垣に背をもたせて、陣笠をかぶったままの姿で立ったまま息絶えていたという。流れ弾に当たり、苦痛をこらえて石垣に寄りかかり、そのまま絶命したものと想像された。無血開城の陰の功労者は、その後の歴史に顔を出さずにさっさと消えていったのである。

# 第四章

# 静岡―東京　行ったり来たり

## ●勝っつぁんの寓居跡がある？

拙著『幕末辰五郎伝』（ちくま文庫　品切）の一節を、まず……。

「殿さんのお供をして船で水戸を離れたのが慶応四年の七月十九日だったと思いやす。ここ駿府（静岡）の宝台院についたのがたしか二十三日。それからずっとこの地にお世話になって、新しい明治という時代を迎えるなんていままで思ってもみませんでしたよ。嬉しうござんすねえ。朝夕きれいな富士のお山を拝めるなんて……」

この小説を書いたときには、慶喜はもとより新門辰五郎が明治という新時代を、敗軍の将的な淋しさで迎えたであろう静岡に、足を踏み入れずに、清水次郎長を相手に語る辰五郎の口を借りてこんな風に書いた。宝台院のいまは？　という初歩的なことも知らずにである。山門や伽藍については寸毫もふれることなし。不精もいいところであった。

そんな反省もあって、このたびは静岡へ日帰りの小旅行を試みることにした。維新後の、秋風落莫たる数年を勝っつぁんもこの城下町で過ごしている。その旧跡なりを訪ねてみようという寸法であるが、ハナから期待はしていない。気候はよし、地味は肥え、雪の積もるを知らず、寒中に菫やタンポポの咲く町。四季をとおして山海の珍味に富んでいるから、すこぶる暮らしよい。執念深く何かを後世のために残そうなんて気概に欠けていることは、これまでの仕事を含めた何回かの訪問で身に沁みて知らされている。それに昭和十五年の静岡大火と二十年六月の大空襲がいけなかった。この歴史のある町の「情緒も雰囲気も気風も焼き滅ぼしてしまった」と、わけ知りらしい人の説明を聞かされた覚えがいまも残る。それでも、徳川家康が築いた浮島城と呼ぶ駿府城跡や、県庁や諸々の役所のある三の丸跡もそれらしい形跡をとどめ、内濠や外濠がいくらかは昔の面影を残していた。その後に、NHK大河ドラマの「徳川慶喜」や「徳川三代」の放映もあり、つられて復元、という期待がないわけでもない。

さっそく静岡市に住居する小学校時代の同級生K子さんに電話で調査を依頼する。東京は下町育ちの彼女もいまはすっかり静岡弁。「そうずら」（そうだろう）だの「おとましい」（痛ましい）だのまじりで教えてくれたことは、ざっと以下の如し。

「慶喜さんの最初の宝台院、つぎの住居の代官屋敷跡もあったでよ。新門辰五郎ゆかりの寺もあったあった。伝馬町のすし屋の店の前で西郷・山岡会見の碑も見つけておいたわ。でも、勝海舟ゆかりの場所なんて誰も知らん。で、市役所にいってね、ガンガン言って聞いたら、やっと物知りがでてきた。宝寿院といって、勝っつぁんの寓居跡があるんですとさ。それと勝っつぁんのお父さんお母さんに、妹さんの墓のある蓮永寺というお寺さんのことも聞いておいたわ。一利クンの『勝っつぁん』が移って、私もついつい昔なじみのように勝っつぁん、勝っつぁん、とやったもんだから、物知りがクスンと妙な笑いを浮かべるじゃない、恥ずかしかったわよお」

## ●宝台院と「浮月楼」

ＪＲ静岡駅から西へ歩いて五分の宝台院（常磐町二―一三―二）は、二代将軍秀忠が生母西郷局の菩提を弔うために建てた由緒をもつ。当時は九千八百坪の大伽藍。寺格は十万石。江戸の増上寺とならぶ徳川家の菩提寺であったそうな。歴史とは無残なもので、東海道線の敷設で寺域が削られ、さらに大火と空襲で灰燼に帰し、いまは想像していたような山門もなく、道路からあまり奥行きのないところに建つ鉄筋コンクリートの本堂で、威容は微塵もない。

看板の説明によれば、ここを謹慎の宿舎に選んだのは大久保一翁とのこと。慶喜は寺の奥の十畳を居間に、六畳を人との面会所に使っていた。デッカイ寺のほんの一隅、たった二間の暮らしという。それで勝も大久保も山岡も辰五郎も、ご機嫌伺いに参上すれば、この六畳で慶喜と膝を突き合わせての面談やむなし、ということになる。敗軍の将はなかなか安住できるところがない。

歴史を振り返れば、江戸開城が成って、この年の五月に徳川家は一地方大名に格下げと決まる。勝や大久保の尽力で、当時六歳の田安亀之助（のち家達）が跡継ぎとなり、知行は駿河・遠江・三河にて七十万石が与えられる。こうして駿府藩が設置されたとき、慶喜を水戸から同地に移してほしいという請願がなされ、総督府もこれを認める。つまり辰五郎述懐にある慶喜の駿府到着は慶応四年七月二十三日という次第なんである。当時の『鎮将府日誌』にある。

「慶喜儀去月廿一日銚子浦より乗船、海路無滞廿三日夕駿府宝台院へ着仕候旨申越候、依之此段御届申上候、以上」

この慶喜の静岡移住についても、海舟が尽力していることはもちろんのこと。ただし、交渉相手はもう西郷にあらず、大久保利通になっている。西郷は上野戦争いらい大村益次郎とどうやら気まずくなって故国の薩摩へさっさと去っていき、江戸にはいないのである。

慶喜がこの寺を去るのはほぼ一年後の明治二年十月五日。勝や山岡が奔走して、新政府と掛け合い、九月二十八日に謹慎がやっと解かれたゆえである。そこで東約一〇〇メートルの紺屋町の旧駿河代官屋敷に移り住む。そして美賀子夫人も呼び寄せたが、将軍のころとはくらべようもない侘住まいである。ついでにいえば、駿府、府中という地名はすでに過去のものとなっている。この二年六月に、静岡と改称された。最初は府中をそのままに、という案もあったが、府中は不忠に通じるということから、浅間神社の賤《しず》機《はた》山、別名の賤ヶ丘をちぢめて字面をよくして静岡としたという。前将軍ばかりではない、城下町そのものも東京に気をつかっている。

いま、この代官屋敷跡は、「徳川慶喜屋敷跡」の石碑が目印の料亭「浮月楼」(紺屋町一一一二)となっている。慶喜はこの屋敷から鍬を片手に、旧幕臣とともに山百合の採掘にでかけた。百合の根を掘り出し、輸出して生活費を稼いだのであるそうな。当時からの庭園が観もので、慶喜が毎日眺めて暮らした切支丹灯籠が「そりゃもう一見の価値ありですて」と知らされたが、外からちらりと覗いたきり。懐石料理一人前一万円に恐れをなしたわけではないが。

## ●「海舟庵」での空想

勝ゆかりの「海舟庵」は、安倍川にそった街道をはるか北に行った山裾の里にある。遠い、いや、遠すぎるところである。宝寿院という曹洞宗の寺(門屋六三九)の本堂のうしろに移築された平屋のちんまりとした建物。八畳、六畳二間、三畳二間のつつましさ。静岡移住後のある日、勝はここまで梅見に出かけてきて、名主の白鳥惣左衛門と昵懇になる。ついでに土地を百六十五両で譲り受けてこの家を建てた。もともとは母の信子の保養のためであったが、自身もここへきてのんびりすることを大そう喜んだ。

「いまは、ときどきは寺の書院がわりに使っています。なにしろ百数十年前の建物ですから、使いながら整備しているんですよ」と、案内してくれた寺の大黒さんは言う。「観光客がときどきは訪れますか」「いいえ、ほとんど見えませんね」「せっかくこんないいものが残っているのに、残念ですね」とわたしが嘆くと、「勝海舟といっても今時の人には全然関心のない人なんでしょ」

大黒さんがあっけらかんと言うので、さらにガッカリする。一瞬、床の間の勝っつぁんの写真も苦笑したようであったが。

それにしても、こんな遠いところに、勝っつぁんはよく家を建てる気になったものよ。なぜなのか。そんな疑問がどうしても湧いてくる。普段は鷹匠町（昔は下級武士たちの住宅街、いまは商店街となり面影は少しもない）の宿舎にいるが、余裕があればただちにこっちにやって来て、なかなか戻ろうとはしなかった。なるほど、この北郊の地に立ってみれば、気分はまこと清々する。梅の里らしく〝山紫水明〟が（川からはやや離れているが）ピッタリ。干戈騒擾の間を緊張しきって潜り抜けてきた人にとっては、心を休めるに相応しい里なのか。けれども、相手は勝っつぁんである、そんな軽い気分的な理由によるはずはないと、どうしても思えてくる。

勝海舟が静岡に移住したのは、明治元年（九月に改元）十月のこと。その前の九月三日には、母信子や妻民子ら家族一同を、勝は送り出している（十四日無事に着く）。そして勝たち旧幕臣のほぼ半分の一万四千人近くの駿河移住は、藩主亀之助の静岡入り（八月十五日着）を待って十月十一日から十一月九日にかけて実施された。勝っつぁんはその第一陣で十月十一日に江戸を後にしている。

直前にある人に出した勝の手紙がある。これが泣かせる。

「私儀、世上の立交り等は実に堪え申さず、とくに双刀を擲却仕り申すべき念願に御座候えども、相忍び候て今日まで滞留仕り候は、かりにも御請申上げ候儀これあり、何分その実跡御座なく候ては、心裡に穏かならず、鎮将府諸官の嫌忌をこうむり候も、その所以御座なく候にはこれなく、微力愚昧の力を計らず、藩士の列に相連なり候ゆえ、おのずから万端の関係も少なからず、唯々汗顔仕り候のみ。さりながら、その始終を洞察仕らず、その一端を以て疑念せられ候は、古今の同轍、いわゆる走兎尽きて猟犬煮らるるの場合と、覚悟つかまつり候間、さらに世態の立交りは、ますます消念いたし候。貴君へ対し一述懐、御一笑下さるべく候」

およそ鼻っぱしの強い勝らしくない寂しい境地がここに述べられている。腰の両刀なんかぶん投げて、知ったこっちゃねえよ、といきたいところだったが、そうも行かない。幕臣たちの身の振り方やら何やら、山積する難問を全部解決しておかなきゃならぬ。それでいままで留まって、いろいろとうるせえほど交渉、というより頭を下げて頼み回ってきた。ために、鎮将府（西軍）からはやたらに疑惑の目で見られている。「その所以《ゆえん》御座なく候にはこれなく」と、愚かにして無力ゆえ肯定せざるをえねえけど、それもわが事業の全体を見もせずに、一端を捉えてのこと、昔も今も同様、「狡兎死して走狗烹らる」の譬えどおりさ。真に尽くしたものは憎まれ、追い落とされるものらしいや。情けねえったらない。こうなりゃ、世人との交わりに御免蒙って、あばよ、と江戸を後にするばかりでござる。——これが江戸を離れるときの勝の、どことなく負け犬的な心境であったようである。

しかも、静岡に着けば着いたで、旧幕時代の身分秩序がまたまた復活していた。駿府藩における彼の肩書は「幹事」。上役として家老一人、中老五人、中老御用人二人がどっかと控えている。会社組織でいえば、総務部長といったところか。西軍相手に大芝居のときの「陸軍総裁、若年寄格」なんてふっ飛んでいる。

別にそれでくさるほどの野暮な男ではないけれど、勝っつぁんを大いに落胆させる話がその耳に入る。十月十一日、勝は移住第一陣の連中ともども築地の本願寺に集まり、お浜御殿から船に乗った。その直後に総督府の兵隊三十人ばかりがドヤドヤと本願寺になだれ込んできた。勝を召し捕るための乱入であったというのである。西郷がいなくなって大村益次郎が総大将の西軍であっては、何が起こってもおかしくはない。勝は正真正銘危機一髪であったのである。

ところが、この報がゆるゆると静岡にまで達したとき——ここは勝の日記を引くのがいちばんよかろう。

「十一月六日。聞く、東京をわが発せしは、先月十一日なり。東本願寺へ寄り、移住の者等と同船す。その跡へ官兵三十人ばかり来り、我を探索す。いう我が建言ことごとく虚言のみ。ゆえに召捕うるためなりと。／本日この事をある人に聞く。すでに上官はこれを知れども、我に告げず。／前上様の御説には、我が一策にて、官兵に頼み、かく成さしめたるものならん云々と。嗚呼、当春已来わが微力を奮って今日にいたれり。人心の頼みがたき、千古一轍、大功の下久しく立ちがたし。永訣して致仕の念ますます甚だし」

勝っつぁんばかりではない。書いているこっちも情けなくなる。

「勝のことだ。あらかじめ官兵に頼んでおいて、そういう芝居を打ったものに違いない」と、この人のためにと全身全霊を打ち込んで努めてきたのに、当のその慶喜が、こんな風に口を極めて冷評していたとは。さぞや勝っつぁんの腰の蝶番《ちようつがい》は、絶望で、とっぱずれてしまったに相違ない。しかも、上役どももそれに和して、とうの昔に右の事情を知りながら、秘してひそかに北叟《ほくそ》笑んでいたとは……。乱世の雄は、ひとたび乱治まれば、邪魔な、ハミダシ者となる。

「要するに、僕は地上でただの一人きりになってしまった。もはや兄弟もなければ隣人もなく、友人もなければ社会もなく、ただ自分一個があるのみだ」とは、ルソー『孤独な散歩者の夢想』の出だしの一節であるが、勝っつぁんが「海舟庵」を建てたのは同じように、広い天地われ一人立つ、との孤絶の想いから、と空想してみても、それほど間違ってはいないと思う。

●隠居志向もはかなし

静岡の地を訪れてあちこち見て回って察するに、勝海舟の「静岡」は、毎日が阿呆らしく不愉快極まるものであったらしい。

それも、ご尤《もっと》もとみられる節がある。慶喜が勝の存在を煙たく感じだしていること、それである。情けは人の為ならずというが、その情けが仇になる場合だって少なくはない。生命の瀬戸際というときには、頼みとする人に、見せたくもないところをオロオロと見せてしまう。それが危機が去るとともに裏返って恨みとなる。急所を握られ放しの、情けなさに陥ったままにいることは許せない。とくに自尊心のかたまりの人には。そんな心理情況にある慶喜は日増しに勝から離脱したくなっている。

いっぽう勝も、慶喜の顔をまともに見たくない気分でもあったであろう。何となく恩着せがましくなるのを避けるためには、できるだけ距離をおくことがいちばん。つまり、ひたすら敬遠ということになる。『海舟座談』に、慶喜とそりの合わない勝の気持をそのまま吐露したかのような言葉が、いくつも見出せる。

「己などは、慶喜公に嫌われて、勝が在ては善くないとまで言われた。何遍斥けられたか知れないよ。それでも、一言も責を避けたことはないよ」

「維新の時だって、そう言ったのサ、『あなたの徳で、善い家来を持ったなどと思いなさるな』ッて。第一、御先祖様が、非常な方であるし、御先代様〔家茂〕がお若かったが、大層善いお方で、余程望を嘱されて居なすった。それがああ云う事におなりなすった。私は、それで、コウ云う御奉公をするのであります。あなたに御奉公するのじゃありませんッテ。それは、ひどく言ったよ。慶喜公が、三度も頭を下げて、『お前に全く任せるから、善いようにしてくれ』と言うことであったから、それでああしたのさ。然し、実にひどい悪まれ役だと、自分でそう思って、時々情けなくなるよ」

エトセトラ。これでは無事に終わって、御身安泰となった後の静岡で、お互いにあんまり顔を合わせたくないと思うのも、ごく自然の成り行きである。

そんなわが講釈を聞いていたK子さんが言う。

「で、あんなに遠い北の郊外の村に、勝っつぁん、お母さんのためにという理由で、家をおっ建てたわけなんね」

「と考えても間違いじゃない。江戸無血開城の大仕事の後は、勝っつぁんはやたらに隠居志向なんでね。晩年までそれはつづいているんだ。たとえば、『海舟座談』にこんな言葉がある。『己などは、早く西行や一休のようになれば善かったと思ってるのサ。馬

勝舟を待っていたんだな」

いいのサ』。でも、出来なかった。気の毒ながら……。というのも、静岡での大仕事が

鹿らしい。つまらねエ事に引っ掛かってしまった。初めから隠居の出来る人は、それが

## ●金策に東奔西走

新藩主家達を守って、とにかく与えられているのは七十万石にすぎない徳川家の、総務部長としての仕事は何か。移って来た多勢の家臣たちをいかに食わせるかの算段ということになる。

いよいよ静岡へ移住と決まったとき、藩庁から藩士へ諭達がだされている。「人多し禄寡し、在来の臣下をことごとく扶持すること能わず」。ゆえにこの際朝臣となるか、農商に帰するか、また「強いて藩地へ供せんという者は無禄の覚悟にて移住せよ」。ざっと、そのような、いわば縁切り状である。結果は、朝臣に応ずるものはごくごく少人数であった。さすがさすが、と褒めたくなるが、そうなると、身の振り方は狭まって、実はたいそう困ったことになる。すなわち、千石以上の知行どりでは旧采配地へ引っ込む者少々、三十俵四十俵クラスには江戸に残って商人になると決心するのが若干あったものの、多くは無禄移住、おしなべて藩地へお供というのである。その数一万四千人近く。これを食わせるのは大変である。

さて移ってきて、駿州と遠州にばらばらになって、町家や農家の部屋に間借りして住み、生活をはじめたものの、字義どおり困窮そのもの。昭和の敗戦直後の日本と比べてみれば、思い半ばを過ぎるというもの。どれほどのものか、の理解を深めるために、昭和二十年、矢野目源一氏が作るところのパロディ百人一首のいくつかを。

・わが家は八人家族三畳によく寝られると人はいうなり
・忍ぶれど色に出にけりわが暮らし銭が無いかと人の問うまで
・買い出しのいくのの道の遠ければまだ粥も見ずうちの膳立て

もう一首、いちばん肝どころの歌を。

・敗戦の嵐のあとの花ならで散りゆくものは道義なりけり

勝や大久保一翁たちが苦労したのは、まさしくこの道義頽廃をいかにして食い止めるかであった。徹底抗戦の壮語派もいれば、彰義隊の残党もいる。江戸城明渡しのあと、城へ斬り込んで切腹すると騒ぎだした幕臣百人ほどもそのまま静岡へやってきている。これら荒くれ男たちの鬱屈した気持を爆発させないためにも、微妙な工作を目立たずにやらねばならない。といって、徳川家としては、新封土での収税も思うに任せないし、資力は皆無。海舟が書くように、「諸子を養うの金穀皆尽く」のドン底の有様である。

ところが、そのうちに面白いことになりはじめる。幕臣たちは無為でいるのが堪らなくなって音をあげ始める。喧嘩ばかりしていても仕様がない。荒れ地でも開墾させてもらえないか、と言いだしたというのである。作家光武敏郎氏の書くところを引用すれば、「海舟が待ち望んでいた声である。彼は代表を呼んでさっそく、その心がけと思いつきを激賞してやった。ここで海舟は、自給自足してくれると徳川も大助かりだなどとは、けっして口にしない。彼らの気持を褒めあげておいて、『食い扶持だけは、ここからも送らせてもらいますよ』と、とどめの一言を刺したのだ。また、それを実行した」

さらに、海舟には「会計荒増」という金銭出納簿が残されている。そこには明治二年八月に、三条実美の許可のもと、万石以上の旧大名に呼びかけ、二十数万両の金と四百俵ほどの米の助成を受けていることが、はっきりと書かれている。さすがは辣腕の総務部長である。『海舟座談』にも、こんな脅迫まがいのことをした事実の快気焔も載っている。

「瓦解のとき、禄がまだ無かったから、それぞれの譜代大名に言ったのサ。『お前達は、徳川が無禄になってるを、ただ見てるのか』と言ってやったら、あちこちから、持って来て、二十万両ほどになったよ。今の銭にすると、二千六百二十万円位だがね」

クソ面白くもねえ、と多分にボヤキながらも、勝っつぁんはどうしてどうして頑張っている。日本国の明日のために、幕府を潰したものの、その後をすっきりとしたものにしないかぎり、自分の仕事は終わらぬという強烈な使命感が、勝を駆り立てていたことに間違いはない。

## ●静岡の茶を飲みながら

夏が近づくと、自然と口をついて出てくる歌がある。

〽夏も近づく八十八夜、野にも山にも若葉が茂る……

なんて書くとすこぶる恰好がいいが、正直なところ、下町生まれのわたくしは、戦前に大流行した広沢虎造の浪曲「森の石松」のひとっ節のほうを、ついつい思い出してしまうのである。

〽秋葉路や、花たちばなに茶の香り、名代なりけり東海道……

このあと、若鮎躍るころとなり、娘やりたやお茶摘みに……と虎造の名調子はつづくのであるが、この薫風のよき季節を若鮎と形容し、おぼこ娘となぞらえる。言い得て妙である。浪花節を一概に古臭いと捨てるのも惜しい気がしてくる。

茶といえば、いまは半分は静岡県で生産されている。そんな全国的になった静岡のお茶が、維新後に失意のドン底に蹴落とされた幕臣たちの感嘆すべき努力と忍耐により、新たに開墾された原野に栽培されたもの、という事実を知る人はほとんどいない。

しかも、その幕臣たちのなかには、剣をとっては海内無双という連中も交じっていた。精鋭隊、遊撃隊、新選組の生き残り、などなどが、勝っつぁんにおだてられて、明治二年に大井川の西の金谷原に移住した。一敗地に塗れた彼らは刀を捨て、鍬をかつぎ、ひたすら荒蕪の地の開墾にしたがった。坂本龍馬暗殺団の一人とされている見廻組の今井信郎の名も、そのなかに見える。*10

そして、茶を栽培したことが大成功。明治十一年の海舟の手紙がそれを証明するのである。

「聞く、金谷原は、磽确《こうかく》不毛、水路に乏し。民捨てて顧みざる数百年と。もし我等をしてこの地を与えば、死を誓って開墾を事とし、力食一生を終えんと。我これを聞き感激殊に甚しき。ああ、君等一死を誓い、三変して今に及び、よく小を捨て大に移り、国家有益の大業を成就す。その始め確乎たる精神至誠のあらざれば、なんぞかくの如くならん哉」

海舟の感激は、いままたわたくしの感激である。しばしの静岡行で、K子さんのいれてくれたお茶を喫しながら、よき敗者であった彼らの精神至誠を想い起こし、いささかの感ありである。その命懸けの努力は、歴史の蔭に、馥郁として香っている。

## ●たったひとりの応援

蓮永寺（沓谷二―七―一）は市内東部の谷津山の北麓にある。結構な構えをした日蓮宗の寺である。家康の側室お万の方が、遠くにあった芳樹院なる寺を、駿府城の安泰を祈願し、城の鬼門にあたるこの地に移したもの、と観光パンフレットにある。なるほど、古びた立派な本堂には、海舟と山岡鉄舟と高橋泥舟（伊勢守）の書いた「南無妙法蓮華経」の書軸が、ならんで掲げられてある。そして寺格の高さと豪奢さを偲ばせるに足る広大な墓所をもっている。

海舟が建てた父小吉と母信子、それに妹お順（佐久間象山の妻）の墓は、お万の方の大きな供養塔の背後やや奥に入ったところにあった。標識と説明板がなければ探しだせないほどに、墓域もない平地にぽつんと立っている。充分すぎるほど古びて苔むして、墓に彫られた戒名もよく読めない。で、説明板に頼ってしまう。

英徳院殿夢酔日正居士

栄正院殿妙寿日徳大姉

慈海院殿妙香日順大姉

へへえー、かの夢酔翁も院殿つきの居士かいな、と思わず唸ってしまうが、この静岡の地で死なれた母のために、勝っつぁんも最後の親孝行のつもりで大盤振舞いをしたものとみえる。裏面と両側面に、勝の書いた両親の略歴が刻まれている。もちろん、すり減っていてすらすらとは読めないところを（それに漢文であるし……）、長時間かけて無理して読んでみた。母信子（明治三年三月十五日没。享年六十七）についてはかいつまめばこんな風に記されている。

「母信子は寡黙のひとであった。貧しい家をなんとか切り盛りしながら、和歌を詠み書を能くした。明治初年の国家大難のときもまことに落ち着いていて、少しも騒ぐことはなかった。大義の正しさを見失わずに、余計の言を言うことなく、私を信じて見守っていてくれた。肝に銘じて忘れることができぬ。ああ哀しいかな」

艶福家の海舟は、何人もの女に子を産ませたりして、二歳年上の夫人お民にはほとんど信用されていなかったらしい。その感化もあって子供たちにもよくは思われていなかった。向こうっ気の強い妹お順には頭から「腰抜け」よばわりされていたという。そのなかでひとり母の信子だけが海舟を信じて、「しっかりおやり」と激励する側に回っていた。「ナニ、誰を味方にしようなどと云うから、間違うのだ。みんな敵がいい。敵がないと、事が出来ぬ」と豪語する海舟にも、さすがに母の言葉少なの、温かい眼差しを向けるだけの、たったひとりの応援は、真から嬉しいことであったに違いない。

それにしても、万事に鬱屈することのみの多い静岡時代に、その母を看とらねばならなかった子としての哀しさ辛さは、察するに余りある。江戸で死なせてやれなかったことへの贖罪感もあり、受けたショックは激甚であったであろう。それが墓石の銘文からどことなく伝わってくる。

はたしてそれがその後の勝の生き方にどう影響してくるか。歴史探偵にとっては楽しい調査ということになる。

## ●「急速出府致すべし」

九月八日、慶応四年は改元して明治元年になる。同月二十二日、会津藩降伏。反乱はすべて平定されたと思われた十月十三日に、明治天皇がはじめて東京に足を踏み入れる。江戸城を皇居として東京城と改称。維新政府は恰好だけの体制を急速に整えていく。*11 そこへ、最後に残った賊徒が遠く箱館の五稜郭に拠って、反抗の旗幟を鮮明にしたという報せがとどく。徳川家の駿河移住の決定のその日に江戸表より脱出の榎本武揚以下の旧幕臣たちである。

大久保一蔵(利通)をはじめとする新政府の面々は、とたんに妙なことを考え出す。この不敵な連中討伐に謹慎中の徳川慶喜を向けようという奇策である。それには静岡へ立ち退いている大久保一翁と勝を東京へ呼び寄せるべし、ということで気忙しく議はまとまる。右大臣の三条実美などが猛反対の、恐れ入った総大将起用であるが、ついでに徳川家の二人の重鎮をこのさい箱館の件にからめてきつく叱っておくのも大事と、静岡へ急使が派遣される。海舟日記にある。

「十一月九日　東京より脱艦、箱館において乱妨につき御譴責、御書付出る。但し一翁、小拙両人、急速出府致すべき旨御沙汰」

一翁と勝は取るものとりあえず急ぎ上京する。「途中入用、十三両ばかり」と、勝は相変わらず細かいが、東京着は十一日払暁。さすがにすごく急いだらしい。大久保一蔵と会ったのは十三日、ついでにその夜に三条実美とも会う。大久保には箱館のことでかなりガミガミ言われたのであろう。こっちのほうは省筆されて何も書かれていないが、三条については「御誠実の御識量に感服し」だの、「実に敬服すべき美質の御方」などと褒めちぎっている。

慶喜を総大将の件は、慶喜の宥免のためのチャンスとみて、一翁も勝も話に乗ったらしい。日記をパラパラすればすぐ了解される。それに海舟はこれまでにも、ことあるごとに新政府へ慶喜の赦免を願い出ている。そこで、徳川家の当主の家達の後見人・松平確堂の名で、

「慶喜みずからが出張つかまつり、追討の実効を相立て、宸襟を安んじ奉り、天恩の万分の一度に報い奉らんの心事にて、云々」

という願書を提出することで、大久保との話合いが成立した。願書の正式提出は十五日。風邪の一翁を休ませたまま、勝っつぁんはてんてこ舞いの毎日を送った。ところが、何のことはない、二十二日になって、また急の呼び出しがあり、三条と会う。帰ってきた海舟の一翁への報告を、日記をもとに小説的に書くとこんな風になる。

「いやはや恐れ入りやした。右大臣は懇ろに御内意をお洩らし下さった。追討の大将は民部大輔（慶喜の弟・昭武）に命ぜられたそうでやす。こっちの願書はお流れとなりやした。ま、そんなもんだと思っていたとおりで。いまの政府の尻の穴の小ささからすれ

ば、謹慎中の殿さんを引っ張り出すなどとはとんでもない、と異論がでるに決まっておりやす。朝令暮改、なっていないったらありゃしませんが、どだいが、ハナから出来っこのねえ事でんすからねえ」

ちなみに、昭武の起用もすぐに中止。とにかく政府の方針はくるくる変わる。意見を問われ、きちんと答えて納得してもらったと思ったのに、たちまちにあらぬほうへとひん曲がる。勝には、戸惑いながら、かなり苛々させられる毎日であったに違いない。

## ●座禅アクビたばこ

榎本たちの五稜郭蜂起をめぐっての、勝っつぁんのうんざり話を少々細かく書いた。というのも、明治初年の新政府の内幕が如何なるものであったか、それについて触れたいばかりに、である。

いささか東軍贔屓の、乱暴かつ張り扇的な講釈をすれば、薩長土肥の連合軍なんてものは、不平不満の貧乏公卿を巧みに利用して年若い天皇を抱き込み、尊皇を看板に、三百年来の私怨と政権奪取の野望によって倒幕を果たした輩にすぎないのである。わが越後長岡藩も、会津若松藩も、かれらの言っている正義がてんから認められないから、壮烈な抵抗をしたまでなのである。

戦いすんで日が暮れて、それら野心家たちが作ったのが新政府。その要員が、一部を除いて、哀れなくらいにチャランポランで、仕事への意欲に欠け、ただ口先だけの田舎論客ばかりであったとしても何の不思議もない。『岩倉公実記』に、明治二年春ごろに三条実美が出した報告が載っている。これが、哀れなる政府部内の情況を描き出していて愉快である。少しわかり易く字句を開いて記す。

「内外、実にもって容易ならずの情態にて、ほとんど瓦解の色相顕れ、この体にては不日大壊乱に至るべく。内にては、政府五官一として一致協力、規律法度相立たれ候ところこれなく、各々疑惑を抱き、その職を担当して任ずるの気なく、瓦解土解これを保ちがたき情態なり。四方人心旧政府を慕うの心いよいよ相生じ、新政府の失体を軽侮の勢にて、恐れ多き事ながら、朝廷の権威はすでに地に墜ち、皇風不振、その危累卵の如く、嗚呼その責誰にか在る……」

まさに沈没寸前のSOSの信号発信である。

例が一つじゃあんまりで、説得力に欠けようから、もう一つ挙げる。京都大学の佐々木克教授が発掘された明治二年四月二十二日付けの、松平慶永（春嶽）から公卿で議定の中御門経之にあてた書簡である。これもわかり易くして写す。

「官中、議参一同、不平を生じ居り、実にツンボに御座候。……今日の布令、その外とも、議定へは懸わらず候、誠にたまたま一通か二通はかかり候事もあり、終日、座禅アクビたばこの外、用はこれなく、……誠に誠に意外の形勢、愕然の外これなく候」

議参とは議定と参与のこと。親王・皇族・公卿・諸侯から選ばれた政府の最高幹部が議定で、参与は身分の少し下の公卿・諸侯に薩長土肥の主な藩士が選ばれている。明治二年初頭において議定の数は十六人、参与は十四人とふえている。それらが朝廷に伺候してても何もすることがなく、ただ座禅をしに来ているようだというのである。一緒にやっていることは、煙草をプカプカしたり、大あくびを競ったり。滑稽な毎日と申すほかはない。以下の下級役人においてをや。

これが、ほんとうにすべきことがないのなら、それはそれで止むを得んと言えるが、緊急に処理しなければならないことは山積している。新国家としての外国列強にたいする正式の応接がある。いまのところ、英・仏・蘭は局外中立のままじっとしている。これらの協力応援なくしては、新政府はニッチもサッチもいかないのである。しかし、打開の方法がお先真っ暗で探しあぐねている。

箱館の反乱制圧も大仕事である。版籍奉還やら金札やら、内政のもろもろを一日も早く進めてゆかねばならない。そのためにも組織内整備が肝要である。しかし、かつての志士たちは政治的策略や喧嘩の駆け引きには長けているかもしれないが、きちんとした政務にはうといものばかり。積極的に手をつけようとするものはいない。いや、しようにも方策が見出せない。下手に関与して、ミスで足を引っ張られては堪らんと考える。見て見ぬふりをするのが得策なのである。要は、雄藩がそれぞれおのれの勢力圏の拡大と強化には汲々としているが、あとは座禅という次第なのである。
勝も一翁も、慶喜引っ張り出しの一件の折衝で、一瞬にしてその情況を察知してしまう。大言壮語の連中よりも、いまは実務家をのどから手の出るくらいに欲しがっている。それには旧幕臣の起用ということに、やがてなるであろうことも二人には見通せたに違いない。子母澤寛『勝海舟』に一翁と海舟とのこんな会話が書かれている。小説とはいえ、多分にさもありなん、と思わせられる。
勝「……当分成行きに任せて置かなくちゃあなりやんせんでんしょう、何もかも、時の勢い、時の流れがいい塩梅に解決してくれやんしょう」
一翁「しかし実際の問題として、西周助だの伴（鉄太郎）だの赤松（則良）だの田辺太一だの、ああいう人間を徳川家だけのものにして置いちゃあ、日本国の将来の為にならないからな」

## ●「外務大丞、仰せつけらる」

このときの東京滞在（明治元年十一月十一日〜二年四月十四日離京）を最初に、勝っつぁんは明治五年六月に東京に居を完全に移すまでに、三回も政府の命で上京している。そのつど新政府の直面する難問解決のための意見を求められる。ほんとうは責任上、静岡にあって徳川家のために獅子奮迅、力を尽くしたかったであろうが、尽くそうにも尽くす暇があまりなかった、といってもいいか。

静岡での家族ともどもの生活を楽しむ暇もなく、たちまちに第二回目の出京を促されて、同二年六月三日東京着～十二月二十日離京。第三回が同三年六月三日東京着～十月十日に静岡に帰ることを許され離京する。この三回目のときには、三月二十二日に太政官より早々出京せよの達示があった直後の、二十五日に母信子が亡くなっている。喪に服しているゆえにと猶予御免を願っているのに、五月になると、もうやいのやいのと出京の催促、勝っつぁんはさぞや東京の勝手無法に腹を立てながらの出立であったことであろう。

さて、二回目の東京滞在の直前に、新政府は思い切った構造改革に踏み切っている。大久保一蔵の発案で、岩倉具視をまず説いてから、つぎに後藤象二郎、板垣退助たちを強引に説得し、五月十二日に、船頭多くして船山に登るの愚を一挙に改めんと、議定・参与を減らすべく、新たに選挙によって選ぶ件が決定された。まさに遅ればせながら大鉈が振るわれた。山内容堂は猛反対で「勅任官を入札にて選ぶとはもってのほか」と席を立ち、大村益次郎も反対して投票に加わらなかった。が、ともかく粛々と選挙は行われたのである。

〔輔相〕三条実美、ただ一人。〔議定〕岩倉具視、鍋島閑叟、徳大寺実則の三人。〔参与〕大久保一蔵、木戸準一郎、副島二郎、東久世通禧、後藤象二郎、板垣退助。

いや、すっきりしたものである。これがこの年の一月に断行の版籍奉還にともなう大改革であることは言うまでもない。

そして、その選挙後に上京した勝っつぁんは、松浦玲さんの説によれば、七月八日、「安房守」の安房をもじって、「安芳」と名を変える。政府の改革に倣ってか。とは冗談で、もちろん「アホウ」との海舟流の洒落なんである。が、冗談ですまされない命令が勝っつぁんを待っていた。

「外務大丞、仰せつけらる」

と、七月十八日の海舟日記にある。いきなりの任命に面食らった勝っつぁんは、ただちに辞表を提出、十九日の記にある。

「三条（実美）殿へ参上。段々内外の情ならびに微力及び難く、御免の事、歎願。強いて辞表を差し上ぐ」

そして上欄の空白にこう書き込んでいる。

「宝台院（慶喜）慎しみ御免仰せつけられ候わば、小臣豈《あに》微力を厭い候わん哉。此事、表向き申し上げ難く、内情御高察願い奉る」

外出も許されぬ慶喜の謹慎が解けぬ限り、何があっても駄目、とはまことに忠臣と讃えるべきである。勝は、早く慶喜のパージを外してもらいたいと、ことごとに申し出ていることはすでに書いておいたが、この任命辞退を契機にまたまた執拗にやっている。

「七月二十日。大久保殿へ一書、内情。前様（慶喜）、御免の事、申し遣わす」
「二十一日。大久保四位殿来訪。心裡を申す。かつ三条殿の仰せを承わる。皆、御懇切の御意なり。拝承、忍び難きといえども、宝台院御宥免の御事、止むべからず」
「二十二日。三条殿より御使い。参館致すべく。拝謁の上、宝台院御事、御慎み御宥免ひとえに懇願、此事、一死を期して願い奉る心裡、言上」

貴様たち、いつまで政治犯として慶喜を幽閉しておくつもりか、という勝の怒りは言外から察せられる。「一死を期して」など、毅然たる覚悟と必死の気迫なくしては出てこない言葉である。とにかく外務大丞より慶喜の許しの方が先決なのである。

しかし、新政府は八月九日、「辞表に及ばず」と、海舟の外務大丞登用を諦めない。どうしたものか？

## ●外務大丞罷免の沙汰

勝の強い意思にもかかわらず、新政府側は、権威を示す都合もあってか、外務大丞辞退を認めようとはしない。そのわけをちょっと歴史に問うてみると、国家づくりをはじめた日本には、どうしてどうして解決をせまられている難問がいくつもあった。その一つに朝鮮政府との折衝がある。先走っていえば、征韓論争につながる問題である。後々の話にも関連するので、横道ながらふれておく。

新政府の外交は発足後しばらくは、旧幕府の外交方式を踏襲することにしていた。朝鮮についても然り。旧幕時代から、釜山にある対馬藩の租借地に倭館がおかれ、外交折衝の任に当たっていた。明治二年の時点でも百人ほどが常駐しているので、とりあえずそこを通して交易の続行を図ることとし、対馬藩の家老にして倭館司の樋口鐵四郎を大差使に任じ、政府はあらためて交渉を再開させた。

しかし、そうやっていつまでも対馬藩に全権を委任しておくわけにもいかない。修交の新たな使節を朝鮮に送り、正式の交渉を開始することの緊要性は、誰にも当然のことと考えられている。

といっても、東北戦争そして箱館戦争がつづいたために、修交使節を送ることは遅れ、間に合わせとして、政治体制が変革したことの通知書を、樋口に届けさせることにする。いまや、兵馬の大権も天皇がとりもどしたことを告げ、朝鮮との交誼をいっそう緊密にしたい日本側の意思を明らかにした文書にはこう記されている。

「宜しくますます懇款を結び、万世渝《かわ》らざるべし。これわが皇上の盛意なり。すなわち使を馳せ、もって旧交を修む。冀《こいねが》わくばこの旨を諒とせられんことを」

ところがこの日本政府の期待は空を切る。朝鮮側は写しを受領しただけで、何の返事もよこそうとはしない。大院君の政府には、通知書にある「皇上」の文字が増上慢として受けとられたのである。

「皇」とか「帝」は宗主国である清国にしか存在しないはずの称号である。これは新生日本が、わが国の上に立とうと意図している、まことに怪しからんと、朝鮮政府はカンカンに怒ってしまう。いってしまえば、思いもかけぬ言葉の行き違いが征韓論のはじまりとなった。

ならば断固征伐だと、そこまで煮詰まってはいないが、新政府のうちの論議が混沌としていることは容易に想像できる。勝っつぁんがはたしてゴタゴタをどこまで観察し、察知できたことか。例によって鋭い勘によって、三条実美、岩倉具視、大久保利通たちがどんなに熱心に甘言をもって説得しようが、まだその機にあらず、と見定めていたことだけは間違いはない。それに政府のお手並み拝見という気分も濃厚であるから、そんな大役は重すぎるというものでんす、とてものこと出仕できません、と突っぱねつづけたのである。

しかし、政府側はすでに正式に任命したのだ、ほかに人物もおらんとうるさくいう。ついに勝っつぁんは、藩の公用人から「藩としても困るから」と、直接に公的な断り状を政府に提出してもらう、という一種目くらましの手段にでる。これが七月二十三日のこと。

これで引っ込む相手ではない。なお新政府は諦めない。勝はあらかじめ見抜いてのことであったのか、辞表を突き返されたとたん、とっておきの手を使うのである。八月九日、海舟日記にある。

「本日出営。辞表御沙汰に及ばれずの御下げ札にて、御返し相成り、知藩事より小臣退職願差出す」

すなわち静岡藩知事の徳川家達じきじきのお願い、ということで問題のケリをつけたのである。知事の願書には、「勝は余人をもって替え難い大事なわが藩の職員である」とか何とか記されてあったのであろう。こうまで徹底されては、政府側も一応は貸しをつくった形で引き下がることになる。

八月十三日、「外務大丞罷免」の沙汰がでて、騒動は一件落着となる。シチ面倒臭えったらねえ、と、勝っつぁんは大ぼやきにぼやいたものと想像される。俺の外務大丞出仕よりも、慶喜さんの政治犯解除のほうはどうなっているのか、と頑張りながら言いつづけていたことは、すでに書いておいた。

## ●聡明の人・横井小楠

その慶喜謹慎問題が、直後に思いもかけず好転する。九月二十八日の海舟日記にはあっさりとある。

「宝台院（慶喜）御慎み、叡慮を以て御宥免の趣、御達し」

この淡々さは勝っつぁんらしいところ。しかし、小躍りしたことは間違いない。江戸開城いらい、最高の政治責任者としてこのことはもっとも気になっている。であろうから、やれやれ重荷を下ろすことができた、欣快の至りなりとでも思ったであろう。勝部真長氏の著によれば、「この勝の努力に対して、十月二十六日、慶喜は短冊にそえて金百両を贈った」という。なお、慶喜はこの「慎み」免除とともに居を十月五日に宝台院から、紺屋町の元代官屋敷に移している。

考えてみると、政府が慶喜を筆頭に幕臣たちの謹慎をなかなか解かなかったのは、この間、頻繁に大小の事件が起きていたからでもあろうか。なかでも大きいのは明治二年一月五日の横井小楠の暗殺。さらには九月四日に大村益次郎が重傷を負った事件（死亡は十二月七日）。旧賊軍藩出身の武士にたいする警戒は消せないでいる。

余談ながらちょっと書いておきたいのは、横井小楠のこと。勝は談話で「余は天下に恐ろしきもの二人を見たり。一は横井小楠、他は西郷南洲」（明治二十六年五月「国民新聞」）といっている。それだけに小楠横死については、日記に「横井小楠先生、寺町に於て横死、十日これを承る」と、わざわざ命日の五日のところに戻って欄外に書き込んでいる。もってその哀悼の深さが知れる。ちなみに大村益次郎襲撃さるについては無視している。

そこで、勝の小楠論。『海舟座談』に面白い話がのっている。

「……長崎で初めて会って感服したから、しばしばその説を聞いたが、いつでもそう伝言してよこしました。『よく勝サンにそう言って下さい。今日はこう思うが、明日の事は分りません』テ。それでいよいよ感服したよ。小楠は太鼓もちの親分のような人で、何を言うやら、取りとめたことがなかった。維新の時に、大久保でさえ、『小楠を呼んで見たが、意外だ』と。大抵の人には分らなかった。しかし、エラク分った人で、途方もない聡明でした。アメリカから帰った時、いろいろ向こうの事を話すと、一を聞いて十を悟るという塩梅だ。『ハハア、堯舜の政治ですナ』と言ったよ」

先がよく見え、それだけに確言断言などすることのない小楠を語って、これがいちばんと思っている。また、

「西郷は無口だし、小楠はよく弁じたよ。それで、小楠の説を西郷が行ったらばと思って、幕府に薦めたところ、そのころ西郷は島に流されるし、小楠は無腰で茶屋から逃げて、藩で閉門をくってる時で、勝は途方もないことを言うって叱られたよ」

とも語っている。この組み合わせも面白い。英雄のみが英雄を知ることができるというが、事実そういうものなのか。

小楠を襲撃した連中の斬奸状によると、夷賊に荷担して天主教をひろげようとしたことは許し難い。「邪教蔓延候節は外夷の有とあいなり候こと顕然たり」とあるという。ところが、そんな形跡はまったくない。攘夷にこりかたまっている連中には、小楠は酒色に溺れ、武士道を忘れ、国をバテレンに売り渡す姦物としか見えなかった。まこと、

時代に先駆するものの悲劇と申すほかはない。

## ●こんどは兵部大丞の任命

話を前に戻すと、新政府が直面している難問の、もう一つ大きなのが兵制をいかにするかということである。まず一方に、大村益次郎がいた。それが襲撃される最大理由となったが、彼は農民を徴兵して国民軍を建設する持論を述べてとどまるところなし。他の一方に大久保利通があり、断固として反対、大論争は連日つづけられることになる。武士の誇りを汚すものとして、大村に反対する士族たちは憤激し、ひそかに暗殺計画がねられるところまで発展する。大村は脅迫にもびくともしない。それで論議は大揉めに揉めた。

木戸孝允ははじめは大村説に賛同していたらしいが、漸進主義者の彼は、いっぺんに飛躍するのは無理として、やがて大久保説にも耳を傾けだす。大久保説とは、とりあえず政府直轄の軍隊（親兵）を作る。そのためには薩摩・長州・土佐の三藩の兵を呼び寄せる、というもの。政府内の主導権争いの具合もあり、木戸は不承不承ながら、大久保案を受け入れることになる。木戸の日記にある。

「今日また兵制のことを論じ、わが見とは異るといえども、皇国の前途のこと、漸ならずんば行なうべからざることあり」

六月二十四日である。この決定にもとづいて官制が一新される。議政官を廃止し、神祇官と太政官の二本建て。そして太政官の下には民部、大蔵、兵部などの六省がならぶ。これが七月八日のことである。くわしく書くスペースはないが、実は政府中枢から木戸派を追放して、自分の息のかかっているもので固める、という大久保のいわば大芝居であったのである。

それが証拠というわけではないけれど、大村の再起不能が明瞭になると、薩摩の黒田清隆と川村純義のふたりを兵部大丞に任命。さてさて、いくら何でもこれじゃ乗っ取りの策謀が露骨すぎる、という次第で、大久保は険しくなる空気を和らげるために、もう一人の男に目をつける。すなわち、われらが勝っつぁんである。

大久保の目論見からすれば、うまく勝を誘い込めば、薩摩による兵部省支配の非難の矢をかわすことができる。それに勝には随分と恩を売っておいた。外務大丞辞任も然り。何よりも、慶喜をはじめ主な旧幕臣たちの謹慎を時期尚早を承知で解いてやったではないか。こんどは勝がその恩に報いる番、ということになる。

十一月二十日、勝のところに岩倉具視から書簡がとどく。急ぎ屋敷に参上せよ、という。早速にも伺うと、こんどは兵部大丞に任命するという内命なのである。しかも陸軍担当とのこと。勝っつぁんはまたひっくりかえった。

「岩倉様より御直書。夕刻参館。小臣、御挙用の御内命。拙才用に任《た》えず、一書生、是、分と申す事を述ぶ」

例によって日記に淡々と書いているが、糞食らえ、と尻をまくったらしいことは、「拙才、一書生」の文字でもう明らかである。

しかし、それで収まるべくもない。またまた、政府の横車が押せ押せでやってくる。二十三日の日記から類推すれば、勝っつぁんはこんな啖呵を切って断々乎として断ったのである。

「恐れながら申しあげるが、いまのわが国の陸軍をみてみると、基本とすべきところが雑乱そして無いにひとしい。微力ながら拙者が今日まで鍛えに鍛えてきた軍事学っていうものを、そこにつぎこんだところで屁の河童、何の役にも立ちません。昨夜は海軍のことを少し見てくれと言われたので、海軍のことならちょっとばかり面倒をみてやるかとも考えもしやしたが、そんなじゃなくて陸軍のこともやらなきゃならねえ兵部大丞なんて、こっちの能力に余る。飛んでもねえことで御座いやす。平に御免蒙るほかはありません」

海舟日記には「頗《すこぶ》る驕慢に失すといえども、その官に当っては彼我の差別を成さず。おもう所を述ぶのみ」と、ちょっと言い過ぎたの反省もあるようであるが、ほんとうにそう思ったかどうか。

しばしの攻防があったようであるが、記録からはわからない。しかし、とうとう勝は初志を貫徹した。そして十二月七日には、いつまでも東京にいては、面倒な命令で悩まされるのがオチだと、勝っつぁんは大久保あてに「御暇願書」を提出して、仕事のいっぱいたまった静岡に帰ろうとする。が、許しがでない。向こうからすれば、気持の変わるのを待っているのであるから、逃がしてなるものか、と思っている。こうなれば根くらべである。とうとう、勝の強情はなみなみならず、と政府筋もやっとわかって、同十六日、岩倉が勝を呼び出した。特別に静岡に帰ることをさし許す、ただし来春早々にはかならず帰京すべし、と恭しく申し渡すことになる。

勝っつぁんはこうして静岡に帰り着く。十二月二十三日のことである。悠々と白雲の流れる空を見ながら、さぞや東京の野暮な連中によって汚された心身を洗濯したことであろう。何か、福澤諭吉の説を鵜呑みにして、勝海舟が尾っぽを振って早速に新政府に出仕したかのように思っている人が案外に世に多い。そんなもんじゃなかったことを、余計なことながらちょっとくどく書いてみた。

**この章の「余談」——**

＊10　『海舟座談』で金谷原の茶畠についてこんな風に語られている。

「……また二人（大草と中条）がやって来て言うには、こう二年も待っていましても、何事もありませず、その上ただ座食していては、恐れ入りますし、皆ナが無事で、ケンカばかりして困りますが、金谷という所は、丸で放ってありますから、あれを開墾したいと申しますが、どうでしょうかと言うから、それは感心な事だって、大相《たいそう》賞めてやってネ、その代り食扶持はやはり送りますと言って、それから仕送りをつづけた。それから、茶を植えた所が、大相よく出来た。ソンナ茶を外へ余計に出す事も出来ないから、横浜へもって来て、貿易するようになった。実に赳々たる武夫が白髪になって、日にやけているのなどは、それは実に哀れなものだよ。人がいけば地が肥えるに違いないものだから、とうとう出来たよ。……」

　意味不鮮明のところもあるが、事情はざっとつぎのごとし。すぐ百姓になれといったって聞かない猛者たちが山ほどもいた。そんな連中に、そんなら東照宮のある久能山へこもって時勢を見守っておれ、と、とりあえず言い聞かせた。まずは江戸から離れさせ、二年間も遊ばせておいたのである。そして向こうから、自発的に開墾でも何でもいいから、仕事をしたいと申し出てくるのを待っていたわけで、勝っつぁんの深慮遠謀という次第である。こうして茶畠がとにかくこれら猛者の苦闘につぐ苦闘によって開墾された様はよくよく察せられる。それだけではなく、陽に焼けた白髪の猛々しいモノノフが鍬をふるっている様には、海舟も強く打たれたことが正直に語られている。

＊11　『太政官日誌』によれば、九月現在の明治新政府を組織する要路の人々は左のご

とくである。

〔輔相〕岩倉具視

〔議定〕中山忠能　正親町三条実愛　徳大寺実則　中御門経之　松平慶永　山内豊信

伊達宗城

〔参与〕阿野公誠　鍋島直大　三岡公正　福岡孝悌　小松清廉　後藤象次郎

大久保利通　木戸孝允　広沢真臣　副島龍種　横井時存　岩下方正

大木喬任

以下略。維新を完成させたお歴々がこれらの人であったわけである。

# 第五章　ふたたび西郷どんとともに

## ●「是非とも出京すべし」

明治二年の暮れ、静岡へ戻った勝海舟を待っているのは、東京におけると同様に、旧賊軍藩との折衝・援助とか、旧幕臣の生活苦や不平不満の訴えの処理などなどである。「会計荒増」にはすこぶる細かく金銭の出し入れが記録されている。

作家光武敏郎氏の書くところによれば、勝は紙袋に三円、五円、十円といろいろに包んで手元においていたらしい。それを必要あれば、わざわざ出掛けていって目指す相手に手渡した。使いの者を差し向けたらよかろうものを、という反問には、

「それでは、三円が三円だけの用しかなさぬが、オレが持ってゆけば、十日でなくなるものも、三十日はもつだろうじゃないか」

と、勝は笑って答えたそうな。これを、光武さんは「駿河移住者に見せた『やる気』を起こさせる彼の人間操縦法である」と説明する。

海舟日記をみると、とにかく訪れる人の数の多いことは目を見張る。内容はいっさい

書かれていないけれども、気の晴れるようないい話のあろうはずはない。頼りにされたことだけはわかる。三十年七月十五日の『海舟座談』の記事は、その目で読むと、いささかの感慨なしとしない。

「――今日は盆でお世話しいかと思いました。昨日まで酷く世話しかったよ。金があればそうでも無いが、困る処だからネ。昨日などは、実に弱らせられて仕舞った。

――旧幕の方々で、お助けになる方は段々減りましょう。

追々減って、仕舞いに死にたえるのだ」

この世に生のあるかぎり、最後の一人が死にたえるまで見届けるのを、責務とした勝の悲壮な声が聞こえてくるようではないか。

そして静岡で新年を迎えた明治三年に、母の信子が亡くなったことはすでにふれた。三月二十三日、「御母様御不例、名倉来る」と一行、そして同二十五日、「御母様御病死。届け差し出す」と、これもたったの一行。直前の三月中旬ころに、東京からは「早く出京すべし」と催促がきている。で、二十五日の日記は、母の死については一行、あとは上京催促についての記載ばかり、なのである。

「小拙、兎《と》も角《かく》も出京、所願取り斗るべき旨申し越す。東京へ、今朝変事申し遣わす書状、明日差し立て方、富永へ頼む」

母の喪に服し少しは心静かに、といきたいが、そうともならず。その上に政府からはヤイノヤイノと出京の催促である。「四月六日、太政官庁より、御用これある間、病気に候共、出京致すべく御達しこれあり」「同九日、柳原殿より来翰。是非共出府致すべき旨なり」「五月十三日、太政官より、忌明けに候わば、早々出府の御達しこれあり」という矢つぎ早の督促。それに正式に辞職許可が出ていないから、勝はまだ兵部大丞である。その始末を付けるためにも、重い腰を上げざるをえない。

東京着は六月三日である。待ってましたとばかり、大久保利通は翌四日に勝を自邸に呼びつける。勝の助言をあてにしているのである。結果はすぐに出て、六月十二日「願いにより本官を免ず」で、兵部大丞を辞めることができたが、その代わりに東京にずっと滞在することを、勝は厳命される。

勝の存在をどうしても必要なほどに、東京の情勢はガタガタしていたのであろうか。

**●海軍十八万石、陸軍十二万石**

それを書く前に、海軍好きとしては一つだけ、余計なことを記しておく。実は、この明治三年五月三日に大事なことが国防会議で決定されている。海軍創設のための基本的な案件が成立をみたのである。結果、日本の国防構想が海陸軍とされた。間違っても陸海軍ではないんである。海に囲まれていることの防衛上の観点から、海軍こそ主で、陸軍は従とすべし。この判断から、兵部省の全予算三十万石（一石につき約十両）のうち、海軍十八万石、陸軍十二万石となる。

ちなみに、この理性的判断が崩れるのは、うちつづくテロと、間もなくはじまった旧士族による反政府運動と[*12]、農民による大いなる反抗による。やがては佐賀の乱、萩の乱、神風連の乱など地鳴りをともなって、新政府の前途をおびやかしはじめる。こうなっては西欧帝国主義にたいする国防の（とくに海防の）重要性を痛感しているものの、陸軍の整備をイのいちばんとせざるをえなくなる。ここで陸海軍と逆転し、島国には身分不相応な強大な陸軍兵力をもつ国家になる。のちの日本帝国主義への第一歩は、このように対外的危機感よりも内地作戦を主目的とするところに発したのである。

さて、このときの兵部省の海軍担当は黒田清隆（兵部大丞）、増田明道（兵部少丞）、佐野常民（兵部少丞）、石井靄吉（兵部権大丞）、そして赤松則良（兵部少丞）、そしてわが勝っつぁんの六人である。そういえばもう一つ書き忘れていたことがある。当時の官制なんであるが、卿、大輔、少輔、大丞、権大丞、少丞という順になっている。大丞といえば、いまならば局長というところか。

話を戻すと、世に実質的な明治海軍の骨格をきめた創設者といえば、この六人のことをいうのである。といっても、まことに残念ながら、勝はこの日にはまだ静岡にあって、会議に出席できうべくもない。つまり名のみの功労者ということになろう。が、勝っつぁんのことであるから、文書でさんざんに建言している。それが大そう役立ったであろうことも容易に想像できる。

その上に、こまめに働き、人一倍に論じもした赤松則良は、六年間のオランダ留学（造船学）を終えて帰国したのが、慶応四年五月十七日、上野彰義隊が敗北した二日後のこと、という遅れてきた有能な幕臣である。明治二年、新政府から徳川家達をとおして出仕してもらえぬかの内命があった。幕臣ゆえに、という理由で固辞する赤松を口説いたのが、誰あろう、勝っつぁんである。

「馬鹿も休み休み言え。しっかり勉強してきた人間は、政府でその新知識を役立てるべきであるわな。それが徳川のためにもなる」

赤松にとっては、少年時代の長崎伝習所そして咸臨丸の乗船と、勝はいつも師であった。それに勝がいつも自分を引き立ててくれていることも、赤松にはよくよくわかっている。

赤松を兵部省に入れただけでも、勝に功績ありということか。

## ●西郷上京への談判

勝海舟が東京へまたまた出てきたころの新政府の実情たるや、かなり憂慮すべき情況に直面していた。その最大の難問は薩摩藩の動向なのである。東北戦争が終わると同時に、鹿児島に帰国してしまった西郷隆盛は藩政を改革し、すべての士族をもってする常備隊を組織編成して、南国に一大強国をつくり上げている。それは明治三年一月現在で一万二千名の薩摩軍になっていた。これに郷士による予備隊を加えれば、実に三万二千名の堂々たる軍事国家である。この薩摩藩が何かといえば政府批判を明らかにしているのである。

「……当今朝廷の御役人は何を致し居候と思い候や。多分月給を貪り、大名屋敷に住居致し、何一つ職事を揚げ申さず、悪く申せば、どろぼう也。……」

と、西郷が知人に語った、という話も東京に届けられる。

薩摩のこうした剣呑な動静は九州の熊本、久留米、柳河の諸藩にも影響を与え、色めき立ったような反政府的言動がこれらの藩からも目立ってくる。

政府の威信はすっかり失われ、政権運営には協同の気運すら薄らいでいる。旧江戸の町人たちはひそかに新政府のヨロヨロぶりに喝采しはじめ、狂歌によってからかった。

　上からは明治だなどといふけれど
　　治まるめい（明）と下からは読む

ざっとそんなていたらくであるから、西郷と最高に肝胆相照らす交わりの勝を呼び寄せ、いざというときに役立てようと、大久保以下が魂胆をめぐらせても、それは不思議とはいえない。

そこへ、八月三日、一年余のヨーロッパ視察巡遊を終え、山縣有朋が帰国する。彼こそ大村益次郎の後継者を自認する男であった。さっそく山縣は兵部少輔に命ぜられる。が、術策に長けるこの男は重職辞任を申しでる。理由は——彼みずから語らしめよう。

「……ひるがえってわが帝国軍政の中枢たる兵部省をみるに、幸いに兵部卿として有栖川宮を戴くを得たるも、兵部大輔前原一誠はすでに事を以て辞表を呈し、兵部大丞黒田清隆は去りて他の職につけり。かつ維新当時、わが国内の兵制ははなはだ区々たり。大坂兵学寮は幕府の旧制によりて仏式をとり、薩摩は英式、紀藩は普式、その他蘭式あり、長沼流あり、厖雑錯綜、はなはだ不統一を極む。（中略）かくの如き情形の下にありて、予にして唐突兵部少輔の職につくとも、また遂に為すある能わざるや明白なり。……」

しかし、山縣の辞任願いは許されない。そこで彼は「ならば……」と二つの条件を提示する。国家独立を維持するには守るに足る兵力を完備しなくてはならない。そのためには、一つは、国策としてあくまで兵制の統一をはからねばならない。これである。

そして、二つには……これが大事なところとなる。すなわち、大村と衝突した結果、ヘソを曲げて鹿児島に引き籠っている西郷隆盛を東京に呼び寄せ、軍制改革の首班たらしめること。先達である大村の落命は、一部の武士の間に反発を招いたことに因がある。それを見てとった山縣は、武士に圧倒的に人気のある西郷を表面に押し立てて、その威望のもと、自分は〝影〟となり、兵制統一→国軍建設、そして政府の政策の最大眼目の廃藩置県の大業を完成させようと策したのである。

新政府はこれに乗った。政策の行き詰まりで弁慶の立ち往生同然の状態を打開するためには、他に方策もない。大久保利通の言葉を借りれば、「今日のままにして瓦解せんよりは、むしろ大英断に出て、瓦解いたしたらんにしかず」の、悲壮な決意のもとである。

西郷の中央引き出しは、まず弟従道によって瀬踏みされる。やがて十一月末に、勅使として岩倉具視、それに大久保利通、川村純義と、さらに山縣が加わることが決定される。軍事問題で西郷に譲歩し、彼を何があっても東京に招致する覚悟なのである。かくて十二月十九日、一行は鹿児島に着いて西郷と会った。西郷は髷を切って坊主頭になっている。その大入道に山縣は言った。

「畏れ多くも、今上陛下の護衛をわずか二大隊にすぎぬ長州兵にのみ委ねておくというのは、誠忠無二の先生のもとより忍び得るところではありますまい。そう愚考いたします」

西郷は黙念として聞いている。山縣はさらに突いた。

「このさい薩兵を率いて上京され、朝廷を守護し奉り、新政府の基礎を固くすることこそ、西郷先生の責任ではありますまいか」

「上京せい、ということでごわすか」

「そうです。そのことのほかに国家建設の道はございません」

西郷は、何を考えてかあっさり出兵を承知した。その上で、

「自分は長州の木戸と相談いたした上で、土佐藩の重臣ともよく相談申して、薩長土三藩の兵をもって御親兵を組織し、朝廷に献ずるつもりでごわす」

といった。つまり「薩長二藩の合力」を「薩長土三藩の合力」に修正したのである。

山縣はこの言葉にすぐに飛びついた。

「よくぞ申されました。それこそが国軍の基礎となりましょう。ただし、御親兵を組織することになったときには、薩摩藩から出した兵は一朝事ある日には、薩摩守に向かって弓をひく決心がなければなりませぬ。長州から出した兵も大義により長門守に向けて砲筒を撃つ覚悟がなければなりませぬ。もはや御親兵はいずれの藩臣にあらず。それでなければ、御親兵の名はあっても実はない」

西郷は言下にいいきった。

「よかでごわす」

調子に乗って、勝海舟とは直接に関係のない話を長々と書いてきたが、こうして、西郷は明治四年一月にやっと東京に姿を見せる。

考えてみると、明治元年十月、勝は静岡へ。西郷も同年、鹿児島へ。いらい、まったく顔を合わせることもなかった。で、西郷上京で両雄の久し振りの劇的なご対面、とい

きたいのであるが、歴史の皮肉で、いっぺんに話は面白く進まない。というのも、前年の三年閏十月に勝は東京から抜け出し、十四日に静岡に帰ってしまっているから。帰藩許可願いは翌十五日に静岡から出している。許可が東京から届いたのは四年一月四日。どうも西郷説得の問題をめぐって新政府内がゴタゴタしている間、鬼のいぬ間の洗濯で、勝っつぁんは巧みに東京を脱出した気味があるのである。

## ●廃藩置県と西郷の威光

明治四年一月、約二年ぶりに東京に姿をみせた西郷隆盛は、政治運営の重責を担わせられる。さっそくこの人気の大人物の威名を借りて、二月二十八日には、陸軍部隊の最初の編制が定められる。九個大隊、六個砲兵隊。弱小の国軍にみえるが、いざとなれば背後にある薩長土の実力がものをいう。この歴戦の勲功を誇る雄藩の脅威は、新政府の威信を重からしめるに充分すぎるものがある。

西郷の出馬と御親兵の設置という太く逞しい軸を中心にして、歴史はぐるりと一回転する。それまでのヨタヨタぶりを忘れたように新政府は、ほんらいの政治目的の〝廃藩置県〟の強硬策の断固実施へと踏みこむ。群雄割拠の藩制の廃止、すなわち二百六十年余もつづいた封建制度の撲滅なくて、王政復古の実はなきにひとしいと。構造改革なくして日本の明日はない、というところである。

六月二十五日、まず内閣の大改造。木戸、西郷が参議に就任、大久保以下は各省卿（大臣）になるという体制となる。そして七月一日、西郷が参議に列して六日目の朝、山縣有朋は西郷を訪ねて滔々と廃藩置県論の緊要性についてぶった。大小諸藩が独立状態で中央を狙い、来たるべき大乱を待っているような現状を、一日も早く改革しなければならない。さらばいかなる反対あろうと封建を打破し、郡県の治を布かなければいけない、と。

西郷は黙然と考えている風であったが、事もなげに言う。

「それはよか。承知し申した」

あまりにあっさりした返答に、山縣はすっかり心配になる。西郷には情況がほんとうにわかってはいないのではないか。大村益次郎や広沢真臣の殺された因はそこに発している。

「念のために申しますが、この問題から士族の不平の噴出することは必然のことで、血をみることになるやも知れません。それだけの覚悟はしておかなくてはならないのでありますが……」

しかし、西郷の返事はあっさりしたものである。

「我輩のほうは、よかでごわす」

山縣は後年ひとつ咄として、このとき、西郷の及ぶべからざる大器量に圧倒されたと、三歎しつつ多くの人に語っている。

木戸はもちろん賛成である。七月九日、木戸邸で秘密会議がひらかれる。大久保利通の日記にある。

「五時より木戸氏へ訪。老西郷氏も入来。井上、山縣も入来。大変革御手順のこと、かつ政体基則のこと、種々議談す。凡そ相決す」

が、このとき木戸、大久保は前途多難を思い、大そう苦慮した、というのが実相である。これを見て西郷がびしっと言った。

「貴公らに廃藩実施の手順さえついておるというのであれば、その上のことは拙者が全部引受け申す。暴動が各地に起ころうともご懸念に及ばぬ。かならず鎮圧してお目にかけましょう」

この毅然たる一言で、議は決まり、七月十四日、疾風のごとく廃藩令が下った。推進論者の鳥尾小弥太の『国勢因果論』は、このさまを「あたかも陰雲漠々として、まさに雨ふらんとする前、たちまち雷霆《らいてい》の下撃せしごとくに、人々相顧みて一言半句もなく、顔を見合わせて相ともに令に応ぜしに似たり」と記しているそうな。

また、イギリス公使パークスは「ヨーロッパでこんな大変革をしようとすれば、数年間は戦争をしなければなるまい。日本で、ただ一つ勅諭を発しただけで、二百七十余藩の実権を収めて国家を統一したのは、世界にまだ例をみない大事業であった。人力ではない。天佑というほかはない」と言い、ただただ舌をまいたらしい。

西郷上京にさいして、「かならず廃藩置県などやるではないぞ」と念を押した大殿様島津久光は、廃藩令が伝わると、一晩中花火をあげて盛大に、怒りと憤懣とを爆発させていた。[*13]

以上、楽しみながら長々と書いてきたが、この廃藩置県の荒療治は、木戸や大久保が恐れたような何事もなく、スムースこの上なしに実行されることになる。明治維新史でいちばん不思議な話とされるのももっともなことと思われる。いや、天皇の詔勅一つで、あの熾烈にして悲惨な戦争が終熄した昭和二十年夏の終戦時のことを考えると、それほど不思議がる必要はないのかも知れない。

さて、このときの勝っつぁんである。残念ながら前年の閏十月十日に東京をあとにして、静岡へ戻っている。それでも、日記の七月一日に「東京にて参議卿等免職、木戸一人残り、西郷殿参議と云う」などとあるように、情報だけは何かと得てはいるが、肝腎要の場所にいなくては万事がはじまらない。で、七月十七日の日記に、

「昨日、戸川より一封、知藩事廃され、県と成り、弁官御廃、その局々へ申し出づべき等の旨申し越す」

と、淡々と記している。というのも、勝部真長氏の解説によると、「海舟は明治二年から郡県制について政府要路に述べており、この政策に賛成で、自ら執筆した訓諭を旧

知事を通じて静岡県民に示した」というから、別段驚くにあたらなかったのであろう。『海舟座談』で、後年になってこんな感想を洩らしている。

「(六月に西郷に送ってあった書簡を示して）雑作なかったのさ。幕府が率先して奉還したのだから、西郷に書を出して置いて、徳川の小藩にはみんな家禄を与える事とした。この月に、大策を相談して、きめて置いたのだ。その後、木戸が直ちに説き廻って、ただちに出来た」

例によってそうとすばやく察知しているから、さっさと水面下で工作していたことが偲ばれる話である。ついでに「さすがは、西郷君だよ。遠くからみていても天晴れ、まことよくやったよ」ぐらいの感想があると、もっと書いていて楽しいのであるが。

## ●大度洪量の男

西郷の存在のいかに大きかったか、の話が出たついでに、今回は勝っつぁんの「西郷隆盛論」のいくつかを。
「西郷と相見る、その意見議論、余さらに譲るところなし。ひとり譲るところなきのみならず、余、彼に教うるもの尠なからず。しかれども、いわゆる天下の大事を負担するもの、はたして彼にあらずやと、余ひそかに恐れたり」（最初に対面したころ。『一夕話』）
「西郷におよぶことのできないのは、その大胆識と大誠意とにあるのだ。おれの一言を信じて、たった一人で、江戸城に乗り込む。おれだってことに処して、多少の権謀を用いないこともないが、ただこの西郷の至誠は、おれをしてあい欺くことができなかった。このときに際して小籌《しょうちゅう》浅略を事とするのは、かえってこの人のためにはらわたを見すかされるばかりだと思って、おれも至誠をもってこれに応じたから、江戸城受け渡しも、あのとおり立談の間にすんだのさ」（『氷川清話』）

「（勝先生が）ある日、西郷の碑文を書いたから見ろ、というので見ましたところ、何でも中に、我を知る者はひとり西郷あるのみ、という句があったと記憶しております。いろいろ私が西郷のことを申しましたが、お前たちには豪傑の事はわからん、と申しました」（門下の杉亭二の談話。『勝海舟言行録』）

また、『清譚と逸話』では、「大度洪量」と西郷を評し、「一向その奥行きが知れない」と語っている。要は、文句なしのべた褒め。

もう一人おまけに、西郷びいきに渋沢栄一がいる。『論語』為政篇の「子曰く、君子は器ならず」を引いて、渋沢は評する。

「西郷隆盛は、これまたなかなかの達識の偉人で、『器ならざる』人に間違いない。同じく『器ならず』でも、大久保とはよほど異なった点がある。ひとことにしていえば、たいへん親切な同情心の深い、一見して懐かしく思われる人であった。いつもはいたって寡黙で、めったに談話をされなかった。外から見たところでは、はたして偉い人であるのか、鈍い人であるのか、ちょっとわからなかったぐらいである。賢愚を超越した将に将たる君子の趣きがあった」（『論語講義』）

茫洋として細事に拘泥せず、清濁あわせ呑む底《てい》の偉大な人物像、そうした理想の人間像が西郷によってその後の日本人に見事に定着した。最大の魅力は、無欲・無私の人ということにある。さらには残された名言の数々、「児孫の為に美田を買わず」「敬天愛人」「命もいらず、名もいらず、官位も金もいらぬ人は、始末に困るもの也。此の始末に困る人ならでは、艱難を共にして国家の大業は成し得られぬなり」エトセトラ。

こうして西郷は、日本人がもっとも崇敬するところの「高士」となった。すべてに寛仁であり、私的欲望を微塵ももたず、清貧に生きる。その抱いた高い志操に接するとき、昨今の日本の指導者の金権、金脈、利権、権勢あさりに明け暮れる様をみるにつけ、そしてまたわれわれ自身の、地を這うような日常のいじましさを思うにつけ、西郷の生き方への強い敬愛と共感とをもたざるをえなくなる。

しかし、その実像は、そうした寛仁な高士のみにあるのか。

東京へ呼び出され、廃藩置県にはじまり、つづく徴兵令の布告と大改革のために活躍したのは確かであるが、やがて〝征韓論〟をめぐってたちまち下野してしまう。西郷が明治新政府で積極的にはたらいたのは正味二年四ヶ月でしかない。その間に、西郷がしたのは新政府の政策に異をとなえることがもっぱらであった。維新成ってから西南戦争までの明治日本の改革期にあって、西郷が何を考え、どういう新国家を構想していたのか、まったくはっきりしない。

西郷みずからが語っている。

「もし一個の家屋に譬うれば、われは築造することに於て、はるかに甲東（大久保利通）に優っていることを信ずる。しかし、すでに建築し終りて、造作を施し室内の装飾を為し、一家の観を備うるまでに整備することに於ては、実に甲東に天稟あって、われらの如き者は雪隠の隅を修理するもなお足らないのである。しかし、また一度、これを破壊することに至っては、甲東は乃公《おれ》に及ばない」（毛利敏彦『大久保利通』より）

よく西郷は革命と破壊の行動家であり、大久保は建設と秩序の政治家であるといわれるが、西郷がそれを肯っていることがすこぶる面白い。こう自身が語るように、西郷は革命家であり、理想家であり、詩人であった。安逸に流れることを嫌い、絶えざる革命を希求する。それだけに、維新後にどういう国家をつくるかについて、なんの青写真ももたなかった。そして、

「草創の始めに立ちながら、家屋を飾り、衣服をかざり、美妾を抱え、蓄財を謀りなば、維新の功業は遂げられまじく也」

と言い切り、こう論断する。

「今となりては、戊辰の義戦も、ひとえに私の営みなる姿になり行き、天下に対し、戦

死者に対して、面目なきぞと、しきりに涙を催されける」

やがて重職を蹴って鹿児島に帰った西郷にとっては、どうやら維新とはいまなお未完で、さらなる革命をつづけなければならないもののようであった。

「万民の上に位する者、己れを慎み、品行を正しくし、驕奢を戒め、節倹に勉め、職事に勤労して人民の標準となり、下民その勤労を気の毒に思うようならでは、政令は行われがたし」

という『西郷遺訓』にある言葉を読むと、理想主義者西郷の胸中には、世直しの機会があれば、たえざる「文化革命」の旗を高く掲げて、いつでも打って出るつもりがあったのではないか。

考えてみるまでもなく、西郷の理想とする儒教的哲人政治は、一糸乱れぬ官僚的な政治指導体制とは相容れぬものであったかも知れない。西南戦争は、大久保を頂点とする官僚的行政体制にたいする西郷の最後の「文化革命」という形をとった。

と、書いてくると、ここでひとりの政治家の名が自然と浮かんでくる。毛沢東その人。武断主義、軍事戦略の天才、農本主義、経済オンチ、人々を魅了するカリスマ性、そしてたえざる「文化革命」への希求と、西郷との共通項をひろっていくと、妙な気になってしまう。

結局、明治の〝近代化〟は西郷を排除してはじめて可能であったのであろう。西郷が強力なリーダーシップをもって「西郷式文化革命」をくり返し強行したら……。いや、歴史に「もしも」はない。

勝っつぁんとの久し振りの御対面のことを忘れて、西郷論を長々と書いた。申し訳ないことながら、刎頸の友の海舟にもかなり西郷同様の反政府的なところがあった。それをやがて語らねばならないから、前提として無駄話ではないと思うのであるが……。

## ●久し振りの対面

西郷隆盛が明治四年一月に上京し参議に就任、七月には廃藩置県の大鉈をふるい、明治政府の表舞台で活躍していることを、勝海舟ははるか静岡にあって眺めている。いや、眺めているほかはないのである。なにしろ、東京にあろうが静岡にあろうが、旧幕臣たちや旧賊軍藩の人々の生活救済に忙しいのである。誰に「月俸一両遣わす」だの、だれの「家内、難渋申し聞け候につき、五十両助力す」だの、彼に「地面貸物代百三十両渡す」だのと、毎日毎日、細々と日記に書いて誠意をつくしている。御苦労なことと申すほかはない。

その上に来客である。勝っつぁんが静岡にいるとなればいっそう、東海道を往還する諸藩の人々がつぎつぎに立ち寄って、なにやかやとの談合となる。とくに薩摩藩の連中の勝の人気は、いぜんとして高いらしい。村田新八、山本権兵衛などという名がちょくちょく日記に出てくる。朝敵として全城下を焦土と化するまで戦ったわが越後長岡藩の、戦後再興の執政である三島億二郎の名に何度も出会うと、「さもありなん」とやたらに嬉しくなったりする。

打ち割ったところでいえば、海舟は生まれ育ったところの東京に、一日も早く帰りたいにきまっている。勝にとって、静岡はかならずしも住みいいところではない。旧幕臣のなかには彼を白眼視しているものは数多くいる。その上に新政府は人材不足から、旧幕臣のなかの有能な人を遠慮会釈なく東京に引っこ抜いていく。西周も赤松則良も有無を言う暇もなく呼び出されて、静岡を去っていった。それをまた、自分を有能と勘違いしている、嫉妬深い連中は勝の差しがねと簡単に決めて、「あの野郎、俺を何と思ってやがるんだ」と恨みに思う。勝にとってはとんだ迷惑で、やりきれないったらない。さりとて困窮しているこうした連中を放ってはおけないのである。

そして八月二十二日、ついに東京はジリジリして、「いつまでノホホンと遠くにいるのか」と我慢がならなくなる。海舟日記にある。

「東京より御用召し来る。早々出府致すべき旨なり」

こうして、やっと勝っつぁんの再々々度の上京の日がくる。二十六日には元代官所跡に住居する慶喜へ、またしばしのお暇乞いの挨拶にまかりでて、「紺屋町へ参る。二百金下さる」となって、二十八日に静岡を後にする。東京着は九月三日。

さあ、寸刻もおかずに、なつかしの西郷との対面、と思うのは、どうもこっちの勝手読みらしい。せっかく何度も予告してドラマチックな対面をお膳立てしているのに、事実はまことにアッサリしたもの。それも、上京から十二日もたってやっとその機会がくる。が、勝の日記から窺えるのは、

「十五日。西郷殿へ行く。小川町邸」

と、この一行だけ。拍子抜けもいいところで、わたくしは何度も日記を読み直したが、ほんとうにこの日が久し振りの対面であるとしかいいようがない。歴史というものはこっちの都合いいようにはドラマチックに動いてくれないもののようである。

**●文明開化の音がする**

これは本筋から離れたまったくの余談になるが、九ヶ月ぶりに上京した勝っつぁんには、ちょっとびっくりする今浦島的な変化が、東京のここかしこで見られたことと思われる。まず、そのころの東京には、妙なザレ唄が大はやりであったこと。

半髪頭を叩いてみれば、因循姑息の音がする。

総髪頭を叩いてみれば、王政復古の音がする。

じゃんぎり頭を叩いてみれば、文明開化の音がする。

月代を剃ってチョンマゲを結うのが半髪、月代を剃らずに髪をたばね結うか、あるい

は後ろに垂らしておくのが総髪。また、チョンマゲをスパッと切り落とし断髪にするのがじゃんぎり（ザンギリ）であるのは言うを俟たない。

こんな唄がさかんに歌われているのも、この年の八月九日に、政令が布告されて、「散髪・服装・廃刀勝手たるべし」となったからである。いまや刀は封建時代の象徴となり、チョンマゲは時代遅れそのものとなっている。さあ、西洋文明に追いつき、追い越せで、東京の人々は狂奔している。髪をバッサリ落とした連中が銀座を闊歩する。政府のお役人たちにはザンギリの上に洋服姿も目立ちはじめている。つねに時代の先端を走ってきた勝っつぁんも、さぞや肝を潰したことであろうと思うのであるが、さて、どうであろうか。ちなみに参議の木戸孝允が断髪になったのは、何と布告の六日前のこと。また、宮中の侍従たちは布告の日に全員が散髪した。西郷どんはもちろん大入道である。

ささて、勝っつぁんがザンギリ頭になったのはいつのことか。いまのところはっきりしないのが、きわめて残念である。

## ●またしても出仕お断り

話をもとへ戻す――。

新政府が「早々御出府」と勝っつぁんを東京へ呼び寄せたのは、もちろん、かれを役人にしたいためであった。またまた、嫌がる男をと、その執拗さには辟易するものがある。が、こんどは岩倉や大久保や木戸には、のっぴきならない事情がある。この年の秋に是非にも実現しようとしている大計画があるからである。〝砲艦外交〟に押し切られて、幕末に諸外国と結んだ不平等条約を改正することは、新政府の最大の課題であり、難問であった。そこで新政府は諸外国との下交渉のためにも、特使派遣という思い切った手段にでることにした。すなわち、西郷も復帰し挙国一致となっているいま、右大臣岩倉具視を正使の全権大使に、木戸参議、大蔵卿大久保利通、工部大輔伊藤博文、司法大輔佐々木高行たち錚々たる人たちを副使に、お歴々総出《いで》ましで欧米諸国に出かけていくことにした。伊藤をのぞけば、すべて初洋行組である。使節団員は留学生の男女をあわせると百名を超えた。

そして、その留守を守り、日本の政治の全責任を負うものが三条実美と西郷と山縣有朋だけでは手薄かも知れない。そのためにも、海舟にも一肌ぬいでもらわねばならない、ということになる。勝ばかりではなく、大久保一翁、山岡鉄太郎などにも口がかかる。腹の底で「テやんでえ」と笑ったかも知れない。いつだってこんな風に叩き大工みたいに間に合わせの起用では、勝もうんざりしたに違いないから、お偉い方の総出の説得にも例によってウンとはいわない。十月一日の海舟日記にある。

「……一翁、山岡出府の事等内話。小拙出身の事、西郷、大久保殿辺々御気相含み説得。答え云う。殷の祖民は周に仕えず、悠々寛容す。周の徳は屈従と云うべきのみにて如何と」

西郷も大久保も、ときどき声音を強めて「是非にも出仕せよ」と詰め寄ったことがわかる。たいする勝っつぁんの返答の小気味よいことったらない。江戸っ子はこうでなくちゃいけない。《周に滅ぼされた殷の宰相の祖民はどんなに説得されようともついに周王朝に仕えなかった。節を通す男には、どんなに優しく説かれても、それは屈従せよという言葉にひとしくなる。諸君、そうは思わんかね。で、御免蒙るほかにありゃしません》。多分、勝っつぁんは飄々として言ったことであろう。勝者にはこの雄々しくも切なく、凛々しくも寂しい精神の察せられるはずはないであろう。そして、余計なことながら、勝はこの年の十二月末にまた静岡に戻っている。これが最後の帰静ということになる。

いっぽう使節団は、三条と西郷に後事を託して鹿島立ちである。十一月十二日のこと。明治天皇は出発前の全権諸公に言った。

「朕、今ヨリシテ汝等ノツツガナク帰朝ノ日ヲ祝センコトヲ待ツ。遠洋渡航、千万自重セヨ」

なお、使節団には田辺太一、福地源一郎、塩田篤信、何礼之《かれいし》の四人の旧幕臣が、勝の推挙で語学力を買われて一等書記官として加わっている。そのほか語学のできる二等以下の書記官も、ほとんどが旧幕臣や佐幕藩の俊才たち。薩長土などのお偉方たちは、かれらに完全に阿呆扱いされたという。そのひとりが大いに嘆いて言った。

「維新の仇を存分に返されたよ」と。

## ●余談「米百俵」

勝の言う「殿の祖民」の話につられて、脱線した講釈を——。

改めて言うまでもなく、戊辰戦争によって敗れさった各藩は、賊軍の汚名のもとに精神的にも物質的にもどん底に突き落とされ、生活苦に呻吟せねばならなくなる。わが長岡藩の例をとれば、開戦前の七万五千石は敗戦後は二万五千石。敗残の旧藩士たちは、これでは食うこともままならぬ。わが祖母は幼いわたしの耳に小声で吹き込んだものである。「薩長は無理やりわが長岡に戦争を仕掛けおって、五万石を強奪していったがだて」と。この「薩長」はときとして「朝廷」と変わるときもあったが、いずれにせよ、維新政府側の正義などついに認めようとは金輪際しなかった。

敗者として生きぬくための苦闘について語るには、最近わが長岡藩を有名にした「米百俵」のエピソードがいいであろうか。

それは明治三年五月のこと。三島億二郎の懸命の努力の甲斐あって、親藩の三根山藩から米百俵が見舞いとして送られてきた。敗北いらい満足に食うこともできないできた藩士たちにとっては、干天の慈雨にもひとしい米である。ところが大参事小林虎三郎は、これを配らずに金に換えるという。激昂する藩士もあり刀を突きつけて小林に迫るという一幕もあった。けれども結局は、長岡人はこれを良しとしたのである。小林の言葉に動かされたゆえにである。

「米百俵をこのまま分けてしまえば、一人当たり四合か五合しかない。食うことは大事なことであるが、それを食い終わったあとに何が残るか。この百俵をもとにして、学校を建てようぞ。学校を建てて、有為の人材を養成する。まどろっこしいようであるが、これが長岡復興のための、唯一の、いちばん確かな道だ。その日暮らしでは長岡は立ち直れない。われわれがいま苦しみに耐えなかったら、つぎの時代の人たちも同じ苦しみをしなければならない。同じ苦しみを孫子にさせるようなことがあれば、何のために国家敗亡の悲惨を味わったかわからない。その日暮らしの精神を捨て、明日の長岡を考えよう。明日の日本を考えようではないか」

こうして出来たのがわが母校の長岡中学校（現長岡高校）であるが、いい話はそれだけで終わりのほうがよろしい。小泉首相は誤読して「痛みを分かち合おう」に力点をおいてこの話を持ち出している。なんて余計なことを言うのは、野暮というものならん。

実は、こうした超深刻な事情を背景におかないと、旧幕臣その他の新政府出仕の問題の微妙さがわからない。しかも、明治新政府は人材不足で、多くの部門において旧幕臣の知識と技術を必要とした。そこで朝命の名のもとに、有能な旧幕臣に新政府への出仕を命じたのである。これに応じた人もいる。応じなかった人もいる。ある人はただ一家を食わせるために心ならずも応じた。ある人はパンのみにて生くるにあらずと思い、断固としてノウと言った。もちろん栄誉や富貴を求めての人もあった。ある人はどん底を這いまわろうとも薩長に膝を屈するのが我慢ならないと思った。誰に仕えようと同じとさっさと主義主張を変えた人もいる。それぞれの選択の理由は複雑で一概にはいえない。その生き方を外面的事象のみをとらえて、軽々しく論断するわけにはいかない。

けれども、勝っつぁんの場合は明瞭である。それは、勝の哲学というか信条の根本にある〝日本人として〟の意識の下において、旧幕臣とか薩長とかの枠を超えて、「公」のためにいまやらねばならないと思えたとき、勝は首を縦に振る。そうでないかぎり横に振りつづける。しかも、薩長ごときに膝を屈しないで生きる自信と自負があるから、無位無官であっても何の痛痒もない。新政府に出仕しようがしまいが関係なく、天下独往、大ボラを吹いているほうが楽しいのである。新政府に出仕する、もしくは出仕しないという選択なんか、勝っつぁんにはどうでもよかったのである。

やがて福澤諭吉の「瘦我慢の説」にふれる機会もあろうが、その前に、つまり勝が頑に出仕を断っているときに、「勝贔屓の説」を一席やってみた。そしてあくる明治五年、三月に上京してきた勝は、こんどは西郷の説得を受け入れて（?）正式に出仕して政府の一員となる。勝ばかりではない。いったい何事が起きたか、というくらいに旧幕臣のそろそろ新政府入りのときがくるのである。

## ●旧幕臣をどしどし登用

どう考えても西郷の剛腕によるのではないか。岩倉具視、大久保利通、木戸孝允たちが連れだっての外国行。鬼の居ない間の洗濯そのままに、ひとり残った理想家が断固として実行したのである。

なにしろ、明治四年十一月、使節団の一行が抜錨するやいなや、翌年早々にはもう留守政府は朝敵・幕府側有力大名の大赦を断行する。一月六日、徳川慶喜は従四位に叙せられる。元桑名藩主松平定敬、元会津藩主松平容保、元老中板倉勝静たちが「お預け」を免ぜられる。旧幕臣の有能とみられる連中ものきなみの赦免である。箱館戦争の責任者全員にも大赦令がでる。榎本武揚は牢屋から出されて親類お預けに。以下の、松平太郎、大鳥圭介、永井尚志、荒井郁之助、澤太郎左衛門たちはご放免となる。それだけではない。永井と大鳥は二週間もたたないうちに、召し出されて役人に起用される。他の人々も少しばかり時をおいてそれにつづく。とくに誰が何に何時、とくわしくは書かないが、どしどし「政府に出仕」となるのである。

実は、使節団出発前に、この外遊組と西郷留守内閣との間で、十二ヶ条の約定がかわされている。このなかの一ヶ条に、

「国内事務はなるべく新規の改正をしないこと。諸官省長官の欠員は補充せず、内閣の規模を変革しないこと。各官省では、勅、奏、判任官ともに官員を増員しないこと」とある。要は政府筋のことには手をつけない、という約束。それをあっさりとゴミ箱に捨ててしまった。やり方が無造作すぎるので、余計な論議など経ないで決定されたものとわかる。西郷の〝独断〟とみるわけである。大事を成さんとすればおのれひとりの責任においてのみ成すと、いかにも西郷らしくて気持がいい。西郷さん、さすがさすが、と東軍贔屓も拍手喝采といきたくなる。

……とえらく褒めてはみたものの、どうにも引っ掛かるものがある。うしろに勝の悪知恵(?)のようなものがちょろちょろするようでいけない。

もちろん、勝手読みの想像ながら、旧幕臣たちに恩恵をほどこし登用し、多く味方陣営に組み入れておく。そんな思惑が西郷を中心とする留守側に、なかったものかどうか。それよりも何よりも、旧幕臣たちは、少々憚りがあるかも知れないが薩長土ならびに肥前などのどろんこ育ちの連中なんかが足元に寄れないほど、新知識や新技術をもっている。学問の鍛え方が違うのである。これらを懐柔し確保しておくのは決して損な話ではないのである。そこを勝っつぁんは巧みに衝いた。

といっても、いきなり高官に抜擢はできない。薩長派のガアガア言う雑音はとうに聞こえている。それに岩倉使節団が帰ってきたとき、弁解の余地をいくらか残しておく要もある。卿・大輔・少輔・大丞・少丞のランクでいえば、最下位の少丞とほぼ同じ、「五等官」の身分にて採用ということになる。かつての若年寄の永井尚志も、歩兵奉行にして箱館戦争の副将大鳥圭介も、勝の陸軍総裁にならぶ最後の海軍総裁の矢田堀鴻も、まずは誰も彼も平等にという次第である。いずれ功績顕著なればそのときには、うんと位を引きあげるという含みをもたせて、とりあえずの人材登用なのである。

ただし、勝海舟と大久保一翁は、別格となる。山岡鉄太郎も別格で天皇の侍従番長（いまの侍従長）。こうなると、このご処置は、ますます西郷の意思によることが明白となる。江戸城明渡しの盟友たちを、どうして忘れられようか、というところか。*14

三月末に強制的な呼び出しがあったのは、静岡永住を心にきめていた大久保一翁にしてみれば、迷惑この上のないことである。「古店を譲ったあとは、新店のものに万事まかせるべし」との信念の人である。しかし、そうも言ってはいられない事情になっている。

そこで、四月五日に東京着。待っていたよ、ここは一番、旧幕臣たちのため、と一翁は口説かれる。口説くのが三月六日にさきに上京して、西郷以下と十二分の話し合いをすませている勝っつぁんである。存じよりの西郷も、ときには乗り出してくる。海舟日記には「一翁へ出身の談す」など、ふたりだけの密談らしい記載がしばしばみえる。これでは一翁も重い腰をあげざるをえなかったであろう。五月十日に出仕ときまる。「文部省二等出仕」というから、待遇はいっぺんに大輔と同格である。

そして、勝っつぁん。同じ五月十日、めでたく海軍大輔となる。前の外務大丞や兵部大丞を「まっぴら御免」と辞退しぬいたときとは異なって、あっさり承諾した。海舟日記に「海軍大輔仰せつけらる」のたったの一行。あとは「人見、梅沢へ〔……〕十両遣わす。若松へ十両遣わす」と例によって忙しく手配をやっている記事があるのみで、出仕の感慨などなにもない。勝っつぁんらしくていい。

ところで、あれほど役人なんかと厭がっていた勝っつぁんがやる気をだした理由や如何? もちろん、西郷の存在がある。旧幕臣や賊軍藩の人たち登用の恩義の手前もある。さんざんに裏工作して、うまくいったら、俺だけはハイさよなら、とはゆかないではないか。

それ以上に、軍の編成や組織の変更が、海舟の気持を大きく動かしたのではないか。この年の二月二十七日に兵部省が解体して、陸軍省と海軍省の二つになった。両省とも大臣にあたる卿が置かれず、次官格の大輔が最高の責任者となる。これが大いに魅力的である。陸軍大輔は山縣有朋が兵部大輔から横滑りして着任。それなら初代の海軍大輔は俺がやる。精一杯、海軍の建設のお役に立とうというものじゃないか、俄然、勝はやる気になる。それに勝は心底海軍が好きなのである。海軍のことを知ること、俺以上のものはない。それが勝っつぁんの得意の巻であり、確固たる自信でもある。西郷から是ことであろう。

非にもと頼まれ、これを引き受けなくては男がすたる、江戸っ子特有の心意気もあった

## ●旧幕臣たちの役割

前項で、もと西軍側諸藩の人々を田舎者よばわりの失礼を敢えてしたが、まんざら証拠のないわけではない。明治三年十一月、新政府は海軍軍人養成のために、早々に創設した海軍操練所を規模拡大して、兵学寮として再発足させた。旧藩から優秀な生徒を選抜して鍛えるのである。さて、その生徒の一人（高知県出身）が、ある日、友と一緒に日本橋のある蕎麦屋に入ったときのこと。

「まずもり蕎麦三人前を注文致しました。蕎麦が出来てくると、その三人前のもり蕎麦を小形の茶碗に入れて食べるのは面倒だというので、せいろの上から汁をざぶりとかけました。何ぞ計らん、汁は蕎麦とせいろ間を皆通して、下にこぼれました。本人の驚きは勿論でしたが、（以下略）」

澤鑑之丞『海軍兵学寮』のなかの一節である。こんな話はよくあることで、野卑の証拠にはならん、とお叱りは覚悟の引用である。少なくとも初めて読んだとき、呵々大笑したことだけはたしかである。筆者は明治六年兵学寮に入った俊才で、のちに造兵中将となる。父はさきにちょっとふれた澤太郎左衛門、「開陽丸」艦長として箱館戦争に従

軍の旧幕臣。のち兵学寮教務副総理、一等教授。

いやいや、この項で何が言いたいのかとなれば、右のような不躾な若者を集めて、一人前の士官に育て上げる。教授たちは、さぞや難儀な大仕事を担ったもの、ということについてなんである。そして、その教授たちの顔ぶれたるや、旧幕臣が半分近くを占めている。赤松則良を筆頭に静岡出身の教授は、全五十五名中二十二名。鹿児島出身は川村純義と渋谷直武のわずか二人、佐賀出身者はひとりもいない。すなわち日本海軍の基礎は旧幕臣によって固められている。

この赤松、澤とともに、造艦畑で活躍した浜口与右衛門、肥田浜五郎、あるいは佐々倉桐太郎、小野友五郎、伴鉄太郎、根津欽次郎など、明治海軍建設に名を残す人々のことを考えると、西郷が有能さに目をつけて、大度量をもってかまわずに復帰させることにしたのも、まこと炯眼であったと言うほかはないではないか。勝が海軍大輔を引き受けたわけも、ここまでくれば明瞭ということになる。

**この章の「余談」――**

＊12　明治がスタートを切った直後の様々な事件を列挙してみる。

〔明治三年〕一月二十六日　山口藩の奇兵隊など諸隊解散の措置に不満の諸隊兵士千人

余が、山口藩庁を包囲する。

十一月二十三日　大学南校のイギリス人教師二名が襲撃される。

十二月二十八日　米沢藩士雲井龍雄ら、政府転覆陰謀の科で処刑される。

〔明治四年〕一月九日　広沢真臣、暗殺さる。

三月七日　華族外山光輔、謀叛の罪で逮捕さる。

三月十四日　華族愛宕通旭、謀叛の罪で逮捕さる。

三月十六日　山口藩より脱走の大楽源太郎、同士とともに反乱策動ののち、久留米で殺される。

＊13　当時の流行語に「廃藩置県は維新中の維新なり」というのがあった。それほどに驚天動地の改革命令であったのである。三百年近くも地方統治にあたっていた旧大名家と、その地方の民衆との縁を切って、とにかく中央集権の体裁を整えようというのである。これを認めることは、土地と人民とは天皇の所有であるという王土王民論を容認することである。すなわち「その与うべきはこれを与え、その奪うべきはこれを奪う」という与奪の権が天皇にある。となれば、旧藩主たちは領地を再交付されなくても文句すら言えなくなる。島津久光がヤケのやんぱちで花火を打ち上げたのもむべなるかな。

＊14　山岡鉄舟を天皇の侍従番長に推挙したのは、もちろん勝海舟である。これに双手

をあげて賛同したのが西郷隆盛。ぜひ天皇を守りつつ、新国家の基軸を支えてくれ、という西郷の頼みに、情の人の鉄舟は断ることなど出来ないことであった。
明治五年六月、宮内省に出仕し、さまざまな批判の声のあがったとき、鉄舟はその年の十二月に「朝廷に奉仕する事」と題して短い文章を発表した。その末尾につぎの歌を記している。

晴れてよし曇りてもよし不二の山
　もとの姿は変らざりけり

要するに、批判はご自由に、わたしは昔も今も変わらない、という意味であろう。あとで書くことになるが、福澤諭吉に批判されたときの、海舟の答え「行蔵は我に存す、毀誉は他人の自由、云々」と同じことを、鉄舟も言っている。

第六章

# 政府高官はもう真ッ平

## ●赤坂の海舟遺跡を散歩する

「坂はすなわち、平地に生じた波乱である」

「東京市は坂の上の眺望によって最もよくその偉大を示すと云うべきである」

永井荷風『日和下駄』の一節である。そして赤坂は坂の多い〝波乱〟の町である。とある夏の日、一陣の涼風にうしろを押されながら、久し振りに下りたり上がったりの赤坂散歩としゃれてみる。このあたりは、十数年も前に訪ねたときとは様変わりで、昔の記憶どおりとはまいらない。かつての記憶にあるお稲荷様の祠も、狭くて急な石の階段も失せて、あるのはマンションやらレストランやら華美で高そうな店ばかり。正直な話が右往左往。坂の上の眺望の偉大さも消えはてた。でも、元氷川坂をのぼってゆけば、そこが氷川神社で、どうにか辿りつくことができる。

氷川神社の祭神は説明書によると、スサノオノミコト・クシナダヒメ・オオナムジノミコト、なんてことはどうでもよろしい。めざすは近年廃校となった氷川小学校跡。それは昔どおりに氷川神社を東へ下って左に曲がったところにある。以前は校庭へじかに入る校門のすぐわき、大きな銀杏の木と山桜の枝の下に、目的の碑が立っていた。いまは高層建築のわきにチョコンと立っている。

「史蹟　勝安芳邸阯　勝海舟伯終焉ノ地ナリ　昭和五年十二月　東京府」

と文字が刻まれた二メートルほどの碑で、流紋岩ゆえ青々としてみえる。昔は赤坂元氷川町四番地、いまは港区赤坂六―六―一四。なくなった元氷川小学校そのものが海舟屋敷跡なんである。

そしてもともとは、かの浅野内匠頭の屋敷であった。それが松の廊下の刃傷で没収され、五千石の旗本の屋敷となり、その旗本の子孫から買いとって勝っつぁんの『海舟座談』の家となる。そして小学校は廃校となりビルへ。まこと有為転変、歴史的にすこぶる楽しいところといえるが、人をして感傷的にさせるそんな面影は微塵もない。

実のところ、前年十二月に帰静するさいに、もう充分なる西郷との談合で、勝の東京移住は既定のこととなっていたに違いない。ところで、駿府へ移住以前にも邸はおなじ赤坂の元氷川にあった。咸臨丸による渡米の旅立ち、坂本龍馬が海舟を斬ろうと訪ねて来たり、新政府軍に踏み込まれたりしたのはその邸である。明治五年三月に静岡を後にするとき、どうせ住むなら住みなれた赤坂に、との考えが勝にはとうにあったのかも知れない。

「柴田七九郎へ家作譲受け代五百両渡す」

海舟日記の五月二十三日にある。柴田という旗本の住んでいた広大な屋敷（二千五百坪とか）を買い取ったことがわかる。五十歳の海軍大輔さまにふさわしい大きさというところなのか。海舟は死去するまで、この地に二十七年をすごしたことになる。

巖本善治が『海舟座談』につけた「氷川のおとづれ」の文章によると、「余り立派では無いが、南を受けて、日当りよく、清閑にして自ずと気がセイセイして、当世流の家に行った時と妙に心持が違う」という感じであったらしい。玄関の正面に衝立があって、廊下をゆくと十二畳の客間と六畳の部屋がならび、奥の小部屋に佐久間象山筆の「海舟書屋」の額がかかっていたという。

勝っつぁんはさらに奥の六畳の間に、布団を敷いて、ドッカとあぐらをかいていたらしい。六枚折りの障子屏風の内側に書類や手帳をおき、ほかに水を入れた小鉢、砥石と古風な煙草盆。煙草盆の引き出しに鋭利なナイフがあって、これを砥石で研ぎ、自分の指や頭の辺をチョイチョイと切って、悪血をとった。とりながら、さまざまな問題を論じ来たり、論じ去って厭きることがなかった。

……なんて碑の前で想像したって、うまく像が結べない。あぐらをかいていた部屋は、小学校の校長室あたりにあったものよ、と教えられてもどうにもならぬ。ま、巖本氏の残してくれた記録に感謝するだけで、足を一つ前の元氷川の屋敷跡へ移してみる。目印となる盛徳寺はつい十年程前にいずれかに移り、ここにあったはずと思うあたりは、やっぱりでっかいマンションになっている。港区赤坂六―一〇、と番地のみを確かめて、空しくここともオサラバである。かくて勝邸の面影を求める赤坂探索は気勢をそがれるばかりとなった。

左様、忘れていた。海舟屋敷の長屋門が、練馬区石神井台一―一五の三宝寺という寺に移築され、いまも山門の東側に残っているそうな。これがなかなか豪華な門であるとか。わたくしはまだ出掛けていってはいないので、保証はしないけれど、どうしても勝つぁんの住居の何かを目撃したいと存念する方は、どうぞ。

## ●海軍建設の苦労

卿（大臣）は欠員のままの海軍であるから、思いもかけずトップにたった海軍大輔勝海舟は、台地の赤坂に居を構え、さぞや心のうちは満足であったであろうが、そんなにいい気になっていられなかったのではないか。

問題は当時の海軍の陣容である。麾下にある艦船は、龍驤（二五三〇トン）、筑波（一九七八トン）、日進（一四六八トン）、東（旧甲鉄、一三五八トン）以下の十七隻、計一万三八三二トン。人員は軍人軍属を合わせ二千六百四十一名。ちなみに陸軍将兵は一万七千九十六名。これが明治六年ごろの全戦闘員である。何とも弱体すぎて評する言葉もないが、のちにふれる征韓論争はこの軍事力を背景にしている。まったく豪気にして勇壮なものよ、である。

ついでに海軍の軍事費。明治五年度＝百九十九万六千円。六年度＝二百十四万二千円。七年度＝二百七十八万九千円。陸軍はこのほぼ四倍とみればいい。試みに当時の米価を書くと、米一俵が四年＝一円十二銭、五年＝八十銭、六年＝一円二十銭であったという。さらに、これが陸海軍でどのくらいの国費の負担になったか。知りえた範囲でいうと、五年度の全歳出金額は五千七百七十三万円余とあるから、軍事費はほぼその二割を占めることになる。

そして記録をみれば、明治六年一月、海軍大輔勝安芳は左の建艦計画を左院に提議したという。

「甲鉄艦二十六隻、大艦十四隻、中艦三十二隻、小艦十六隻、運送船八隻、練習船二隻、帆前運送船六隻、計百四隻を以て海軍の全勢力と為し、十八箇年を以て整備せんとす」

まことに夢みるように壮大なる計画で、完全な独立国たらんためには、新政府もその重要性をとくとわかっている。それで言う。

「欧州諸強国と対峙し国旗を宇内に輝かすは、固より国民の識不識にあり。然りと雖ども之を保護し、その君主の栄業を遂げしめ、禍害を未然に防ぎ、自他交際の福利を得せしむるの具え有らざれば、その識またこの況に進む不能なり。而して之をなす如何。専ら海軍を拡張するにあり」

ではあるけれど、目下のところ先立つものがないのである。で、この勝の建議はあっさり却下される。目標としてはまことに結構、が、国力の関係から、とうてい無理なりと。いや、こんなことは書くまでもないことであった。

勝っつぁんの大ボヤキが『海舟座談』にある。

「海軍を創めて銭のいるに驚ろき、死ぬる程の苦しみをした。今の海軍論は、根柢がなければならぬ」

よくよく骨身に沁みたものとみえる。

## ●血で葡萄酒をつくる

右のような事情もあり、手軽に大量の軍隊建設を可能にする道はほかにないと、懸案の徴兵令が明治六年一月十日に公布される。

もっぱら主役は陸軍の山縣有朋。海軍の勝っつぁんの出番のあまりない話ではあるが、面白いところをちょっとつまんでおく。すなわち、五年十一月二十八日、全国徴兵の詔が発布され、太政官は徴兵告諭を発するが、これが意気壮大なことをうたいあげる。

まず、古代日本においては、国民皆兵がいかに国威をあげたことか、とほめあげ、「後世の双刀を帯び武士と称し、抗顔坐食し、甚しきにいたっては人を殺し、官その罪を問わざる者の如きに非ずや」と、武士階級にたいし真っ向から一撃を加える。そして四民平等を高唱してこう言うのである。

「世襲坐食の士は其禄を減じ、刀剣を脱するを許し、四民漸く自由の権を得せしめんとす。是れ上下を平均し、人権を斉一にする道にして、則ち兵農を合一にする基なり。是に於て武士は従前の武士に非ず、民は従前の民に非ず、均しく皇国一般の民にして、国に報ずる道も固より其別なかるべし」

なんとも堂々たる武士階級への挑戦である。武士に一般庶民になれといい、その矜持を傷つけることも平気の平左というところ。足軽出身の陸軍大輔山縣有朋はこう主張して一歩も退かなかった。武士の権限なんかに格別の未練はない。むしろ武士そのものに反感すらもっていた。その山縣の強硬策とあざやかな勝利に、さすがの勝っつぁんも内心びっくりしていたのではないか。

愉快なのはこのとき各地で起きた血税騒動のほうである。ことの起こりは告諭のなかの一節「凡そ天地の間、一事一物として税あらざるはなし。以て国用に充つ。然らば即ち人たるもの、心力を尽し国に報ぜざるべからず。西人之を称して血税という。その生血を以て国に報ずるの謂なり」である。ここにある「血税」とか「生血を以て国に報ずる」とかが問題となる。百姓町人たちは、生血を吸われては生命がないと誤断し、煽動屋がそれに火と油をそそいだ。

「政府は徴兵卒の血で葡萄酒をつくり外国人に御馳走する」「旗、毛布、帽子の赤色は徴兵の生血で染める」などの流言が、日本全土を走り回る。ちょうど学制頒布と重なって、「小学校は徴兵のために人を誑《たぶら》かす所なり」とささやかれ、蜂起した民衆は「徴兵反対」「小学校反対」「太陽暦反対」を白布などに大書して暴れ回った。「清国とロシアとに対峙するわが国としては兵力の強化以外に国防はない」と確信している山縣も、さすがに呆れかえって声も出なかった。勝っつぁん、また然り、とするのは書きすぎになるであろうか。明治初年の珍騒動の巻である。*15

## ●調停の名人?

『海舟座談』にもう一つの騒動話がある。解説を入れて引用する。

「(天皇の行幸の供をして) 西郷が国 (薩摩) に行って、(なぜ挨拶に来ないのか、と怒った島津久光と) われた (気まずくなった) 時に、三条 (実美) さんから、どうかお前に (仲裁に) 行ってもらいたいというから、馬鹿馬鹿しいと思って断ると、西郷の手紙を見せて、『それでも、こういうように、是非、勝をよこしてくれとある』というから、己はコウやってツクヅク見ていたが、ひどく感激したから (ここは一番、西郷の日頃の恩義に報いようと思い)、『それなら行きます』と言ッて、翌日、長崎へ御用があって行くという書付をもらって、一人でいって、久光を連れて来たのサ」

これが明治六年二月から四月にかけての騒動。海軍大輔のときの大仕事としてくわしく書こうかと思ったが、勝っつぁんではないが、話が馬鹿馬鹿しすぎる。で、簡単にすますことになる。

普段から西郷や大久保らの出世をよくは思っていなかった島津公が、大いにヘソを曲げて「西郷詰問十四ヶ条」を留守政府を預かる太政大臣三条実美に送りつけてきた。三条は勝に仲裁方を頼み込んだ。と、かいつまんでいえばそれだけのこと。もともとが久光の生母は品川の船宿の娘で、相当に嫉妬深い性質であったらしい。それが大殿様にそっくり遺伝して、という何とも情けない話。しかし、薩摩が完全にソッポを向いたら、新政府にとっては土台を揺るがす大事件になりかねない。こんな感情的にもややこしくもつれた問題となれば、調停の名人の勝っつぁんの出番をまつほかはない。

海舟日記の三月二十一日の項にある。

「鹿児島着。／従二位〔久光〕面会。説諭等相済む。故老の者日々来訪。大抵承服」

素っ気ないところは、いかにも勝っつぁんらしいが、実は、いろいろと複雑にして面倒な折衝を要したらしい。ともあれ納得して久光が取り巻きの士族二百五十人を連れて、四月二十三日に華々しく上京することで一件落着。が、満つれば欠くるとやら、この久光の上京で、西郷は東京の居心地が悪くなって鹿児島へ帰りたくなってしまう。はたして征韓論争に影響することがなかったかどうか。探偵としては眼を光らせたいところである……。

それより抱腹絶倒なのは、その帰途に海舟は長崎に立ち寄って四日ほど滞在する、その結果である。この折りに、勝っつぁんは長崎時代の愛人の亡き梶玖磨《くま》との一子・梅太郎を東京に引き取ろうと決めたと思われる。さて、三ヶ月後の七月に、約束通りに梅太郎は氷川の勝家にやってきた。あとは勝部真長氏の著書に拠って書くと、梅太郎を実質的に育てた玖磨の妹おミ祢《みね》が連れ添い、一行六人が玄関に姿を見せたとき、夫人お民も、愛人お糸もお兼も思わずひっくり返るところであったという。まだ若くて美貌のおミ祢を梅太郎の母かと、誰もが思い、妻妾同居の邸にまたひとり殿様の側室がふえたのか、と勘違いしたのであるそうな。

## ●「征韓論」からは「逃げた」

岩倉具視、木戸孝允、大久保利通たちの欧米視察旅行のあと、留守政府の参議諸公は、西郷隆盛、板垣退助、大隈重信、江藤新平、後藤象二郎、大木喬任の六人。これら参議による緊急閣議で、六年八月十七日に重大な決定をする。明治新政府を認めぬ無礼な朝鮮政府への厳重抗議のための、西郷の朝鮮派遣である。ただし、朝鮮の無礼といっても、それほどの実体はない。ろくな返事もよこさず、国交樹立交渉が思うようにスムースに運んでいないというだけのこと。留守中にこんな国家間の大事は決められないと、三条実美は重圧におしひしがれ、箱根に静養中の天皇に奏上して、「岩倉たちの帰朝を待ちて熟議し、さらに奏聞すべし」という勅答が下るように、巧みに工作する。そして岩倉一行を乗せた船は、九月十三日に横浜に着く。いわゆる征韓論争のはじまりである。

この威勢のいい征伐論のそもそもは、亡き大村益次郎や木戸らが言い出したこと。当時は西郷はむしろ頑強な反対派であった。ただし、当時その発想の裏には国内問題があった。国内の不平不満や反政府運動を抑え込むためには、外交問題に目を向けさせ、外征で余計な力を削いで、政府の力を強めるという深い思惑なのである。早くいえば「内治論」と「外征論」とが複雑に相交錯していた。

いま、強硬派の板垣や江藤に煽られて、西郷がひっくり返ったのは、まさに同様の思惑からである。政府の大官どもが豪邸に住み、妾を蓄え、飽食暖衣、富商と結託して暴利をむさぼる様に、西郷は我慢がならないのである。それを憤る旧士族の心情もよくわかる。しかも彼らは新政府の政策のもとで没落の一途をたどりはじめている。類のない徳望で彼らの不満を抑えてきたものの、自分もその大官のひとり、そろそろ限界である。永久革命家である西郷は、士族らを救済するために、つまり内治のために、こんどは征韓に賛成する側に回ったのである。

十月十三日より連日同じ議論が蒸し返されたが、二十二日が決定的な日となる。征韓派の西郷、板垣、江藤そして副島種臣があまりに激越な論争に閉口し、気力喪失から病気になった三条に代わり、太政大臣代理となった岩倉を訪ね、最後の膝詰め談判におよんだ。しかし、西郷渡航に絶対反対の大久保派である岩倉は、

「病気の三条公にかわって、はっきりと申し上げる。明日、陛下に西郷派遣に反対であると奏上する。諸君はしばらく勅命の下るのを待ったらよかろう」

同席していた桐野利秋が憤激のあまり二度、三度と刀のつばを鳴らした。岩倉は後世有名になる啖呵を切った。

「余の眼睛の黒いあいだは、卿らの好きなようにはさせぬ」

西郷がつぶやいた。「そげなこつまでいわっしゃるなら、わたいどんも閣下とはもうものも言う気がしもはん」。

そして、岩倉邸の門を出るとき西郷はしみじみと言った。

「さすがは岩倉さんじゃ、弁慶になりもした。よくも踏ん張いもしたのう」

翌二十三日、明治天皇は岩倉の意見を容認した。征韓派はここに敗北する。

さて、勝っつぁんである。この間、何をしていたのか。松浦玲氏の著書によると、明治二十六年の海舟談話では、いとも歯切れよくこう言っているそうな。

「私はアノ時は居らぬ。面倒だから横須賀に船を見に行くと云って逃げた」

海舟日記にも「横須賀小蒸気船、間違いこれあり。新嘗会、休暇出勤御断り」と書かれている。参議でない身分ゆえ大議論の外にあったのは確かであるが、この素っ気なさ

は、まさに「逃げた」という自らの言葉どおりなのであろう。なぜ？　を問うならば、勝っつぁんの持論をここで思い出す必要があるのであるが……。

## ●なぜ「逃げた」か？

いわゆる「征韓論争」で知られる明治六年の政変は、一応の説明はしてみたが、こんなにあっさりとは書けないほど複雑な権力闘争である。十月十五日には、西郷の韓国派遣がいったんは本決まりとなっている。大久保がルールに素直に従えば政局に波瀾は生じなかったはずである。が、十七日の大久保の辞表提出からおかしなことになる。くわしく書けばキリがないので、以下は略すほかはないが、いよいよ今日にも決着という十月二十二日に、勝海舟は横須賀へ出張して、東京の外へ身をおいていた。なぜか。これはかなりの難問である。薩長土肥の成り上がり顕官どもの内輪揉めにバカバカしくて付き合っていられなかった、とする見方は愉快であるが、そうと決めてしまっては、勝っつぁんらしいといえないところがある。さりとて、いまのところ納得できる答えが出てはいない。

陸軍大輔の山縣有朋のほうはもっと徹底している。論議のくすぶりだした八月にはもう東京を離れ、九州、中国、大阪へと鎮台を視察して歩き、名古屋にきて倒れてしまう。実に二週間余もここで病床に臥す。「持病の瘧《おこり》をわずらった」とのちに語っているが、そんな持病は生涯をとおしてその後にあらわれてはいない。そして、山縣が帰京したのは、西郷が鹿児島へ去り、近衛将校の大半も辞表を叩きつけたあとのこと。山縣はのちに弁明している。

「(視察の) 出発前に、老西郷に会った。いまは徴兵令ができたばかりであるから、外征といっても混乱するばかりです、と伝えておいたが、これが最後の別れとなろうとは夢にも思わなかった」

この山縣の弁明は、陸と海との違いはあれ、勝の認識でもあったかと考えられる。もちろん、軍人は政治に介入すべからず、の大切な心得もある。それ以上に、軍の棟梁としては、つねに兵力を勘定に入れなければならないのである。すでに書いたように、明治六年ころの日本の国防力たるやまことに貧弱、とるに足らないものであった。海軍建設の大任を背負う勝には、手元にある数字をみれば、いまはその時機にあらざることは一目瞭然。リアリズムに徹すれば、欧米列強の見ているところで外へ軍隊を出して戦争をするなど、愚の骨頂もいいところである。参議どもが「朝鮮へ行く」「いや、行かせない」と、夢みたいな戦争話に熱中し、互いに口角泡を飛ばしている様は、とてものこと、まともには見てはいられない、というところであったのであろう。

その煽りをうけて、陸軍ほどではなかったが、困ったことに海軍の血気にはやる将校たちも何かと蠢動している。西郷辞職後も朝鮮征伐に出撃しようと、息まく連中の目を覚まさせねばならない。総指揮官の権威をもって抑えつける必要がある。それらしいエピソードが『海舟座談』にある。

「今の伊東ネ。この間も来たから、話して笑ってやったのだが、アレが、軍艦に兵粮まで積み、すっかり用意をして朝鮮征伐に行こうというのだ。もう五六日で行くと云う様になった。すると、三条から『お前は知ってるか、どうだか、こう云う訳だ』と云うから、『ナニ、私が海軍卿だから、安心して任せていらっしゃい』と云うてやった。それから、内へ五六人呼んで、『お前達は、朝鮮征伐をやらかそうと云うそうだが、それは男らしくて面白い。お遣んなさい。だが、その後はどうするのだ』と聞いてやると、みんな弱ってしまった。『それではどうしましょう』と云うから、『それより先ず支那から台湾の方へ行ってみろ』と命じてやった。『それが出来さえすれば有がたいが、どうでしょう』と言うから、『ナニ、己が許すのだから構うものか、行け』と言った。その頃は、まだあの辺へ行くことは出来なかったのだからネ。それでみんな喜んで、行って、初めて外国を見て、驚いてしまって、朝鮮征伐は止んだよ。それから帰ってきたから、みんな賞めてやって、官を上げてやった。すると、勝はどうひっくりかえるか知れぬと云うので、大層嫌われて、己は引込んだよ」

勝っつぁん独特のホラ話（嫌われて引っ込んだのはもっと後のこと）もまじっている

し、記憶違い（たとえば海軍卿ではなかった）もあるけれども、大筋のところでこの通りの出来事があったのである。「今の伊東」とは伊東祐麿（伊東祐亨の兄）で、当時は海軍少将。軍歴をみると、明治六年にたしかに「支那航海」に出ている。また海舟日記の十一月十二日の項にもある。

「伊東少将、仁礼〔景範〕出帆につき、心得方申し聞く」

こうしてみると勝はただ「逃げた」のではないことがわかる。海軍が巻き込まれないように相応の手をうっている。要は、勇ましい征韓派には与《くみ》していなかったし、静観することがいまの日本国のとるべき正しい国策としていた。それはまた、もともと抱いている勝の戦略観に基点をおくものであったのである。

それはもうその昔の文久二年（一八六二）、軍艦奉行に就任したときに明らかになっている彼の大戦略論でもあったといえようか。松平慶永（春嶽）に海軍振興策を説いたとき、海舟日記によれば、英仏露の虎視眈々として狙う対馬を、思い切って天領にして開港場としてひらけば、「朝鮮・支那との往来開け、かつ海軍盛大に到るの端ならんか」と意見具申している。このころから勝の「日・朝・支三国提携論」はもう揺るがない理念になっている。

さらに、神戸海軍操練所建設について将軍の英断が下った直後の文久三年四月二十七日の海舟日記を、読みやすくするために、少し漢字などをひらいて引用する。

「今朝、桂小五郎〔木戸孝允〕、大島友之允〔対馬藩士〕同道にて来る。朝鮮の議を論ず。わが策は、当今アジア洲中、ヨーロッパ人に抵抗する者なし。これみな規模狭小、彼が遠大の策に及ばざるがゆえなり。いまわが邦より船艦を出だし、ひろくアジア各国の主に説き、横縦連衡、ともに海軍を盛大にし、有無を通じ、学術を研究せずんば、彼が蹂躪をのがるべからず。まず最初、隣国朝鮮よりこれを説き、のち支那に及ばんとす」

もう一つ挙げれば、この神戸海軍操練所に関しての『海舟秘録』中に、朝廷に提議した「対韓政策」の一文がある。『氷川清話』に載っているが、これも漢字をひらいて引用する。

「文久のはじめ、攘夷の論はなはだ盛にして、摂海守護の説、また囂々《ごうごう》たり。予建議して曰く、よろしくその規模を大にし、海軍を拡張し、営所を兵庫・対馬に設け、その一を朝鮮に置き、ついには支那に及ぼし、三国合従連衡して西洋諸国に抗すべし」

西郷が大坂の宿に初めて勝を訪ね、その卓見に敬服したのは、元治元年つまりその翌年のこと。おそらく西郷は勝の「三国提携論」を無条件で受け入れたに違いないのである。それではじめのころの西郷は、反征韓論者の筆頭であったのである。

しかし、その西郷が板垣、江藤たちに煽られ内治のためにやむなく外征を主張するようになる。海舟にはその立場上の西郷の苦しさへの理解は十二分にあったであろう。また、勝が持論を枉《ま》げることのないことは、西郷もとくと承知であった。そこで、目をいくら皿のようにして検しても、政府部内で征韓論争の激しく戦わされる前後の海舟日記には、西郷と人知れず接触というようなことはまったく記載されていない。英雄同士、みずから顧みて直くんば百万人といえどもわれ往かんで、それぞれが自分の道をゆくことを認めあっていたに違いないのである。

勝っつぁんが後年、その日は西郷を見限って「逃げた」と述懐するのは、勝一流の露悪趣味であり、江戸っ子的な韜晦ともみたほうがよろしいように思われる。

**●政府におさらば**

十月二十三日、西郷は参議辞職の願いを正院に提出する。岩倉は、西郷を擁しての近衛兵の蜂起を憂慮した。しかし、勝はそんな心配はまったくないと見越している。何度も会って岩倉に口を酸っぱくして言ってある。西郷には私心などない。クーデタで政府乗っ取りを計るような男ではない、と。

板垣、江藤、副島、後藤の四参議も二十四日に辞表を提出。

これらは問題なく受理されて、発表と同時に、二十五日に新しい閣僚の任命が行われる。岩倉が大久保と相談しながら組織した新しい参議の陣容は、大久保、木戸のほかは、大隈重信（留任＝大蔵省事務総裁）、大木喬任（留任＝司法卿兼務）、そして新任が伊藤博文（工部卿兼務）、勝安芳（海軍卿兼務）、寺島宗則（外務卿兼務）である。島津久光も内閣顧問に（七年四月に左大臣に）任命される。海舟も伊藤も二階級特進である。

この参議就任を勝は辞退した、ということになっている。岩倉の執拗な説得で、結局は引き受けたと、いつもの伝である。どうもこの栄転には、いくら海舟好きでも抵抗を覚えないわけにはいかない。なるほど、内乱で大混乱を招かないためにも旧幕士族にたいする宥和は緊要で、それは勝の役目かも知れない。あるいは、いっそうの海軍建設のために「勝っつぁんなくては」とおだてられ、その気になったかも知れない。しかし、どんな理屈があったにせよ、盟友西郷が去ったあとに、追い出した側を助けなくてもいいではないか。およそ勝っつぁんらしくない。面白くない。

もともと、大久保と海舟とはソリの合わない仲なのである。明治二年、勝を兵部少輔海軍掛に登用しようとの案があり、どちらかというと勝好きの岩倉が、この話をもちかけたときの、大久保の返答が残されている。

「勝御登傭の事は朝廷に出され候上は、真に御疑いなく御統御これなくしては、姦雄ともいわるる人傑に御座候あいだ、なかなか六《むつ》かしく、かえって朝廷のため、同人のためならざるかも図りがたく、このところ臣においても懸念仕り候ところに御座候」

こんな風に「姦雄」視している人物を閣僚になんてしたくなかったに相違ないが、いまの政治運営はそんなことを言ってはいられない。征韓絶対反対を表明している勝は、敵の敵、つまり味方ということになろう。

さて、参議になったあとの海舟である。そもそもが伴食大臣なんであるから、勝っぁんに大したことのできるはずもない。在任中に外国人の内地旅行問題、台湾出兵などの外交案件でゴタゴタする。前者ではちょっと役立つ働きもあったが、日朝支の三国提携の理念から、後者の台湾出兵にたいしては猛反対、独裁的になっている大久保と正面衝突。*16 これで早くも八年四月二十五日には、元老院議官の閑職に左遷されている。ただちに尻をまくって海舟は辞表を提出しているが、それみたことかというものである。

海軍卿のほうも、参議の仕事が忙しくて手が回らず、腕をふるう余地もないまま、結局は退任となる。『海舟座談』の述懐「海軍卿の時かエ……。みんな、河村サ。河村が次官だから、功はあれに帰させたよ。時々出ていって、小印をつく計《ばか》りサ。何もしないよ」は、正直の話、そのとおりであろうが、情けないといったらない。河村とは後の大将川村純義のこと。大久保は維新政府成立の最初から「兵卿山縣、同大輔川村」と、海軍は鹿児島出身の川村を嘱望し任せるつもりであった。「姦雄」勝はお呼びではなかったのである。大久保型の官僚政治とは、形式ばって民衆との間になるべく関門を多くこしらえて、上と下との距離を大きくし、権威を絶大にしておこうとする。つまり何重もの間接性が安定を生み、国家の持続性を強化する唯一の方法と考える。そこには天才や有能な人や人格者は要らないのである。一言でいえば、ざっくばらんな海舟のような、組織をはみ出して理念を通すような存在は邪魔になるだけなのである。

明治八年十一月二十八日、勝海舟は正式に元老院議官を免官となる。海軍大輔一年五ヶ月、参議・海軍卿一年六ヶ月、元老院議官七ヶ月、計ほぼ三年半で、天皇政府とはおさらばで、以後は浪人である。頼まれれば後に引けないからと粋がってきたが、所詮、勝っつぁんには、藩閥政府は安住の地ではなかった。長い回り道であったことよ。

この章の「余談」——

＊15　陸軍ばかりではなく、海軍もまた兵力の常備と充実を図るために、水兵の徴募をはじめている。明治四年二月十七日、太政官は水兵徴募のために、「海辺漁師ノ内、十八歳ヨリ二十五歳ヲ限リ、身体強壮ニシテ且懇願候者」の名前を兵部省に申し出るよう府藩県に布告した。しかも、この志願を促進するために、三月十八日には、「跡家族扶助ノ為メ一ヵ月玄米三斗五升入リ一俵ヅツ下サレ候事」と布告している。どうしてどうして熱を入れて水兵さんを集めようとしているのである。

＊16　台湾出兵問題の閣議で海舟が反対した理由をあげておく。それもたったの二つであるが、海舟の国家独立のための不変の方策がそのままにあらわれていて、興味深いものがある。

一、日本と台湾とが戦争をするようなことがあると、かならず欧米列強の干渉を招き、その強大な戦力の前に日本はひどい抑圧をうけるであろう。

二、戦費を捻出するためには、国債の増発、紙幣発行の乱発のほかに方法はない。それは国家財政のためには有害そのものである。

海舟のこの考え方はのちの日清戦争のときにも力強く打ち出される。かれの胸中には常に薩長藩閥政府にたいする反感がわだかまっていたように思われる。

# 第七章

# 「薩摩軍が勝つよ」

## ●平和の維持に努力

西郷たちが去り、参議兼内務卿大久保が政治の全権をにぎった。が、政治的天才の彼を中心としてのさまざまな努力をしても、この国は明治十年の西南戦争まで、なお動乱期を経なければならなかった。国家建設のための大いなる軋みの連続といえる。明治七年二月の江藤新平らによる佐賀の乱、つづく台湾征討をめぐっての紛争。翌八年の江華島事件。九年三月には廃刀令が出され、これに憤激した不平不満の反政府士族たちがつぎつぎに乱を勃発させる。十月二十四日に神風連の乱、二十七日に秋月の乱、二十八日に連鎖的に萩の乱……。翌十年一月末の私学校生徒の弾薬庫襲撃にはじまる西南戦争までは、一直線の道のりであったといえる。

問題は、一連の蜂起を西郷がどう評価していたかである。単なる孤立した突出とみていたか、薩摩軍本隊が動きだすための前哨戦とみていたか。それがどうもはっきりしない。

ちょうど西南戦争勃発の前後に、薩摩に滞在していたアーネスト・サトウは、『日記』に見たとおりのことを記している。

「西郷は名目的には指導者であるが、反乱の首謀者たちのうち、もっとも積極的な推進力ではなく、その役割をはたしているのは、篠原国幹であると言われている。もうひとりの首謀者の桐野利秋は、以前は中村半次郎と名乗り、戊辰戦争で名をあげた男である」

結局は、激情的な反政府蜂起の下にあっては、西郷は「私の身体をあげましょう」と言うほかはなかったのであろう。

ところで西南戦争に際しての勝っつぁんである。『海舟座談』にはこうある。

「明治十年のときなどは、毎晩毎晩出て、十二時ごろに帰ったほどだ。古道具屋をひやかしたり、古着屋で買ったり、アチラにやり、コチラにやりして、平和を維持した。何うして警視などで、ゆくものかい」

どうも分かりづらく、翻訳の必要なお喋りである。要は〈旧幕臣たちが薩摩軍に呼応合流して決起するのを防がんとえらく苦労したよ〉と言う話である。風雲急となれば、〈西郷と〝肝胆相照らす〟仲と思われている俺自身が、大久保の一派にきっちりマークされている。といって、傍観したままここで旧幕臣が暴発しては、これまでの徳川党のための苦心が水の泡となる。ここは一番、旧幕臣たちにはとにかく堪えて貰おうと、そのための金策にあちらこちらと駆け回ったものさ〉。そして最後は〈警視川路利良とやらが出張ってきても、旧幕臣の取締りがうまくゆくもんか〉と例によって自慢タラタラということになる。

事実、海舟日記をのぞくと、いちいちは引用しないが、忙しく人に会い、外出もこまめに、いろいろと裏工作に精出している。

## ●西郷軍が勝つ？

ところが、いざ戦争となると、記述はまことに素っ気ない。ほとんど無視の感ありで、たとえば二月十七日の西郷隆盛の鹿児島出陣の報は、二十日になって氷川に届いたらしい。

「昨、熊本へ薩人出たる旨これ承る」（二十一日の項）

の一行があるだけで、何の感想もない。その上で、萩原延寿著『遠い崖——アーネスト・サトウ日記抄』を開いてみると、およそ想像外な勝がそこに登場する。海舟贔屓としては、ただただ妙ちくりんな気分になる。まずは三月三十一日の項。鹿児島から三月七日に東京に戻ったサトウは、この日午後、勝海舟邸を訪ねている。

海舟日記にも記載はある。「五条氏へ四十円用立て。金原安蔵、一両遣わす。卯三郎百両返金、是にて皆済。／エルネスト・サトウ氏、鹿児島の話あり」。これで全文である。しかるに、サトウ日記では、勝は突拍子もない気焔をあげているのである。

「政府側のつたえる政府軍勝利の報道はみなでたらめだ。熊本城はこの二十七日に西郷軍に明け渡された。柳原の鹿児島派遣もばかげた話である。かれら〔私学校生徒〕は鹿児島から〔政府所管の〕弾薬を運び去らなかったし、要塞も破壊しなかった。そもそも破壊すべき要塞などなかったのである」

「川路〔利良〕は西郷暗殺のために部下を鹿児島に派遣したと、自分〔海舟〕は信じている。大久保も暗黙のうちにではあろうが、この陰謀の一味であったと信ずる」

「野津〔鎮雄・第一旅団司令長官〕は戦死した。熊本の〔鎮台〕司令長官谷〔干城〕は切腹したという」

どうやら独自の情報網があったらしいが、それがかなり見当外れで、三月四日からはじまった田原坂付近での激突は、二十日には南北から挟撃された薩摩軍が敗走を余儀なくされる。ましてや熊本城が陥落しているはずもないし、したがって野津も谷も戦死などしてはいない。どうやら西郷好きの勝は、戊辰の激戦を戦い抜いた薩摩士族の勇猛果敢ぶりと勝利とを頭から信じきっていたとみえる。

それでこの内乱を阻止するために必要なことは何か、となると、

「それは大久保と黒田〔清隆〕の辞職につきる」

ということになる。さらにこうも予想する。

「政府が勝つようなことにでもなれば、その主要な閣僚はことごとく暗殺されることになるだろう」

この不気味な予言だけは、あるいは言い当てたといえようか。翌明治十一年に大久保は暗殺されるのである。

## ●アッと驚く兵器の差

勝の西郷軍勝利の確信(期待?)は、ものの見事に外れるが、これは已むを得なかった一面がある。防衛庁防衛研究所保存の旧日本軍の史料のうちの、西南戦争の記録を繙くと、政府側があらかじめ軍備拡張をして戦争に備えていたことがわかる。西郷軍一万三千人の兵士はいずれも私学校できびしい戦闘訓練をつんだ精鋭である。たいする政府軍は三万七千人。が、その大半が徴兵によって集められた農民や町人ばかり、訓練度に劣るのみならず、士気もまた問題にならぬていたらく。そこで政府軍首脳はロケット弾や連発銃など最先端兵器の導入になみなみならぬ苦心を払っていたのである。勝はそれをまるで知らなかった。

史料にはアッと驚く記載がある。たとえば、戦闘開始の前から暗躍している探偵、つまりスパイによる十数冊の「探偵報告書」。それには西郷軍の行動の詳細が記されているばかりではなく、西郷と桐野利秋との意見の対立など、西郷軍内部の極秘情報までがである。また、政府軍首脳は、西郷軍の戦略戦術が熊本城攻略を至上のこととしているのを、早くから察知しているのである。

田原坂の攻防で、政府軍の使った銃弾の数は一日平均三十二万発に及んだ。その銃は新式のスナイドル銃である。元込めかつ伏射の姿勢で弾丸を装塡できる。習熟すれば一分間に六発以上が撃てる。いっぽうの西郷軍の銃は旧式のエンフィールド銃。立ったまま銃口から弾込めせねばならぬゆえ、敵に全身を暴露することになる。当然、狙撃目標になった。しかも、一分間にほぼ二、三発がやっとである。いや、それればかりではなく、なかには時代錯誤の火縄銃で応戦しなければならない兵も相当多数いたのである。

しかし西郷軍は勇猛であった。田原坂で敗れ、四月十五日にやむなく熊本城の包囲を解いて退却するが、闘志は毫も衰えず。要害の地・人吉に八千人が結集、ここを拠点に断々乎として再起を図ろうとする。日本最強の名に恥じない頑強ぶりを示すのである。

史料『密事日誌』によると、人吉攻略に手を焼いた政府軍首脳は、イギリスからさらに大量の武器や弾薬ならびに新兵器を購入する。スナイドル銃一万五千挺、弾薬三千万発。一分間に最大百二十五発を連射できるミタラリュール銃、射程距離と貫通力にすぐれたヘンリマルチニー銃、そして空中で破裂するとパラシュートが開き、地上を照らしながら降下する風船砲弾などなど。これでは、肉体と刀槍を火薬と鉄にぶち当てるのみの西郷軍が勝てるはずはない。

新情報に接することのできない勝が、薩摩軍の勝利のほうに身を寄せる言辞を吐いたとしても、ま、無理からぬことではあるまいか。勝がこの政府側苦心の勝利の構図を承知していたら……。いやいや、書いているこっちが愚痴っぽくなってはいけない。

## ●大久保嫌いの弁

萩原氏が紹介するところの、サトウ日記に戻る。

つぎのサトウの訪問は四月二十八日である。第一回のときと違って、このときには、熊本城攻防戦での政府軍の勝利と、西郷軍の敗退という決定的な事実がある。さすがの勝もグーの音も出ない。

「前回にくらべて、勝安房はあまり政治のことを論じたがらなかった」

と、サトウは書くのであるが、さもありなん。多分、勝は沈痛な顔をしていたことであろう。海舟日記もただの五字である。

「英サトウ氏。藤島。津田より野菜アスニランス到来」

野菜の到来と、サトウの訪問は同レベルのこととしている。勝には、つまりは語るべきことは何もない。

つぎの七月十三日は、仲裁に立つ人物はいないものかというカンバラ・セイジと名乗る人物の頼みに応じ、それなら「勝がいちばんだ」と思ったサトウが、先約なしで訪問したようである。もちろん、勝はそんなことはご免蒙る、と撥ねつける。サトウは推量する。

「ひとつは、大久保への憎悪であり、もうひとつは、西郷への同情が多少でもあきらかになった場合、勝自身の自由が危険にさらされはしまいかという恐れである」

サトウの推測の、前者の大久保へのそれはそのとおりであるが、後のほうはどんなものか。いまさら西郷への同情を秘す要もない。

そして勝はサトウにこう本心を語ったという。

「ずっと以前から、自分は大久保の支配下にある政府には仕えまいと心に決めている。大久保が台湾問題解決のため北京に向うのを見送って以来、大久保には会っていない。実は薩摩の叛乱が起きる前のことだが、政府の使者として鹿児島に下り、騒動の勃発を防止するような話し合いをつけてくれという申し入れが、自分にたいして何度かあったのだが、大久保の伝言を届ける人足として利用されるのは御免だといって断り、それでこの計画はつぶれてしまった」

何んともすさまじい大久保嫌いの打明け話である。これでサトウの思いつきの仲裁案は潰れてしまう。『海舟言行録』によると、開戦直前の「政府の使者」について、勝は回想してこう語っている。岩倉公に是非にもと頼まれたが、「どうしてもと言うのなら大決断が必要だ」「その大決断とは何か」というから、として、

「さればなり、大決断というのは大久保、木戸両人が官職を免ずる一条、といったので、岩倉公は、それは難題、大久保、木戸の両人は国家の柱石だから、免職を申付くることは出来ない、と申されたよ。それなら、折角の御密旨でも真平御免と断ったよ」

勝の大久保嫌いはますますはっきりする。[*17]つまりは西郷への心底からの信頼感ということになる。西南戦争にたいして、西郷への肩入れがあまりにも過ぎて、大局を見誤り冷静な判断を失っているのも、それゆえにである。もっとも、よくよく考えてみれば、西郷なくして維新後の勝海舟はなかったのである。大袈裟にいえば、西郷その人があって勝の幕末・維新後の存在理由があり、かがやかしい新日本への貢献もありえたといえる。勝はそのことを十二分に心得ていた。であるからいっそう、西郷を死に追いやった大久保への憎悪には、根深いものがあったのであろう。

九月二十四日、西郷隆盛は城山に死す。[*18]報せはいち早く耳に入ったであろうに、海舟日記にはそのことが一言半句も触れられていない。うけた衝撃の激甚かつ深刻であることが、かえって知れる。

翌十一年一月二十四日、サトウが久し振りに勝邸に姿を見せる。その日のサトウ日記に「勝は過去二十年のあいだに、何人かの偉大な政治的人物から勝に寄せられた書簡類を集め、これに勝自身の短いコメントを付した遺墨集を、近く版行する予定だという」と記されている。城山陥落の直後から、盟友西郷を偲んで編みはじめたという『亡友帖』のことである。西南戦争について「ほとんど何もしゃべらなかった」海舟は、『亡友帖』編集のことだけを語ったのである。海舟日記には「英国サトウ」とまたしても五文字だけがある。

**この章の「余談」——**

＊17　勝っつぁんはなぜか『清話』や『座談』で言及しようとしないから、わたくしが気に入っている池辺三山のざっくばらんな大久保利通論を、ここで代わりに長すぎるが引用したい。

「……私が大いに驚くべき点と思うのは、一体政治家には自分の腹の底に、善かれ悪しかれ、結論といおうか、或いは主義目的といおうか、そういうものが初めから出来上がっているものだ。そいつが政治行動の生命だ。ところが大久保には、自分独りで考えた主義方針というものは、どうも見当らない。尊王、討幕、開国進取、遷都、廃藩置県、西洋の文物採用、皆自分の発明ではない。しかしその時分の交友とか藩公とかの説で、最善と思うものを深思熟慮の上でこれを執って、従って堅くそれを守るという、執着力の強い性質である。政治家でその生命の主義方針がないと言えば不都合だが、大久保のようだと不都合ではないばかりでない、むしろ将に将たりで、政治家以上で、帝王流だ。

少々えら過ぎるくらいだ。それで我見に囚われないで、選んで善に従うことが終始出来る。それも後入斎では仕方ないが、大久保には堅忍不抜、一度思いきめたことは非常な執着力をもってそいつを実行できる特質がある」

先見家にして自発構想型であっさりした海舟には、なんとも付き合いたくない人物と思えたことであろう。

*18　長々とつき合ってきたことであるから、西郷隆盛の最期にもちょっとふれておくことにする。

戦闘が始まっていらい七ヶ月にして、戦況はいよいよ決定的な段階を迎える。政府軍の兵力は五万八千人にまで増強された。鹿児島は城山にたて籠った薩摩軍は、ここを最後の地と定めた。薩摩軍は軍使を多賀山の政府軍本営に送り、西郷の助命を乞うてきた。西郷の意思とは無関係であったらしい。これに政府軍は最後通牒をもってはねつける。かつ参謀の山縣有朋はかねてしたためてあった西郷あての長文の書簡を託した。

「……今日の事たる勢の已むを得ざるに依るなり。君の素志に非ざるなり、有朋能く之を知る。……君は初めより、一死を以て壮士に与えんと期せしに外ならざる故に、人生の毀誉を度外に措き、復た天下後世の議論を顧みざるのみ。噫、君の心事たる、寔に悲しからずや。……事既に今日に至る。之を言うも益なし。君何ぞ早く自ら図らざるや。……」

生きようなどと君は思っていないであろう、と山縣ごときに言われなくとも、西郷が最初からその覚悟であったことは書くまでもない。しかも西郷はあくまでも戦い、戦死を望んでいた。自裁するつもりなどなかったと思われる。海舟の薩摩琵琶曲譜の長詩「城山」がある。

「……何をいかるやいかり猪《い》の　俄に激する数千騎　いさみにいさむはやり雄《お》の　騎虎の勢い一徹に　とどまり難きぞ是非もなき　ただ身一つを打ち捨てて……」

海舟の歌うとおりに、騎虎の勢いのままに西郷は最後の最後まで戦い抜くつもりであった。四方から弾丸の雨注するなかを悠々と歩み、流れ弾が股と腹に当たるに及んで、傍らの別府晋介を顧みて言った。

「晋どん、晋どん、もうこん辺でよか」

秋色ようやく濃い九月二十四日、別府の一刀を受けて西郷は死んだ。享年五十一。

第八章

# 逆賊の汚名返上のため

### ●二つの難事業

西郷が城山で死んだあと、五十五歳の海舟はさぞや芯から気落ちして、何もかも放っぽらかして日を空しく送っていたのではないか、と想像するのであるが、事実はちょっと違っていたらしい。大久保配下の大警視川路利良らの海舟に向ける目が怪しく光っている。薩摩に肩入れして何事か裏で策謀をめぐらせる、たとえば資金援助のようなことを水面下でやっていたに違いない、といった疑いが海舟の身にふりかかる。薩摩に加担しての旧幕臣の要らざる暴発を抑えるべく、日夜苦心惨憺した覚えこそあれ、下手な策謀などをするはずもないが、警察筋は容易に納得しない。

明治十一年十二月十三日の海舟日記にある。

「三課、日記・書類差し出す」

つまり、警視庁三課が日記から書類・手紙までを押収したのである。別に周章狼狽するようなことではないから、海舟は落ち着いていたようであるが、あまりの煩《うるさ》さにやむなく釈明書を何通も提出しなければならないことになる。日記からは実に五通も、あまり釈明になっていない釈明書を自筆で書かされているとわかる。

松浦玲氏によれば、海舟は「……釈明書が警察を納得させないことを、よく承知していた。それを承知の上で、この線〔騙されて金をとられた〕でつっぱねているのである。疑惑が残ることぐらいは、意に介さなかった。怪しまれるのも平気である。なにしろ海舟は、西南戦争の終結直後に、反乱軍の大将西郷隆盛を記念する『亡友帖』をつくりはじめて」いるのである。なるほど、勝っつぁんらしいや、と感服し同感せざるをえない。海舟に言わせれば、世の中のことは、いつだって勝てば官軍、というもので、勝者は情け容赦なく嫌がらせをし、ゴリ押しすることが、つまり勝利の証しになるからである。

前章でもふれたこの『亡友帖』は、いまは懐かしい故人となってしまった人々の遺墨と、それに勝の回想の文章を添えたもので、佐久間象山、吉田松陰、島津斉彬、山内容堂、木戸孝允、小松帯刀、横井小楠、西郷隆盛、広沢真臣、八田知紀の十人が選ばれている。なーんだ、十分の一、西郷も亡友の一人にすぎんじゃないか、と思う人も多いことであろう。が、自序に「明治十年晩秋」にこれを書く、ときっちり海舟は記している。松浦氏もいうようにここが問題である。旧暦では晩秋といえば九月のことをいう。十月は初冬である。西郷が死んだのが何度も書くが九月二十四日、その報が届くか届かぬのときに、すでに勝は作業を開始している。そして翌十月には出来上がった木版刷りの私家版を、せっせと自分の知り合いやら西郷と関係あった人々に配っているのである。受け取った人は誰であろうと、海舟が西郷の死を非業のものとして心の底から悼んで、これを手塩にかけて作ったと思うにきまっている。

おそらくは、西郷の死とともに、そして『亡友帖』をこしらえることで、海舟は歴史における自分の仕事の終焉をはっきりと意識したのであろう。政治的人間としてのおのれへの訣別である。もはや新しく歴史を作るようなつらい決断をし、その結果としての重い責任を負うこともない、五十代半ばにして正真正銘の隠居にならん、の覚悟である。それを海舟はひそかに固め、『亡友帖』一巻にその想いを託したものと思われる。

事実、それから七十七歳で死ぬまで二十余年間、勝は氷川町の自宅に悠々閑々、世の中とは不即不離、超越して生きている。そして、内は徳川宗家および慶喜家の世話をし、外は依然として変節漢よばわりに耐えながら、旧幕臣のための種々の面倒をみつづけているのである。そのいずれも、徳川家瓦解にさいして、終戦処理にあたった責任者が背負わねばならない義務というものであったのであろう。そんな縁の下の力持ち的な努力を海舟は生涯黙して語らなかった。すでに何度か引用した「会計荒増」の冒頭を読むと、泣けてくるようなことが書いてある。

「戊辰の変、金円を用うる頗る多し。我苦心して其始に測り刻苦すれども、これを支ゆる良法なし。此際哉、我従前勤仕せし時の足高の金を積みて、倅《せがれ》の留学費ニ成さんとするも既に貯る処あり、二千数金、今此大変に臨んで悉く此金を用ゆ。算計大凡左の如し」

　すなわち自分の息子の小鹿の留学用の積立て金をも吐き出しているのである。勝はそれを平気の平左でやってのけた。そして、隠居になった後も旧幕関係者の自活のための援助をつづけていたことは、勝っつぁんの日記を見ただけで一目瞭然である。それにしても金の算段は御苦労千万なことであった。それにまた、時は薩長藩閥の天下である。旧幕臣たちやその子どもたちの働き場所は狭められている。その就職口の斡旋で、実に長いこと海舟はこまめに動いている。そうすることがとりも直さず、徳川勢力の一致団結の基盤ともなるのである。

　さらに隠居後の勝っつぁんのすばらしく偉いところは、そんな人知れぬ援助の苦闘をつづけながら、余暇にはもっぱら著述に専念しているところにある。

　これまたたとえば、明治二十一年（一八八八）春、後輩の樺山資紀海軍次官の懇請があった。徳川幕府が日本国に初の海軍を興してより、今日まで海軍経営に終始関与してきたのは海舟ただひとりである。特にその黎明期のことの多くは世に明らかになっていない。

「今にしてこれを伝えざれば、終には煙滅せん」

　それを恐れるがゆえに『海軍歴史』を後世のために書き残しておいてもらいたいと、

樺山次官は礼を厚くして請うたのである。海舟はこれを莞爾として受ける。

こんな具合にして、海舟はその生涯に膨大な著作を残すことになる。この『海軍歴史』三巻をはじめとして、『吹塵録』四巻、『陸軍歴史』四巻、『開国起源』五巻など、公刊されている『勝海舟全集』のいやはや堂々たること。そのほかに建言書やら回想類やら、年齢とは関係なく、ひたすらシコシコと死ぬまで書いている。とにかく、勝っつぁんは机に向かって書くのが好きであったんだな、と呆れるほかはない。

そしてその上に、この「氷川の隠居」には、もっと大事な、どうしても自分が果たさなければならないと心に決めた大仕事があったのである。それは逆賊となった不世出の英雄・西郷隆盛の名誉を一日も早く回復してやることであり、同じく慶喜に付せられた「朝敵」の汚名を何とか晴らさねばならない、という二つの難事業である。

そのためには、世にいう「あひるの水かき」が必要であった。一見すれば、のんびりと浮いてスイスイと音もなく進んでいる池のあひるも、その水面下では両足を休みなく動かして水を掻いている。これらの大仕事も、世間に余計な波風を立たせぬように、おのれの痕跡を消して、水面下でうまく運ばなければならない。西郷の再評価も、慶喜の復活も、とりも直さずいまをときめく明治政府の高位高官たちへの皮肉、いや、嫌がらせ、いやや、政策への抗議につながるものであろう。当然、やいのやいのとこけおどかしや難癖をつけてくるに決まっている。そうした波風を立たせるようなことがあったら、せっかくの苦心がかえってアダとなる。大切なのは「成功」の一語につきる。失敗は許されない。それには目立たぬように、しかし着実にことを運ぶほかはない。まさに海舟の得意とする「機」をうまく捉えることにある。そこに海舟の人知れない苦心があったのである。

## ●「豪傑のことは俺にしかわからん」

海舟の西郷への肩入れ、すなわち名誉挽回のための努力は、実に西郷死して二年後の、もう明治十二年にはじまっている。まず誰にも察知されないように、西郷の墓、いや、西郷を追悼するための記念碑を独力で建てたのである。碑そのものは人の背丈ほどの小ぶりの石碑で、表に西郷の漢詩、裏に海舟の文が漢文で彫られている。それは南葛飾郡大木村木下川《きねがわ》にある浄光寺に建てられた。そこはかきつばたで有名な古刹であったという。

『海舟座談』のなかの、勝家のお手伝いさんの森田米子の回想談によると、

「浄光寺に建てましたのは、もともとは此の〔勝邸の〕中へと云うのでありましたが、それでは余りと云うので、あすこに建てられましたので。〔寺に〕楠があります。あれが目当てで、其下へと云うことでした」

ということであるから、はじめは自分の邸の庭におっ建てるつもりであったとわかる。

それでは「お上の顔を逆撫でするようなもの」と、誰やらに止められたものか。海舟日記には二月から三月にかけて、何度もはるばる隅田川を越えて四囲が田んぼばかりの木下川へ出かけていることが記されているし、「山岡より記念碑の事、吉井へ話し候所、異議これなき旨、申し越す」（三月二十六日）とあったりする。山岡鉄太郎や薩摩の吉井友実などにその決意のほどを伝えている。となると、あるいはこの人々から「庭はよせ」の忠言があったものか。しかも、前にも引用したが、多分にその忠告をした一人ではないかと思われる勝の門下生の杉亨二の回想もある。

「ある日、西郷の碑文を書いたから見ろ、というので見ましたところ何でも中に、我を知る者はひとり西郷あるのみ、という句があったと記憶しております。いろいろ私が西郷のことを申しましたが、お前たちには豪傑の事はわからん、と申しました」

杉の記憶にあるところの、碑文の終わりの部分を読み下してみる。

「……たまたま見る往時書する所の詩を。気韻高爽。筆墨淋漓。恍としてその平生を視るが如し。欽慕の情おのずから止む能わず。石に刻して以て記念碑と為す。ああ君よく我を知る。而して君を知るは亦我に若くは莫し。地下若し知るあらば、それまさに髯を撫して一笑せんか

明治十二年六月　　　　友人勝安芳誌」

賊の大将死してまだ二年、その記念碑を友人として建てる。ハッキリ言って、海舟に

してみれば、その賊将の墓をあえて建てるの思いなのである。まさに、杉に語った「豪傑の事は〔俺にしか〕わからん」の強烈な自信と友情とが、勝っつぁんをしてこうした思い切ったことをさせた。

さらに二年たって明治十四年、「是南洲翁死後五回之秋也」として、海舟は漢詩を賦している。これも読み下してみる。

「惨憺たり丁丑の秋　思いを回らせば一酸辛　屍は故山の土と化し　遺烈精神を見る」

うまい詩とは思えないが、なお忘れられず追慕するの情に溢れている。

そして十六年、西郷の没後七年の忌日がくる。黒田清隆が海舟を訪ねてきて言った。

「南洲逝ってすでに七年の歳月がたちましたが、なお朝譴が晴れません。といって、このまま罪人扱いということは忍びないことであります。そこでわれら同志の者が相談し、内々で七回忌を営みたいと話し合いました。ご高見をお聞かせ下さい。また、墓も建てたいと思います。そのさいには、たとえば碑銘などお書きいただいて、ご協力をお願いできないものでしょうか」

海舟はいともあっさりと答えた。

「墓か、墓ならおれがすでに建てているよ」

驚いたのは黒田である。しかも、話を聞かされて二度びっくり。恐れげもなく四年前に建てているとは。さすがに勝海舟は凄いや、と敬意を表しつつ、それならばと黒田は吉井友実、税所篤らと計り、七回忌の法要を浄光寺で営むことにしたという。ただし、海舟日記にはそのことについてはまったく記述がない。したがって海舟が列席したかどうかは定かではない。西郷を尊敬する薩摩人だけでごく内々に営まれたことゆえに、海舟も省筆したとみるほうがいいのかもしれない。

ただし、「南洲歿後すでに六年、流光梭よりも疾し。往時を回想すれば幻か真か。茫乎として亦夢の如し。豈涕涙襟を湿さんや。云々」(原文は漢文体)と前書きした漢詩三首を、勝っつぁんはこのときつくっている。あまりわが心を撃つの詩ではないが、うち一首をあえて紹介する。

「匆々已に六歳　旧りしを話し高義を思う　惨憺として神鬼も哭く　豈況んや憂苦を同じうせしをや」

また別に「癸未初冬」(まさしく明治十六年十月のこと)と題した一首もある。長い詩なのでおしまいの四句を。

「毀誉みな皮相　誰かよく其の旨を察せん　唯精霊の在るあらば　千載知己の存せん」

海舟はこれに「友人海舟散人」と署名している。誰にでもはっきり言うことができる、われこそがたった一人の友なりと、それが勝っつぁんの自負なのである。

ところで、この浄光寺はいまもあるのか、また楠は健在なるや。存するならば、訪れてみようかという気になったが、無駄なことと知って中止することにした。というのも、もともとは西暦八六〇年に創建という天台宗の古刹なんであるが、いまはないから。大正八年五月、荒川放水路の掘削工事のさい、境内とその付近はあげて新河川の用地に収容されてしまったのである。で、いま旧蹟は川の底にある。何んのことはない、わたくしが向島の悪ガキのころに猛練習に通った古流水練道場があったあたりに、堂々たる伽藍が建っていたらしい。寺はやむなく移転というわけで、いまは葛飾区東四つ木一丁目にある、通称木下川薬師がそれなそうな。

しかも、明治も三十年代になると、どうも古刹としての立派な見識がなくて、やがて移転となる運命にあったようなのである。『海舟座談』の付録の森田米子の回想に、こんな妙な勝っつぁんの発言が残っている。

「……一昨年でしたか、あの寺の坊守が、少しよくありませんので、〔海舟が〕色々申して参りました時、〔その話を〕伺いましたら、モウあれはどうなっても宜しい。あの時は〔西郷の死んだ直後は〕、西郷の跡がどうなるものかと思ったから、アアもしたのだが、もう今では、寅〔西郷寅太郎〕も軍人になってるし、アレはどうなってもよい。棄てて置いて善いのだと、云うことでした」

これによっても、その後の寺の態度がよろしくなかったことが、よくよく推量できる。ただし、西郷の記念碑のほうは、勝の死後の大正二年に、すでに洗足池のほとりの勝の墓所の隣に移されていた。それで幸いにいまも見聞することができる。本書をすべて書き終えたなら、もちろん、足を運ぶことを約束しておく。
「寅も軍人になってる」云々については次項に書くことにする。

## ●西郷名誉回復の道なお遠し

西郷の七回忌法要の相談やらで、薩摩出身の高官たちがしばしば海舟邸を訪れてくるうちに、西郷隆盛の妻イトの生んだ嫡男の寅太郎のことが話題となり、その処遇問題にはじまって賊名の雪辱が急速に話し合われたものとみえる。『海舟座談』にこうある。経緯がわかるので、長く引用する。

「……税所と吉井が来て、心配しての話。西郷従道は兄の事ゆえ話されず、大山は子分ゆえ言い出されず、困っているとの事。己も段々考えていると云うと、とても今度は言い出せぬから、立太子の時にでもと云う考えだとの事だが、それではいかぬ、此機を外してはならんと言うと、二人とも己に頼むと言うから、それでは己に任せなさいと言って、そこで此文〔十一月五日付け〕を書いて山岡にやると、山岡が有栖川左府に申し上げ、左府が此の書を貸して呉れと言われて、直ちに〔明治天皇に〕奏上せられた。……」

ここで語られている山岡鉄舟（当時、天皇の侍従を勤めていた）への書状は、なかなかの名文である。何より内にこめられた勝の熱い心情の吐露がこっちの心を揺さぶる。

すなわち西郷の遺児・寅太郎に早く上京してこいと言ってあるのに、なかなか東京へ出てこようとはしない。そこで妾腹であるけれども長子の菊二郎を呼び寄せ、代わりに宮中へ参内させたら如何かと思っている。そしてその際に、「公然亡父の罪科取り消し、その子孫青天を戴き候様、仰せ付け候てはいかが」とした上で、海舟はこう書くのである。

「当年は亡父七周に相当り、既に問罪の御典は相立ちおり、なお是れ前々の大功労子孫に蒙る御所置に成し下され候わば、冥々の中、暗に西陲の人心に感格を起し、聖天子の御深慮、不言に相蒙り、大いに後来の御為ならんやと存じ奉り候。此の儀は左府宮御深慮に相発し、お直々主上に御内願なし下され候わば、成否は論ぜず、邦内御補弼の御任に愧ずることこれ無きかと、恐れながら存じ奉り候。宜しく極密に御勘考の上、仰せ上げられ希い奉り候なり」

この書状の宛先は山岡である。その山岡には、それこそが補弼の任に適うというものである、といっているが、それは勝っつぁん独特の筆法というもの。『海舟座談』にあるように、当然のことに、山岡はすぐに左大臣の有栖川熾仁親王に見せ、また親王が明治天皇のご覧にいれるであろうことを期待している。早く言えば、海舟は有栖川宮をとおして天皇に「そうすることが聖天子の御深慮というもの」と語りかけているのである。

そして事は海舟の思うとおりに運んでいく。天皇と有栖川宮は、寅太郎を呼ぼうということで意見がまとまった。十七年一月の海舟日記の、関係部分だけを抜き書きする。

「一日。税所篤、西郷伜の事礼。明日より堺ならびに鹿児島行きと云う」

「五日。山岡鉄太郎、南洲伜の、宮様へ願い候儀、御採用の旨云々内話」

「六日。吉井友実へ、南洲伜御所置、御採用については、神速御申立ての事申し遣わす」

「十五日。吉井より、昨夕、西郷寅太郎御召しの御達し。松方へ左府公より御下ケの由申し越す。山岡へも申し遣わす」

こうして決定は菊二郎ではなくて嫡男の寅太郎のお召しと決まった。このあと、鹿児島側にいろいろと思惑もあって、スムースには進まなかったがそれは略すとして、とにかく寅太郎が上京し、天皇に拝謁を許されるという段取りとなる。そしてここでまことに愉快なことが起こったらしい。その顚末は、松浦玲氏の労作からそっくり頂戴して書くと、その際に海舟と吉井との間で論争があったというのである。それは西郷隆盛の罪を許せと寅太郎にじかに嘆願させようという海舟に、吉井がそんな恐れもないことをと躊躇し猛反対した。結果はどうなったか。松浦氏の文を引用する。

「そこで海舟は、かまわぬから言ってみろと、寅太郎をけしかけたようだ。四月二十五日に参内した寅太郎は、伊藤宮内卿〔博文〕、徳大寺侍従長〔実則〕から、ドイツ留学、留学中一カ年金千二百円下賜の達しを受けると、それへの返事を差し置いてすぐに、なにとぞ父の罪を許していただきたい、このことは天皇に直接申し上げるつもりだから、そのように取り計らっていただきたいとがんばった。／付き添っていた吉井は驚いた。今日はそこまでは言うなと事前によくよく説得しておいたのに、側にいる自分に断りもなく、いきなり父のことを申し述べた。これは海舟の計略に違いない、どこかで勝と気脈を通じたなと、吉井はいささか面目を潰された思いである」

例によって「あひるの水かき」をやったなと、吉井には少々気の毒であるが、こっちは大笑いしたくなる。ただし、この日の海舟日記は、簡単な文字が並んでいるだけ。

「吉井より、西郷寅太郎、本日御用召しの旨申し越す」

ところが、海舟のハッパが寅太郎に効きすぎたのである。自分のことよりも亡き父の罪科の許しが先とでも考えたものか、寅太郎はせっかくの留学を受けようとはしなかったという。困り抜いた吉井は氷川を訪れ、寅太郎を差し向けるから、説教かたがた説得してほしい、と海舟に平身低頭して頼み込む。海舟もこれにはいくらかはやり過ぎたかと、薩摩隼人の意地っ張りに閉口頓首したらしい。『海舟座談』でそうとわかる。

「……寅太郎が来た時、左様に〔有難くお受けしろと〕言うと、承知せぬ。其時、おれは言った。親父の通りに、二三千もお集め。此度は千人位だろうが、其千人位を殺すと云うのも亦可なりだ。そう思うなら、左様おしと言った」

海舟のこうした説得にも首を縦には振らず、寅太郎は鹿児島へ戻って行った。

「吉井が、次に来て、勝さんも国に帰ってよいと言われたから、帰ると申します。実に困ると云うから、いやまあ、行く処まで行かして見なさいと言って置いた」

寅太郎はこのとき十八歳である。追い詰められて父は逆賊とされた、との断腸の思いを簡単には振り払うわけにはいかない年頃である。それにその汚名をなお突きつけてくる明治政府への反感は消すに消せないのである。が、十二月八日、寅太郎は再び上京し、二十日に留学の受諾を申し入れている。『海舟座談』には、いかにも嬉しそうに語ったのであろう様子が想像される言葉が記されている。

「すると、半年程たって、上京して、今度はあちらから言った。段々考えて見ました処、親父のした様な事をするよりも、洋行を願って軍人になり、御奉公をする方が、大きいと云う事に気がついたから、何卒洋行の事をお願い申してくれと言った。……」

西郷の遺児の処遇についての話はこれにて一件落着となる。寅太郎はドイツへ留学し、のち帰国後は陸軍に進み、陸軍大佐にまで栄進する。が、勝っつぁんがひそかに目論んだかもしれないこのさい一挙に西郷赦免は、なお落着というわけにはいかなかった。

それにしても急《せ》いては事を仕損じると、海舟は思ったことであろう。一月十四日、宮島誠一郎（宮内省御用掛）の最初の報告によれば、明治天皇のご意向は、西郷の遺児を「侍従試補」として手元に置こう、というものであったのである。それが結局はドイツ留学を命じるという風に変わった。とりも直さず、宮中や政府筋には、依然として西郷の残党危険視の根強いことを物語っている。西郷隆盛の名誉回復の道の遠いことを、海舟はあらためて覚悟したことであろう。

## ●「四方の海」の歌について

明治天皇と西郷隆盛に関して忘れられない余話を書いておきたい。

昭和十六年九月六日、事実において対米英開戦を決定する御前会議がひらかれた。会議の冒頭から、軍令部総長永野修身大将が「大坂冬の陣のような平和をえて、翌年夏には手も足もでない状態になってから戦争せよ、ということにならぬよう、国家百年の計のために決心すべきである」と主戦論をぶった。参謀総長杉山元大将が永野に敗けじと果敢な戦争決意をうたった。その後のことは、内大臣木戸幸一の日記にある。

「……原議長〔義道・枢密院議長〕ノ外交工作ヲ主トスルノ趣旨ナリヤ云々ノ質問ニ対シ、海軍大臣ヨリ答弁シ統帥部ハ発言セザリシニ対シ最後ニ〔天皇より〕御発言アリ、統帥部ノ答弁セザルヲ遺憾トストノ仰セアリ、明治天皇ノ御製『四方《よも》の海』ノ御歌ヲ御引用ニ相成リ、外交工作ニ全幅ノ協力ヲナスベキ旨仰セラレタル旨承ル」

ここにある「四方の海」の御製とは、

　四方の海みなはらからと思ふ世に
　　など波風の立ちさはぐらむ

という歌であることは、よく知られている。

さて、ここで語りたいのはこの歌がいつ作られたか、について。[19] 実は、作家飯澤匡の『異史　明治天皇伝』（新潮社）にすこぶる面白い記述があるのである。長く引用する。

「天皇は必ずしも〔大久保利通中心の〕現政権に賛成ではない。殊に西郷隆盛には絶大なる信頼感を持っていたのに、それが政府に刃向かっている。これは天皇に対しての反抗ではなく長州に対してである。薩長といっていた『薩』の代表者ともいうべきであった西郷が抵抗している。明治天皇にしてみれば、長州に代って薩州でもよかったのである。……この御製は、日露戦争中のものでなく、すでに明治十年の役中に出来ていたという説もある。私もその説に賛成なのだが、みな『はらから』と思うのは薩摩に対してで、明治天皇は十年役に賛同していなかった」

これには一驚しつつも、わたくしもまた、よく考えてみて飯澤説に賛成する。

なぜなら『明治天皇紀』に目を通せば、奇妙なほどの明治天皇の西郷隆盛贔屓に、アレアレと驚かされるから。たとえば、明治十年三月二十一日、京都へ行幸させられた天皇は御学問所に出て来ようとせず、常の御殿にばかりいるとある。

「拝謁者御引見の時を措きては御学問所に出御あらせられず、唯毎朝、西南戦争に就き太政大臣三条実美より其の概要を聴きたまうのみ、而して常御殿にありては女官左右に奉事し、大臣、参議と雖も九等出仕〔下級役人〕を経ずば天顔に咫尺するを得ず」

西南戦争は二月十五日からはじまっている。それで京都まで馬を進めてきている。しかし、明治天皇は三条実美の戦況報告もろくに聞こうとはしなかったし、政務をみようともせず、女官どもにかしずかれて御所の奥にばかりいたのである。

これにはさすがに唖然とし憂慮して、三条、岩倉具視、木戸孝允らが相談し、三条と木戸が天皇に諫言申し上げることとし、ズケズケとやったらしい。それでも御学問所へはなかなか出て来ようとはしなかった。

そして西南戦争が九月に終焉し、年が明けた十一年一月十日の『明治天皇紀』には、こんなすさまじい記録が書き残されている。お側にはべったのは土方久元、元田永孚の両当番侍従に、文学御用掛・三条西季知、それと当直書記官の山岡鉄太郎。

「……（酒杯を共にしながら）席上、勅題を『新年共楽』と仰出され、詩を賦し歌をば詠ぜしめたまう。御製あり。尋いで永孚をして其の詩を吟誦せしめ、久元をして其の歌を朗詠せしめたまう。二人交々吟詠す。天機殊に麗しく頻りに天盃天酌を賜い、且つ肴を頒ち賜いて夜の更くるを惜ませられ、闌に及ぶと雖も退席を許したまわず。遂に午前二時に至る。永孚、季知退席を請うに及びて始めて之れを許したまいつつも尚天酌を賜いて止まず。三時に至りて入御、寝に就きたまいしに四時を過ぎたり。……」

このとき「御製あり」で、それが「四方の海」で、その歌が詠まれた、と断言することは不可能としても、大いにあり得る話なんではあるまいか。それにしても、西南戦争がはじまっていらい、『明治天皇紀』にみえる明治天皇の深酒は異状ともみえる。もともと酒には強かったといわれているが、飯澤氏のいうように、西郷に絶大な信頼感をもつ天皇には、この内乱による衝撃が大きすぎて、憂悶をまぎらわせるためにもいっそう酒を飲まざるを得なかったものか。

それから七年、なお明治天皇の西郷どん好きの持続していることが、ことさらに強く印象づけられる。寅太郎にたいする天皇の「西郷の遺児なら侍従試補として手元に置こう」という意向には、そのことが見事に表明されていまいか。

海舟がはたしてそのことを知っていたのかどうか。これははなはだ興味深い問いになるが、いまのところはハッキリした資料は出てこない。

そしてまた、かりに海舟が知っていたゆえのチャンスとみての寅太郎への強引な尻押しとすれば、これまたいかにも機に乗ずることに天才的な勝っつぁんらしい工作となるのであるが、残念ながら空想の域をでない。それに、『海舟座談』のつぎのようなボヤキを読むと、勝っつぁんにも〝あの時はやり過ぎたかなあ〟という反省がかなりあったのかも知れない。巖本善治の、伊藤博文への天皇の信頼は厚いらしいが、「先生はどうなのでしょう」という問いに、海舟はこう答えている。

「ワシは、イケマイよ。何しろ、敵の張本であるし、兵馬の全権を握っていたので、大の悪るものになっていたから、お附きからも、皆なソウ申し上げたろう。恐らく、西郷と雖も、ソウであろうと思っている。ソレに、兵気がニブルからな。その辺は、此方でも、チャント知っている。それで小人は小人の扱いをしなければならない。ヨクそれを心得ているから、なるたけ〔宮中へは〕上らないようにしている」

西郷はともかく、オレは覚え目出度くないよ、の歎きである。で、せっかくの西郷の名誉回復の工作は、満点とはいかず六十点ぐらいのところで幕となる。明治十七年の時点では、やはり千代田の森の奥深くには「波風が立ちさわ」いでいたようである。遺児へのドイツ留学下命が精一杯のところであり、賊名払拭はさらに五年後の二十二年まで待たねばならなかったのである。

**この章の「余談」――**

＊19　奈須田敬さん編集発行の「ざっくばらん」（平成十四年十一月一日号）に、坂本一登氏の「明治前半期の天皇と軍部」という論文のつぎの一節が引かれている。これが実に興味津々たることを紹介している。

「天皇の軍に対する関心の減退は、西郷の死を結果した西南戦争をきっかけに一層進んでいった。天皇は西南戦争終了後のある日、皇后に対して『西郷隆盛』という題で和歌を詠ませ、その際西郷の今回の罪を論じて既往の勲功を忘れてはならないと述べた」

あるいは「四方の海」の歌は、このときに詠まれたものかも知れない。

## 第九章

# 野に吼える「氷川の隠居」

## ●鹿鳴館の馬鹿騒ぎ

大佛次郎の連作長編小説「鞍馬天狗」の一篇「新東京絵図」に、勝海舟がちらっと登場する。時は明治二年、となっているから、海舟は氷川に隠れ住んで悠々閑々という状況ではないのであるが、小説は氷川に隠棲している海舟を鞍馬天狗が訪ねるように設定している。大佛さんの勘違いはともかくとして、鞍馬天狗を見送りかたがた、玄関先でまくしたてる海舟の科白はまことに小気味よく響いてくる。

「……江戸の人間は、なるべく仕事しないように、内輪に内輪にという性質があったね。それで敗けてしまったのかも知れぬが、薩長ときては、どうも人の迷惑を気がねなしに、やたらに、力押しにでも仕事をするのが手柄だと思っているらしいなあ。物を動かすのが好き、重箱の隅まで掃除するのが好きなのだ。上がそうなれば、やがて日本じゅうがそうなって、人間の気質もその方角に変わってくるだろう。要らないことまでやって、四民を泣かせて得意でいるような気風がこれからの日本人につかぬとも限らぬ。ははははははは、この際、寝ころんで何もしないでおるというのは、好い心掛けだよ。御一新になったといって、士分の者がやたらに幅を利かしているんでは、何が新政だね？　武士は、敵味方とも、よい加減に退場してよいのだろうが」

官を退き「氷川の隠居」となったのちの海舟の、日常の生活と意見と心映えはざっと右のようなものであったであろう。そう考えながら読んでいると、現実の勝っつぁんが切りそうな、「野暮は嫌だね」につきるこの科白は、まことによく出来ていて、気がすうーとするほどあっぱれである。

とにかく新時代となって、民心が変わる以上に、政治情況は猛スピード、かつ急角度に変わっていった。西南戦争の真っ最中の五月二十六日に、木戸孝允が「西郷、もういい加減にせんか」の一語を最後に病死した。享年四十五。その翌十一年の五月十四日には、天才政治家の大久保利通が刺客の手によって殺害される。享年四十九。海舟の存じよりの維新をリードした人はたちまちに姿を消した。そして、それとまるで無関係であるかのように、かれらの後継者、というよりも模倣者である伊藤博文と山縣有朋が中心となって、薩長藩閥による国家体制は諸事整然ととのえられ、フル回転で日本を動かしていく。

恐らくは、それを横目で眺めながら、海舟は「寝ころんで何もしないでおる」毎日を送り迎えしていたに相違ない。実に十数年も。そうとしか書きようがない。それに健康も年々損なわれだしている。それでも、ときには皮肉をまじえた意見書を提出したり……。いや、真っ向から政府批判の大鉈をふり下ろすこともあった。寝ころんで世の中の動きを見ていると、その恰好《なり》だけ厳めしく固めたカラクリなどがいっそうよく見えるものか。

いろいろとあるなかでも、明治二十年（一八八七）五月、いわゆる鹿鳴館の乱痴気騒ぎにからんで、海舟の政府に下ろした鉄槌は特記に値いしようか。いまさら書くまでもあるまいが、安政五年に幕府が諸外国と結んだ国辱的な通商条約を改正することは、明治政府の悲願といってもよかったのである。そのために笑うに笑えぬ努力が重ねられてきた。欧米諸国が改正に応じないのは、日本を野蛮国視しているからであるとして、媚態外交とそしられようとも欧化政策をとらねばならない。政府は「これも条約改正のため、お国のためである」と、万事欧風でいこうと、すべてを真似ることにしたのである。その最大の象徴が鹿鳴館の大ダンス・パーティであった。

海舟はその国のトップのあまりといえばあまりの狂態に、「廿箇条の建白書」を、長い間の沈黙を破って突きつけたのである。中身はまことにもっともで、文句のいいようのない堂々たるもの、それについつい笑ってしまうほど皮肉に満ちている。一般にこの建白書を条約改正反対論とされているようであるが、かならずしもそれは当たっていない。その全部を引用したいくらいであるが、そうもいかないので、涙を呑んでごくごく一部を。

「一、……邦家あるいは一家といえども各心中不快を懐き、折り合わずに候えば、富豪の家は貧家と変じ、邦家においては貧国に移り申すべく、経済の要、一国不快ならざること最も第一の注意すべき緊要の点に御座候こと」

ときの伊藤博文内閣は、条約改正問題をめぐって、農商務相谷干城が秘密外交を攻撃して、ゴタゴタつづきである。それを政治の要諦はまず和にあると海舟は批判する。国内が和でまとまっていれば、何をやるにしても金もかからずうまくいくが、不和なれば金をやたら空費することになり、国は貧しくなり、その煽りをくって賦課が増加して国民ひとしく困窮する。「経済の要、一国不快ならざること」にある。

「一、邦家の政権近来にては旧薩長両藩人にあらざれば掌握しがたきがごとく、衆人相心得、他は絶念の恨に候。何人にてもよろしく候えども、右様の人情にては、両藩人おのずから政権を争い候形勢におちいり申すべく候間、おのおの少しも御隔意御心中にこれなき様、ますます御協和あいなられたく候こと」

つぎに頭ごなしに、藩閥の横暴を戒める。藩閥政治の弊害は不和を増長して、平地に波瀾を巻き起こしている。しかも伊藤（長州）と黒田清隆（薩摩）の確執が、不和をより大きくしている。そう厳しくやった上で、いよいよ鹿鳴館の馬鹿騒ぎに矛先を向ける。

「一、近来、高官の方がさしたる事もこれなきに、宴会夜会などにて太平無事、奢侈の風に御流れ候やに相見え候。何とか御工風、隠便の御宴会になされたく候こと」お前たち、いったい何をやっとるのかッ、という叱咤である。

そして肝腎のところをビシッと言う。

「……総ての御改良、はなはだ恐懼ながら御規模遠大ならず、目前の成効を急ぎなされ候ゆえ、小事に汲々として、また成就せる前、すでに財用の欠乏し、半途にして止み候ことのみ多く、財宝は海外に出て返らず、年々窮乏を告げ、ついに何事も好結果を見ざるよう成行き申すべしと存じ候こと」

はたして伊藤や黒田がこれを読んで胸にこつんとくるものがあり、自分たちの政策を見直そうという気になったであろうか。残念ながら無効であったと言うほかはない。とくに勝嫌いの伊藤は聴く耳なんかてんでもたない。予定の針路を直進するだけ。結果は、七月に谷農商務相が伊藤と正面衝突して辞職する。この事態に自由民権派は勢いづき、愛国有志同盟会が政府打倒の旗あげを行った。国内の不和はとどまるところがなくなった。形勢悪化とともに二歩も三歩も後退、ついに七月末には伊藤は条約改正交渉を全面的に中止する。伊藤藩閥内閣の命脈も、風前の燭《ともしび》のようにゆらいだ。勝っつぁんの予見が大当たりである。

少しのちのことになるけれども、海舟の伊藤博文批評の談話を。

「政治家の秘訣は、ほかに何もない。ただただ正心誠意の四字ばかりだ。〔……〕伊藤さんは僅か四千万や、五千万足らずの人心を収攬することも出来ないのはもちろん、いつも列国のために恥辱を受けて、独立国の体面をさえ全うすることが出来ないとは、いかにも歯痒いではないか。ツマリ伊藤さんはこの秘訣を知らないんだよ」(「国民新聞」明治二十九年五月二十八日)

## ●「その軍さらに名なし」

「氷川の隠居」として海舟がもっとも真面目を発揮したのは、日清戦争にたいするかれの論評であった。しかもその日清戦争観たるや、当時の一般的な主流となる考え方からは孤立していたばかりではなく、唯一独特の非戦論というべきものであったのである。なるほど、なお条約改正論をめぐって、政党の抵抗にアップアップしている伊藤第二次内閣にとっては、国内の政治危機を何とかそらすためにも、朝鮮の東学党の反乱という対外危機が、渡りに舟で絶好の機会となったのであろう。また軍の最高統率者の山県も平生の強気もどこへやら慎重の上に慎重で、ぐずぐずしているところを「オヤジ、兵を解せず!」と下から突き上げられていた。そして戦争開始となったその数日後に、明治天皇が語ったという言葉も残されている。

「こんどの戦争は〝朕の戦争〟ではなく〝大臣の戦争〟である」

ではあるけれども、軍部はいきり立っていたし、世論は対外強硬論で一本化して「煮えきらぬ内閣打倒」でまとまっていたのである。福澤諭吉は進歩を妨げんとする清国との戦いは、「文明と野蛮の戦争なり」と肯定したし、内村鑑三も福澤同様の見方から、「われらにとっては義戦である」と唱えている。開戦にもちこむ手順が少々無理勝手であろうとも、挙国一致して戦争に勝ち抜こうという国民感情は、もう止まらなくなっていた。

そのときに海舟は……、『氷川清話』にそれこそ山ほども戦争反対論が載っている。長すぎる引用となるが、その一つを。

「日清戦争はおれは大反対だったよ。なぜかって、兄弟喧嘩だもの犬も喰わないじゃないか。たとえ日本が勝ってもドーなる。支那はやはりスフィンクスとして外国の奴らが分からぬに限る。支那の実力が分かったら最後、欧米からドシドシ押し掛けて来る。ツマリ欧米人が分からないうちに、日本は支那と組んで商業なり工業なり鉄道なりやるに限るよ。一体支那五億の民衆は日本にとっては最大の顧客サ。また支那は昔時から日本の師ではないか。それで東洋の事は東洋でやるに限るよ。

おれなどは維新前から日清韓三国合縱の策を主唱して、支那朝鮮の海軍は日本で引受くる事を計画したものサ。今日になって兄弟喧嘩をして、支那の内輪をサラケ出して、欧米の乗ずるところとなるくらいのものサ」

ここにある「維新前から」というのは、すでにふれておいたことながら、文久二年

（一八六二）軍艦奉行に登用されたとき、海舟が将軍に建白した文書のことをいう。その建白書で海舟は、海防の概念を拡張して、海軍営所（のちの鎮守府）を兵庫（神戸）と対馬におく、とともに、「その一を朝鮮に置き、ついには支那に及ぼし、三国合縦連衡して西洋諸国に抗すべし」と提言しているのである。そのことを指している。つまり勝の基本のアジア政略観にもとづく考え方であった。国防の基礎を三国の海軍力の強化に置いて、共同して西欧列強の侵略に備えようというのである。この海舟案は元治元年（一八六四）に軍艦奉行を罷免されたときに雲散霧消する。代わりに登場したのが、ご存じ小栗忠順、栗本鋤雲たちが代表するフランス提携論である。余談ながら、小栗や栗本のフランス派の周辺には福澤諭吉がいたのである。

また、『氷川清話』には、このあと「コウいう詩を作った」と語り、その漢詩が載っている。こんどの戦争には正義の名分がないというのである。読み下してしまうと、

「隣国兵を交えるの日　その軍さらに名なし　憐むべし鶏林の肉　割きてもって魯英に与う」

鶏林が戦場となった朝鮮半島のことであり、魯がロシア、英がイギリスであることは書くまでもない。

この談話でもわかるように、海舟の反対論の根本には、またしても江戸城内での抗戦か恭順かをめぐっての、かつての日の幕閣内の大論戦がある。フランスから莫大な金を

借りて武力を整え西軍に当たる。そんな東西両軍に分かれての兄弟喧嘩をして、いったいあとに何が残る？　それである。維新のさいに国内代理戦争にうつつをぬかさなかったから、わが日本国はいま外国からの多大な借金もなく、まがりなりにも国家建設の道を着実に歩んでこられたのである。ところが、西欧列強に乗じられそうな兄弟喧嘩をおっぱじめるならば、政府は否が応でも外債に頼らざるをえなくなるではないか。

勝っつぁんは海軍伝習所のときいらい、軍事を考えるにさいしてはつねに財政を基礎においているのである。歴史探偵を自称するわたくしは、突然ここで、加藤友三郎の言葉が思い出されてきた。大正十年暮れ、ワシントン海軍軍縮条約の五・五・三の比率受諾を決意した全権の加藤は、海軍省あての伝言を口述した。その名文句である。

「国防は軍人の専有物にあらず。戦争もまた軍人にてなし得べきものにあらず。国家総動員してこれにあたらざれば目的を達しがたし。……平たくいえば、金がなければ戦争はできぬということなり」

なんと先見の明のある加藤かと、わたくしはことあるたびに賞賛してきたが、何のことはない、加藤は海舟の遺訓を拳々服膺したものであったのか。

ともあれ、「自前の金がなければ戦争はやらぬ」の勝っつぁんの主張が、日清戦争のときにも大いに発揮されたものとみえる。海舟にあっては、日清韓三国提携論が幕末からずっと繋がってきている以上に、その外債反対論もまた一貫していたのである。その意味では勝っつぁんはこの一筋を押し通して、ずっと不動の海舟のままであった。幕末のあの危機において、壊すことより纏めることを自分の生き方とした海舟は、隠居になったあとでも壊すことに我慢がならなかったのであろう。

「毎日新聞」明治二十八年一月十七日付けで、海舟が気焔をあげている。

「オレの国を愛する眼中には官吏も大臣もない。先日も、戦争の始末を聞きに来た者がある。聞けば近頃は〔戦場で〕日々百人も死ぬそうだ。罪なき者を殺して、知りもせぬ後の始末を人にきく。それだから腹も立つのだ。今より月余もたたば種々の苦情も始まるべし。その時こそ国人の大いに気を励ます時だ」

勝った勝ったで国中が沸いているとき、この不機嫌さである。政府筋の人間が何やら収拾策の知恵を借りにきたのでもあろうが、海舟はプンプンしている。こっちの都合だけで戦争をはじめた連中に、さぞや我慢がならなかったものとみえる。

同年の二月に詠んだ海舟の詩は、またしてもこの戦争に正義の名目のないことを強く訴え、政治・軍事の当局が戦後の列強がどう出てくるかについての、戦略のまったくないことを憂えている。

「再び出師の非なるを云えば　要路は亦も懼ばず　病臥す数閲月　果たして知る籌策なきを」

海舟は前年末から年明けにかけて、体調を崩して病床にあったのである。一月の十日を過ぎたころには大眩暈を起こして、危うく中風になるところであったという。

## ●「みんな中国のものになる」

日清韓三国合縦論に関連して、余談ではあるが、中国と朝鮮の人々ならびに文化にたいする海舟の見方についてふれておくことにする。引用はすべて『氷川清話』である。

「支那は、ドイツやロシアに苦しめられて、早晩滅亡するなどというものがあるけれど、そんな事は決してない。膠州湾や、三沙澳ぐらいの所は、おれの庭の隅にある掃溜ほどにも思っていないだろう。全体、支那を日本と同じように見るのが大違いだ。日本は立派な国だけれども、支那は国家ではない。あれはただ人民の社会だ。政府などはどうなっても構わない、自分さえ利益を得れば、それで支那人は満足するのだ。清朝の祖宗は井戸掘をしていたのだが、そんな賤しいものの子孫を上に戴いて平気でいるのを見ても、支那人が治者の何者たるに頓着せぬことがわかる。それだからドイツ人が愛新覚羅氏にとって代わって政権を握ろうが、ロシア人が来て政治を施そうが、支那の社会には少しも影響を及ぼさない。ドイツが膠州湾を占領したり、英国が三沙澳に拠ったりすれば、支那人の方では堅固な門番を雇い入れたと思って、かえって喜んでいるかも知れないヨ」

実に不敵な見方ながら、みごとにツボをおさえているようでもある。最近も、日本企業の中国への大々的進出にたいして、「大歓迎ですな。十年もたてばみんな中国のものになりますからな」と、ニコニコしていう中国知識人に出会って、いくらかは「この野郎メ」と思ったことであった。

「朝鮮といえば、半亡国だとか、貧弱国だとか軽蔑するけれども、おれは朝鮮もすでに蘇生の時機が来ていると思うのだ。……しかし朝鮮を馬鹿にするのも、ただ近来の事だヨ。昔は、日本文明の種子は、皆朝鮮から輸入したのだからノー。特に土木事業などは、ことごとく朝鮮人に教わったのだ。何時か山梨県のある処から、石橋の記を作ってくれ、と頼まれたことがあったが、その由来記の中に『白衣の神人来りて云々』という句があった。白衣で、そして髯があるなら、疑いもなく朝鮮人だろうヨ」

この朝鮮観からすれば、その地を戦場にして覇権を争うなんて許すべからざることに見えたであろうし、ましてや戦勝後の、日本の朝鮮にたいする内政干渉政策なんてとんでもないことと、テンから認めなかったのもいわば当然のことと理解することができようか。

ところで、こうした勝っつぁんの怪気焰を読んでいると、あれから百十年近くもたっているのに、いまの日本人の中国観や朝鮮観はさっぱり進歩していないなと、談話が気楽そうなのでかえって悲しく思われてくる。歴史はどんどん回帰していくものなのであろうか。中国敵視、韓国蔑視の、まるでかつての尊皇攘夷運動みたいな妙ちくりんな言説を、新聞や雑誌で読まされると、黄泉から勝っつぁんを呼び戻して意見を聞きたくなってくる。

## ●「自惚れを云うものでないよ」

海舟は病床でプンプン当たり散らしていたが、日清戦争は、〝眠れる獅子〟を撃破し、新興国家日本のかがやく勝利に終わった。講和会議は明治二十八年四月十七日、下関の春帆楼において調印の運びとなる。が、喜びもまだ全身に駆けめぐらない六日後の、二十三日にロシア・フランス・ドイツの三国が日本政府にたいし、清国から割譲せしめた遼東半島の放棄を強要してきた。この三国干渉の背後には、三国東洋艦隊の集結という無言の恫喝がある。戦争のための損傷はなはだしく、国力も戦力も費消して、無力にひとしくなっている日本政府は震撼した。論議は交錯したが、ほかに手立てはない。五月四日、外相陸奥宗光が回答を三国に送る。

「日本政府は三国の友誼ある忠告に基き、遼東半島の永久所領を放棄することを約す」

その結果は、死にかけた象にむらがる禿鷹かハイエナのように、〝友誼ある忠告〟をした欧米列強が清国に襲いかかることになるのである。ドイツは膠州湾を占領し、その租借権と鉄道敷設権などをえた。ロシアは旅順・大連を、フランスは広州湾を、イギリスは香港と九龍半島を租借した。遅れじとアメリカも中国の門戸開放を列国に要求する。

戦勝に浮かれていた日本国民は茫然とし、「三国の好意、必ず酬いざるべからず。わが帝国国民は決して忘恩の民ならざればなり」と皮肉な言葉のうちに怒りを燃やした。そして最初の驚愕と沈痛から立ち直ったとき、伊藤のいう「大砲と軍艦に相談する」決意を固め、ひたすら忍耐することにし、臥薪嘗胆を合言葉にする。

さて、勝っつぁんである。日本の政府が涙を押し隠して、やっと悲壮な決定をしたころ、毎日新聞にこんな記事が載っている。

「客あり、先生を訪い、談たまたま講和の事に及ぶ。先生曰く、近頃この件に関し訪い来る人多く、その煩に堪えず、ゆえにこの発句をもって皆打ち払えり。君もこの発句にて帰られよ、とて左の発句を示されたりとぞ。（前書きに、黒田総理大臣に示す、とあって）

欲張りて、纏頭《はな》失ふな勝角力」

どうやら海舟は戦勝後の三国干渉を予感していたようにみえる。

また、『鉄舟随感録』に載っている「海舟評論」には、戦争勝利に喜ぶ日本人にたいして、いかにも勝っつぁんらしいまことに辛辣な批評を加えている。

「近頃日本が支那との戦争に勝ったなどとて、天狗になりたがるが本統に勝ったのかい。そんな上面の皮だけ剝ぎ得たとて、自惚を云うものではないよ。この訳の分からぬ馬鹿風というのが、支那人の特色の存する所だ。我れの最も恐るべき所だ。支那は一省や二省外国が来て取った所が、個人たる支那人には少しも障りはない。否、彼らは反って、善い留守番でも雇った気になっているだろうよ。それも遠大なる経済の点に至ると、彼の最も長じたところだからナー」

一省や二省を取られたからとてビクともせず、むしろ外国との交易によって経済が活発になっていい、というぐらいに考えているよ、という海舟の言葉を、それから三十年後の日中戦争時の日本の政軍関係の指導者に聞かしてやりたくなる。勝った勝ったで戦火を拡大していき、ニッチモサッチモゆかないどろ沼に入った当時のことを思うと、日本の指導者どもはひとり残らず中国の本質を知らぬ夢想家であったのか。下世話な言い方ながら、勝っつぁんの爪の垢でも煎じて呑ませてやればよかったと思う。ちなみに『鉄舟随感録』が復刻・再刊されたのは昭和十七年のこと、まさしく十日の菊であったのであるが。

それよりも、『海舟座談』にあるつぎの問答は特筆に値いするのではあるまいか。

「△外債を募る事を奸とは、いかなるわけですか。

どうしてこれを返還せんとするぞ。支那の如きは、国体国情別異なり。李鴻章が外債募集の案、不可なし。我が国の国体と国情とはこれと異なる。他日もし返還すること能わざるときは、皇祖皇宗の宝土をも割かんとするか。天子みずから外債を募集して蒼生の迷惑を増さじと仰せ出さるるに及べば、感泣して、やむを得ず、従奉するのみ。なんぞ補佐の臣、みずから言上して、かくの如き建策を奉るべきぞ」

いや、『氷川清話』の話のほうがいいか。幕末、風雲急をつげたとき、ロシア、フランスなどがしきりに金を貸してやるからと、幕府に詰めよってくるよ、としてつぎのように語る。以下、長文であるが引用する。

「俺もそのとき、戦争はしたし、金はないし、力は弱いし、実に途方に暮れてしまって、この難局を処置するよりは、むしろ打死でもする方がいくら易いか知れないと思ったくらいであったけれど、しかしながら一時凌ぎに外国から金を借りるということは、たとえ死んでもやるまいと決心した。／というのは、まあ嫌なのと、不面目なのとは、耐えるとしたところで、借金のために、抵当を外国人に取られるのが、実に堪らない。よしまたそれをも耐えるにしたところで、借金を返す見込みがないから仕方がない。これが一家や、一個人のことなら、どうなってもたいしたことはないが、なにしろ一国のことだから、もし一歩誤れば、何千万人というものが、子々孫々までも大変なことになってしまうのだ。それでおれが局に立っている間は、手の届く限りはどこまでも借金政略を拒み通した。……／今日の日本は、支那や朝鮮とは、もとより少し場合が違うけれど、やはり金にはいよいよ切迫して来る。しかも軍備はどしどしやらなければならないので、遂に外国へまで借銭をするようになったが、おれはこれを三十年も前からちゃんと見ておって、当路の人達にはかねて注意しておいたよ。……」

一概に、歴史に学ぶ、と言うけれども、置かれた条件も直面した状況も違うから、ロで言うほど簡単なことではない。しかし、わが勝っつぁんは、実際に自分の決断と責任において疾風怒濤をくぐり抜けて、つくり上げてきた歴史ゆえに、そこから真に学ぶことができたのである。そこが強みであるから、言葉には重みがある。海舟の日清戦争反対論とは、くり返すが外債反対論であった。そのことがやがては国民を塗炭の苦しみに追いやると判断しているからである。それはまさしく終始一貫した海舟の信念なのである。口舌の徒ではないのである。その意味からは、勝っつぁんはあくまでも〝二言なき武士〟であったと考えたほうがいい。

もう一つ、日清戦争後の日本について、明治二十八年十二月六日の国民新聞に載った海舟の談話を引いておく。

「今日は、実に上下一致して、東洋の逆運を切り抜けんかと肝胆を砕かねばならぬ時で、国家問題とは、実にこの事だ。今頃世間で国家問題といっているのはみな嘘だ。あれはみな、私の問題だ。幕府の末に、いろいろ当局者の頭を痛めたのも、畢竟、この国家問題のためだ。あの頃もずいぶんやかましかったが、三十年後の今日も、やはり昔の通りだ。おれは国家問題のためには、群議を斥けてしまって、徳川氏三百年の幕府ですら棒に振って顧みなかった。おれの生き残ったのも、徳川氏が七十万石の大名になったのも、今から考えると、まるで一場の夢サ」

勝っつぁんの言いたいことは、いつの時代、どんな局面であろうとも、責任あるものは、「私」を捨てて「公」のために事を成せ、ということにつきるようである。
引用ばかりで恐縮な上に、蛇足になるかもしれないがもう一つ、最晩年の勝っつぁんの快気焔を最後に挙げることにする。『黙々静観』の一節である。
「一個人の百年は、ちょうど国家の一年位に当るものだ。それ故に、個人の短い了見を以て、余り国家の事を急き立てるのはよくないよ。徳川幕府でも、もうとても駄目だと諦めてから、まだ十年も続いたではないか。
時に古今の差なく、国に東西の別はない。観じ来れば、人間は始終同じ事を繰り返しているばかりだ。生麦、東禅寺、御殿山。これ等の事件は、皆維新前の蛮風だというけれども、明治の代になっても、矢張り、湖南事件や、馬関事件や、京城事変があったではないか。今から古を見るのと、少しも変りはないさ。
此頃、元勲とか何とか、自分でえらがる人達に、こういう歌を詠んで遣ったよ。
　時ぞとて咲きいでそめしかへり咲
　　咲くと見しまにはやも散なん
あれ等に分るか知らん。自分で豪傑がるのは、実に見られないよ。おれ等はもう年が寄った。
　たをやめの玉手さしかへ一夜ねん
　　夢の中なる夢を見んとて」

# 第十章

# 「文学は大嫌いだよ」

## ●「文学が大嫌いだ」

若くしては剣術遣いにして、蘭学の学徒、長じては日本海軍創設の先達、希代の政治家として、つねに時代の尖端をきって活躍しているときには、もちろん風流韻事なんかにうつつをぬかすべくもなかったであろう。が、晩年の氷川時代になると、悠々閑々、まことに楽しそうに勝っつぁんは、和歌や俳句や漢詩を詠んでは、心を白雲の境に遊ばせている。プロローグの向島・三囲神社「雨乞いの歌」の項でもふれたが、隠居の勝っつぁんはそうした詩歌の世界を無限に楽しむ人であった。また、それに託して時勢を批判する人となっている。

『氷川清話』にこんな自慢たらたらの話が載っている。

「……まー、こんな人話〔噂話〕よりおれの発句でもお聞きよ。

　咲や梅枝は天下に十文字

これ古人の未だ言わざるところを喝破したつもりだ。

藪の梅独りきまゝに咲きにけり
傲骨稜々たるところが見どころだ。

いざ老も気力くらべむ雪の梅
世間の人間相手はもう嫌になった。梅と気力比べもまた風流だ。

初夢や恵方にまくら置かへむ
これは、おれのごとき寝坊の生涯だ。

「骨にしむちからよ雪にかほる梅」

と、実際のところ、何とも評しかねる俳句と、一句一句についての自解を開陳して、さらに正直なところをつけ加えている。

「おれは、一体文学が大嫌いだ。詩でも、歌でも、発句でも、ほんのでたらめだ。何一つ修業したことはない。学問とても何もしない。ただあの四、五年間、屏居を命ぜられたお蔭で、少々の学問ができた。源氏物語や、いろいろの和文も、この時に読んだ。漢学も、この時にした」

さらに、別のところで、

「詩は壮年の時に、杉浦梅澤に習い、歌は、松平上総守に習い、書は伯父の男谷にならったこともあるが、手習いなどに、骨を折るばかがあるものか」

などと、いくらか手の内を正直に見せている。つけ加えれば、俳句は其角堂（老鼠堂）永機、夜雪庵金羅といった当時のプロ俳人にときどきは見てもらっていたらしい。
ま、勝っつぁんの風流は、何やら腹のなかに貯まったもやもやを吹き出してしまえば、それで満足の、いかにも江戸っ子の「五月の鯉の吹き流し」的といえばそれにつきるほどのもので、名句をつくろうの人の気を引こうのといったさもしさなんか金輪際ない。アホダラ経みたようなもので、そこがまた読むほうには愉しいということになる。いやいや、なかなかの名句だってある。

新米や玉を炊ぐの思ひあり

唐茄子に一日は饑をいやしけり

小理屈と借金のこる年の暮

出自が本所の小普請組、子供の頃からの貧乏暮らしらしく、天下恐るるものなしの伯爵さまになっても、やっぱり庶民的な味わいをそのままに残している。そこがいい。

車引き車引きつつ過ぎにけり

この句には勝っつぁんの解説がある。
「これは車夫が、車を随分引いたから、なにか商売を代えようと思いつつも、やはり車を引いていて、とうとう転業の機会がなく、それで一生を過ごすところを詠んだのだが、浮世はみなこのとおりだヨ」（『氷川清話』）
季語のない雑の句で、お世辞にもよい出来とは申しかねる。むしろ解説のほうが句を超えてよくわかる。つまり海舟はこの下手な句で、おのれの一生を述懐してみせているのである。俺という人間の生涯は、結局のところ、賊軍となった徳川家の後始末を否応なしに背負い込み、苦労に苦労を重ねることで終始した。まことに損な役回りを引き受けて、奮闘努力をしつづけてきたものよ。しかもその甲斐もなく、ずっと猜疑の眼で見られ、命を狙われ、二股膏薬武士の汚名を着せられ後指を差され、ああ、されども責任上放り出すわけにもいかず、重い車を引きつづけてきたのである、と。

そうと察してあらためて句を読んでみると、この句もまんざら駄句ではない、ように思えてくるから不思議である。

そのいっぽうで、「いまの人がいう俳諧は、みな規模が小さくて、小天地の間に跼蹐しているが、あれはいけない」とご本人のいう豪語を実践するかのように、至極でっかい俳句をいくつも作っている。ホラ吹き勝っつぁんだけのことはあって面白い。

雷は筑波あたりか飛ぶ蛍
雲の峯すぐに向ふは揚子江
崩るるもたつも根はなし雲の峰
鶏を鷲のつかむや雪なだれ
男らしく大喧嘩せよ戊の春

さらにもう一句、明治二十九年の作である。

三国にふみはだかれよ富士の山

ただし、この句には「世上遼東還付につき三国云々といいて憤る者、愁うる者、泣く者あり。我甚だ之を惑う。因りて自ら富士山の図を画き、その上に斯く」と前書きがある。日清戦争後の三国干渉の国難を背景にしたものと知れる。文明批評の趣があり、それだけにますます大きく出たのでもあろうか。

専門の俳人からすれば、どれもこれもいくらか口から出まかせのままに、ろくに推敲もされていない駄句ともみえようか。川柳とみなしたほうがよい作もある。でも、そこはそれ、一句一句に勝っつぁんらしい味わいもあり、これはこれで結構なものとわたくしなんかには思われる。その上に、勝っつぁんはなかなかの鑑賞眼の持ち主であった、と判定する。芭蕉を評して「その句を味わって見るのに、みな禅味を帯びていて、その人品の高雅なところが想像せられる」なんて堂々とやっている。そのうえで、芭蕉の「稲妻の行先見たり不破の関」に張り合って、負けるものかと一句つくっている。

稲妻やまたたくひまの人一世

残念ながら、この句は芭蕉にとうてい及ぶものではなく、理屈にすぎる。ただし、この理屈っぽさが、まさしく勝海舟の俳句になっている。

## ●蚊族となりて血を吸う

海舟をよく知り、応援団的な立場を終始一貫してとりつづけた徳富蘇峰が、勝っつぁんの詩について書いている。

「海舟の詩は、卒意の作多く、字句洗練を欠き、格調整わざるもあるが、時事を詠じ、感懐を述べた諸作の中には、自ら其性格を知るに足るものがある」（『勝海舟伝』）

これはもっぱら漢詩についての蘇峰の感想であろうが、あに漢詩のみならんや、というところがある。俳句でも和歌でもまことに「卒意の作多く」であり、推敲の手の加えられないままに発表となったものがほとんどではないか。

これを、歯に衣を着せぬ永遠の批評家（いや、不平家）の観点からすると、その褒められない詩歌群もなかなかのものに見えてくる。俳句が川柳的であるように、いくらかは和歌は狂歌的という傾きはあるけれども、わずか十七文字あるいは三十一文字のなかに籠められる勝っつぁんの想いなり批評眼は、相当に鋭いものがあるのである。そしてその反面、どれもこれも勝っつぁんならではの闊達さ、痛快さを兼ね備えている。

まずは東京は隅田川を詠んだ歌。

　　つねにだも住ままくほしき墨田川
　　　わが故郷となりにけるかな

前書きには「江戸を追われて静岡に赴きし時」とある。敗軍の将の都落ちの図である。そのときはひとたび去れば、もはや二度と江戸に戻ってはこられないと辛い覚悟をきめていたものであろうか。それとも漢詩の李白「静夜思」のなかの有名な詩句「頭を挙げて山月を望み／頭を低れて故郷を思う」の心境を表したものか。もう一つ。

隅田川にごりてくだる水の面に
清くもうつる花のかげかな

これまた劉希夷の有名すぎる詩句「年々歳々　花相似たり／歳々年々　人同じからず」と同じ心の抒情でもあろうか。

つづいて、城山に死んだ西郷隆盛を悼んだ挽歌。

濡れぎぬをほさんともせず子供らの
なすがままに果てし君かな

私学校の生徒たちが新政府を敵として蜂起したと知らされたとき、「しもうた！」と怒気をふくんで西郷は舌打ちしたという。彼には決起の意志などはなかったのであろう。しかし、子供とも思って育てた若者たちに担がれるがままに、一身を与えることをあっさりと諾《うべ》なったのである。そこに西郷の真骨頂がある。その男らしい心根が海舟にはよくわかり、友にたいして満腔の想いを寄せて、ただただ「なすがままに」と歌うのである。西郷が国賊となっていることを知らないふりをして。

明治二十二年二月、明治憲法が発布されたとき、その西郷の賊名は恩赦で除かれた。それから九年ほどたった三十一年十二月十八日、こんどは目出たくも上野の山に西郷の銅像が建てられた。そのときの勝の歌もいい。

　せめつづみ御旗なびかしたけびしも
　　昔は夢のあとふりにける

　犬を連れて立つ西郷の姿に、ごく自然に江戸城総攻めのときのことが思い出されてきたのであろう。笛や太鼓、旗がなびく騒々しさのなかでの、薩摩屋敷での談判をしみじみとなつかしむ。そのとき、二人だけが知るもののふの心の交歓があったのである。それもはるか昔のことになったことよ。すべては夢のまた夢として、歴史のかなたに古びてしまったことよ、と西郷どんに呼びかけている。

　その憲法発布のときの歌。これで国の大方針の定まったことを、

　ゆたかなる心をあやにおり出し
　　国のおきては世々に伝へむ

と、海舟は寿いでいる。が、憲法発布による立憲君主国家が動き出し、第一回総選挙そして最初の国会が明治二十三年十一月二十五日に開会されると、例によって勝の冷やかな目がそこに注がれることになる。「第一期議会の開かれたれど、世人の期待せし所はあはざるもの多きを見てよめる」と前書きのある歌四首がそれである。うち二首を。

　撰み出しすぐれをのこ等行末は
　　たのみある世となしやしぬらむ

あげつらふことわりあれど世の中は

そをだに待たで下り行くかな

選良が集まっていろいろとやっていくようであるが、どうもこの国の行く末は不安だらけである。「下り行くかな」と観ずるほかはない。俳句でも「帝国議会の紛擾を聞きて」と前書きして一句。

瘦犬のよりてほゆるや朧月

そんな国政のだらしない状況をみて、世の人々は日本の明日をみんなして憂えている。そこで、「世人の失望を慰藉して」詠んだ歌二首を。

その中に玉もやあらむ砕け行く

瓦のみぞと我はおもはじ

移りゆく駒の足掻きのはやければ

あぶみふみはり手綱ゆるめな

内政・外交でごたごたがつづいて、首相は伊藤博文、黒田清隆、山縣有朋、松方正義と変わり、二十五年八月、第二次伊藤内閣が誕生する。海舟はそれにすこぶる冷やかな感想を述べている。

「全体、今の大臣らは、維新の風雲に養成せられたなどと大きなことをいうけれども、実際剣光砲火の下をくぐって、死生の間に出入して心胆を練り上げた人は少ない。だから、一国の危機に処して惑わず、外交の難局に当って恐れない、というほどの大人物がないのだ。先輩のしり馬に乗って、そして先輩も及ばないほどの富貴栄華を極めて、独りで天狗になるとは恐れいったしだいだ。先輩が命がけで成就した仕事を譲り受けて、やれ伯爵だとか侯爵だとかいうようなことではしかたがない」（『氷川清話』）

ところが夫子自身も明治二十年五月に伯爵を授けられている。下手な歌も詠んでいるが、ここでは一緒に子爵になった山岡鉄舟の歌をご紹介する。自嘲の気分がまことによく出ている。

食て寝て働きもせぬ御褒美は
　蚊族となりて亦血をも吸ふ

蚊族は華族であり、みずからの華族の仲間入りをあざ笑っての言葉である。いってしまえば、賊軍の大将から一転し伯爵や子爵になり、民の血と汗とを黙って頂戴しているといった歴史の推移が、勝っつぁんと鉄舟にも奇妙でならなかったものとみえる。

そして二十七年、日清戦争の開戦に海舟は反対であったことはすでに書いた。そのときに詠まれている歌にも、「朝鮮の不穏を聞て、民の疾苦をおもふ」の前書きどおりに、なぜ戦さをするのかの心の痛みが吐露されている。

我屍くさはむすともいたづらに
　しもとの下にあに死なめやも

あはれいかにしもとのもとに民くさの
涙にかへて血をそそぐらむ
諸人の涙つきなばもろびとの
くにの大臣の血をやすすらむ

「しもと」とは書くまでもなく「笞」のことである。言い換えれば、国家の命令である。まさしく反戦歌。威勢のいい「日本核武装論」の大声が巷に聞こえる昨今、勝っつぁんではないけれど、大臣や知識人たちが血を流すことをまず先にしてもらいたい心境である。

さて、日清戦争の終わった翌年の二十九年夏に日本列島を自然の猛威が襲った。とくに北関東一帯の被害がひどかった。その影響がもろにでて、渡良瀬川流域の民衆を長年にわたって苦しめていた足尾の鉱毒問題が表面化することになる。さっそく勝っつぁんは「鉱毒のさわぎをききて」と前書きして一首を詠んでいる。

かきにごしかきにごしなば真清水の
末くむ人のいかに憂からむ

海舟のまず民衆のためを思う気持は変わらず、したがって政府批判はとどまるところがない。

ところで、翌三十年ともなると、海舟も七十五歳の齢を数える。さすがに懐旧の情がしきりなのか、境涯の歌をも詠むようになっている。

白髪首斬るものもなくなりにけり
　老いてはことにあぢきなき身は

わたくしもその年齢にかぎりなく近づきつつあって、往年の数倍の努力を注いでものした著作が新聞や雑誌の書評にもはやとりあげられることもなく、まこと万事にあじけない思いを味わっているから、この境地はよくわかる。

しかし、わたくしのような駑馬と違って、そこは勝っつぁんである。折から、ときの松方正義「挙国一致」内閣は、進歩党につづく自由党の離脱、帝政ロシアの脅威の増大、ならびに倒閣のゆさぶりでガタガタとなっている。維新このかた長くつづいてきた薩長藩閥による専制体制は完全に崩壊してしまう。となって、さながら最後の侠気をかきおこすかのように、勝っつぁんの皮肉の舌鋒は俄然鋭さをましてくる。

ふる衣やぶれながらもかさねきむ
　烈しき北の風すさむなり

「藩閥の末路と云へる心をよみて」と前書きして、

長門人薩摩隼人のこの頃や
　わが末の代にかはらざりけり

何のことはない、これという人材もなく、いまの政府のオタオタゴタゴタは昔の徳川幕府末期のときの有様と同じじゃないか、こんな国を造るつもりで、俺や西郷は頑張ったんじゃなかったよ。そんな想いが噴き出している。

明くる三十一年一月、またまた伊藤博文が首相となる。海舟の感慨は、「伊藤さんはまた出たのう。よせばよいのに、何遍出たからとて同じ事だよ。それにあんな子分を引き入れてどうなるものか」というもので、そして一首。

言はざれど心をひめてしのぶかな

ことしもいかに行末の空

これが俳句となると、空意地を張ってかも知れないが、なおなお威勢がよろしい。いまだ江戸っ子の本分を忘れないで、調子よくやっている。

くだまくはまづ初春の屠蘇の酔

たしかに、くだまくほかのない有為転変の感を自分では抱いていたのであろう。和歌となると、どうも新年にふさわしい作がない。わずかに、

大君の国の御稜威を堕さじと

家をも身をも棄てにしものを

があるけれども、いかにももっともらしくてわたくしの好みではない。こんなのよりも同じ今昔の感なら「癒えじとおもふいたつき〔病い、激痛〕のおこりし時」という前書きのある一首のほうがずっといいか。

いたつきは我身をすてて去りぬめり
　残るいのちぞもの笑ひなる
　西郷も、木戸も、大久保も、大久保一翁も死んだ、山岡鉄舟も逝った、あれもこれも……、残るのは己れひとり。老骨に及んでの、この江戸っ子らしい自嘲が、やっぱり勝っつぁんらしくていい。
「おれなど生来人がわるいから、ちゃんと世間の相場を踏んでいるよ。上がった相場も、いつか下がるときがあるし、下がった相場も、いつかは上がるときがあるものさ。その上がり下がりの時間も、長くて十年はかからないよ。それだから、自分の相場が下落したとみたら、じっとかがんでおれば、しばらくすると、また上がってくるものだ。大奸物大逆人の勝麟太郎も、今では伯爵勝安芳様だからのう。しかし、今はこのとおりいばっていても、また、しばらくすると老いぼれてしまって、つばの一つもはきかけてくれる人もないようになるだろうよ。世間の相場は、まあこんなものさ。その上がり下がり十年間の辛抱ができる人は、すなわち大豪傑だ。おれなども現にその一人だよ。
　おれはずるいやつだろう。横着だろう。しかしそう急いでも仕方がないから、寝ころんで待つが第一さ。西洋人などの辛抱強くて気の長いのには感心するよ」（『氷川清話』）
　権力欲のまったくない人の人生哲学は、いかにも豪傑的で、ずっしりとした重みをもっている。

うれしさも憂も忘れていぬる間は
神の心に通ひもぞする

この翌年、勝っつぁんは七十七歳の生涯を閉じる。辞世の詩句はない。それはそれでまたあっさりとしていい。とは思うものの、若干は江戸っ子らしく律儀に見栄をはったなにがしかが欲しい気がしないでもない。スカッとした感じで「サヨナラ」がなくては勝っつぁんらしくないではないか。そこで前の年の句らしいが、わたくしはつぎの雑の句を勝っつぁんの名残の作とみなすことにしている。

虎となり鼠となりて老いにけり

## ●人生かくのごとし

『氷川清話』で、得々として語られている勝っつぁんのご自慢の一句がある。その意味からしてかなり知られた句ということになろうか。

時鳥不如帰遂に蜀魂

「奈良七重七堂伽藍八重桜」(芭蕉)といったように、洒落て漢字をならべただけの句はほかにも数多くあるが、ほぼ同様のこの句となると、大抵の人には読むことすらできず、いったいぜんたい何のことやらわからないかも知れない。「ほととぎす　ほととぎす　ついに　ほととぎす」と読む。が、読めたところで依然として判じものであろうか。

勝っつぁんがいかなる意をこめて詠んだものか、即座に解しえたとしたら、あなたはかなりな天才、いや鬼才であると申すべきか。

作者みずからの解説がある。

「人生すべてかくのごとしさ。少壮のときには、時流に従うて、政党とか、演説とか、選挙とか、辞職とか、騒ぎたってるが、これは即ち時鳥だ。しかし、これも一時で、天下の事、意の如くならず、已みぬる哉。已みぬるから、寧ろ故山に帰りて田地でも耕すがましだと、不平やら失望やら、これが中年から初老の間で、所謂不如帰だ。しかして彼是するうちに年が寄って、もう蜀魂だ。つまり、十七字の間に、人生を一括したのサ」(『氷川清話』)

ところが、勝っつぁんにこう説明されたって、いっそうの不可解、ということになる。やっぱりただちに納得々々とはまいらない。師匠の俳人・老鼠堂永機ですらちんぷんかんぷんであったらしい。ついには「困った奴だ」と師を師とも思わぬ弟子に、永機師は憫笑してしまわれたという。でも、この件に関するかぎりは、わからないほうが当たり前、と師匠のほうに肩入れしたくなる。そしてどう眺めてみても、夏の季語を三つも重ねてならべただけのカラッ下手、とくさすほかはない。いくらケチョンケチョンにやったって、どこからも文句の出ようがないであろうし……。

と一応は書いた上で、勝っつぁんになり代わって、少しく学のあるところを示し、この句の意味深遠なところを一席申しのべることにする……。

辞書なんかをみれば、梅雨のはじまりのころ「テッペンカケタカ」とか「特許許可局」とか、独特の鳴き声を聞かせる渡り鳥のほととぎすは、「時鳥」「杜鵑」「子規」「不如帰」「郭公」などと書く、と説明されている。たとえば万葉の昔には、「霍公鳥」と書かれたりしているが、この霍公もその音がカッコウと鳴き声からきている文字であるという。「郭公」はまた然りであることは書くまでもない。と、こんな風に、まずほとんどが、鳴き声から字が宛てられたものが多い。

そのなかで「時鳥」はちょっと違っている。すなわち「時節に応じてそれを知らせて鳴く鳥」の意で、早くいえばかつては農民に田植えの時期を知らせる大切な鳥であった。その忙しそうな鳴き声はさあさあ田植えだよと催促するものであったのである。そこから、とくにほととぎすが夏の鳥の代表とされたという。こうして古くから、初音を待って夏季を代表する鳥といえば、ほととぎすと相場がきまった。秋を代表する雨が「時雨＝しぐれ」とするのと同じ伝ということになる。

そこで、「時流に従うて」ごちゃごちゃ口煩《くちうるさ》く偉そうなことを言いつづける少壮年の時代は、すなわち「時鳥」時代というわけになる。

つぎの「不如帰」は鳴き声「不如帰去」（プジョキコ）からきた宛て字で、それに勝っつぁんは、中国の詩人・陶淵明の名言を折り込んでいる。まわりの猟官運動にすっかり嫌気がさし、官を辞して故郷へかえるとき、陶淵明は「帰りなん、いざ故郷へ。田園まさに荒れなんとす」で有名な「帰去来の辞」を残す。心にそまぬ職業を辞して、新たなおのれの道を進まんとする初老期の人間の深い想いを「不如帰」(帰るに如かず＝帰りなん、いざ)に託したのである。

そしておしまいの「蜀魂」である。これにも裏に中国の故事がある。かの戦国時代の蜀の国で、望帝と称した名君がおり、名を杜宇といった。この人は功なり名遂げたのち、水害を治めて功のあった宰相の開明にこれはと見込んで譲位すると、さっさと西山に隠れ住みやがて世を去った。ちょうどその時に、その死を悲しむかのように「子鵑鳥」が高い声で鳴いたらしい。そこから望帝の魂魄はほととぎすに化して天翔けた、という伝説が生まれる。そして、後世の蜀の人びとはほととぎすの鳴くのを耳にすると、きまって望帝のことを偲んで、心から悲しんだという。そこから「蜀魂」というほととぎすを表す言葉ができたのである。この故事をふまえて勝っつぁんはいうのである、人は老骨となって隠遁したあとまさに「蜀魂」と化せれば、まことに目出たいかぎりにあらずやと。

つまりそれが人生というもの、と解すれば、どこか人を食ったところもあって、下手くそな句もいかにも勝っつぁんらしい、ということになろうか。しかも、どう変わろうと所詮はほととぎすなのである。勝麟は勝麟でどう変わりようもない、という達観がその底にある。それにしても、文学には縁なき衆生などとほざきながら、昔の人の何と学のあることよ。いやはや、われ浅学非才、ほとほと草臥《くたび》れ申した。

# 第十一章 「我が行蔵」と「瘦我慢」

## ●虫の好かない奴

まだ尻の青い編集者であったころ、慶応義塾大学元学長の経済学者小泉信三氏のお宅へ担当としてしばしば訪れる機会をもった。広い応接間で、およそ空々漠々たるあさはかな論を吹っかけて、天下の碩学を困惑させ、大笑いされながら、しばし時間のたつのを忘れたものであった。そのへっぽこ論の一つに、勝っつぁんにかんする議論があった。

「先生は、慶応生え抜きの方ですから、当然のことながら、福澤諭吉先生の、例の『瘦我慢の説』をよろしく思われておりますね」

「まあ、それは当然だね。君は東京の下町生まれらしいから、さぞや海舟派のほうなんだろう。僕はどうも勝海舟が好きになれないんでね」

と、頭から否定されては引くに引けない。

「で、先生は、勝っつぁんがなにゆえ嫌いなんでしょうか」

と、余計なことを聞いたばかりに、小泉さんから諄々たる説教を聴かされることになった。第一にこれこれ、第二にかくかく、第三に……と、整理されていることを語るかのように、小泉さんは福澤説を採る理由をあげるのである。残念ながらすべてを忘れてしまっている。ただ、五番目くらいにあげられた理由であったと思うが、それだけは奇妙に覚えている。

「勝海舟という人はだネ、ずいぶんとあとに福澤先生と会ったとき、こう言ったというじゃないか。『君はまだ下宿屋みたいなことをやっているのかい』とね。いいかい、この『下宿屋みたいなこと』というのは、無礼きわまる言い方だ。下宿屋とは、とりも直さず、慶応義塾のことであろう。怪しからんことを言うもんだ。国家の根本を形成する教育を、下宿屋とは何たる言い方なるか」

小泉さんは冗談めかして言うものの、結構ムキになっていると感じられた。福澤諭吉以上に、おのれの生涯の仕事として、ただ一筋に打ち込んできた慶応義塾大学のことを「下宿屋」呼ばわりするとは、断じて許せぬの気魄が、小泉さんの語調にはこめられていた。

「そうなんですけども、海舟はそもそも本所生まれの下町っ子ですからネ、わざわざ厭味たらしく、偽悪的に言う悪い癖があるんじゃないですか。ま、一種の照れといいますか、シャイな気持を誤魔化すための言葉であったと思いますが……」

とか何とか、わたくしは誤魔化すように返答した覚えがあるけれども、小泉さんはついに不愉快そうな面持ちを消し去ることはなかったのである。

さて、『瘦我慢の説』のいちばんの勘どころはあとで少しく書くとするが、そもそもこれを執筆した動機を、福澤の、勝や榎本武揚にたいするごくごく個人的な反感にもとめる説があるそうな。それを聞かされていくらかは、いや、むしろ相当に、正しい見方じゃないかと同感するものがあった。『福翁自伝』をちらっとでものぞいてみれば、その〝反感〟は一目瞭然というものではあるまいか。

福澤はいい気持そうにそれに描いている。咸臨丸によるアメリカ渡航のさいに、船にはからきし弱い男で航海中は寝てばかりいたのに、陸に着くや否やたちまち元気回復してえばり出す、かなり嫌味な人物としての勝っつぁんを。さらに、サンフランシスコ入港のさいの、礼砲を打つか打たぬかの話も面白そうに取り上げている。「もちろん貴様たちにうまく打てるはずはない。もし出来たら、俺の首をやる」と海舟はやらかした。ところが、案に相違して、運用方士官の佐々倉桐太郎の指揮で礼砲を見事に打つことができた。お蔭で「航海中、用も多いことだからしばらくその首は当人に預けておく」と佐々倉に冷やかされ、勝は部下乗組員の嘲笑の的になるお粗末さ。好意的に読んでも、かなり意地悪な底意の感じられる書き方である。

結局の話、福澤にとって、勝という人物は俗にいう虫が好かないやつ、ということになる。その人間の成り立ちを理解してやろうという意欲は、これっぱかりもない。ここまでくると、坊主憎けりゃ袈裟までもの譬えで、海舟のやることなすこと一つ一つが気に障ってならなかったとみるしかない。

しかも、いけないことに火に油をぶっかけるように、海舟のほうも好き放題の言をまきちらかしているのである。たとえば、『海舟座談』や『氷川清話』。これらは正確には『痩我慢の説』執筆より後の著作になるが、そこにある福澤批判、というよりも嘲笑を、ずいぶん前から平気の平左で勝は風発させている。それらが福澤の耳に入っていたことは十二分に想像される。

「諭吉カエ。エー、十年程前に来たきり、来ません。大家になってしまいましたからネ。相場などをして、金をもうけることがすきで、いつでも、そういうことをする男サ」

「あの時は〔維新前後のころ〕、何でも、本所辺にかくれて居ったそうナ。弱い男だからネ。それで、あとから、何んとかかんとか言うのサ。アレに福地〔桜痴〕ネ。ミンナ、後で、何んとか言うのサ」

これではもう何びとだろうも仲裁にはいれない。

そんなわけで、「江戸っ子ってヤツは、心にもないことをついつい言ってしまうもんでしてね」とか何とか、わたくしが試みたせめてもの反論に、小泉さんは、ダメ、聞く耳は持たん、という珍しいほどの依怙地を示すのである。おそらく、小泉さんは、福澤に勝るとも劣らぬほどに、虫の好かない男との思いを、勝にたいして抱いていたのであろう。人間の判断というのは、虫が好く好かぬ、の個人的な思いに基本をおくとき、やたらに頑固になるようである。

## ●福澤諭吉の借金話の顚末

海舟日記をひろい読みしながら、福澤の出てくるところをそれとなく探していたら、明治十一年四月十一日に、ちょっと引っかかるものがあった。

「福澤諭吉、学校の云々内談」

それだけであるけれども、学校といえば慶応義塾のことに違いないし、内談とくれば大抵は借金話というところ。西南戦争後の折からの戦時インフレの煽りでも受けて、慶応義塾も金詰まりにでも陥っていたか、という素朴な疑いである。でも、とっきようもなく探しあぐねていたら、何のことはない、勝部真長氏『勝海舟』下巻にこの話がくわしく書かれていた。いまさら、と思わないでもないが、海舟と福澤とがおよそウマが合わない仲であったことがよく分かる話なので、要領だけでも……。

西南戦争のために薩摩出身の生徒の退学、金禄公債の価格下落でさらに退学者続出、学校経営に困った福澤は、廃校にしようかとまで考えたが、塾生の応援もあり思い止まり、文部卿や大蔵卿にまで援助を求めた。しかし、いずれからも体よくあしらわれ援助は得られない。それで、氷川の邸の敷居をまたぐ決心になったという。

しばらく雑談のあとで、福澤は臆せずに言った。

「僕はいま事業を起こそうとしているのです。そのために資本金は概算で三十余万円を必要といたします。いろいろくわしく計画を政府に説明し、返済の期限をさだめ、大蔵省の官金をもって事業をつづけることが出来れば、僕の素願は達成できます。それはまた、国家の大きな利益になるものです。先生はいかがお考えになりますか」

海舟は椅子に坐って、団扇を手にして、福澤の演説を黙然と聞いていた。そして、ときどき、よろしい、もっともだ、といった風な仕草をみせていた。感心していると端からは眺められたらしい。

やがて福澤の長い自信満々の演説が、最後に「僕はあえて国家のためにこの事業を完成しようと思います」の一語で終わると、「勝冷然として微笑し」て口を開いたという。

「君の説くところの事情は、いちいちきわめてよく了解した。おれが疑問に思うところはないといっていい。けれども、だね、福澤クン、君が赤心から国家のために事業をやるというならばだヨ、どうして君はみずからの資産をすべて吐き出し、そうやってのちなお不足する分を政府から借りうけようとはしないのかね。それが本筋だと、おれはそう思うんだがね」

このグサッと突き刺すような返答に、「流石ノ福澤先生モ閉口無言」をしばらく通していたが、あとはほかの話題をくちにするのみで、ふたたびこの借金話を海舟にしようとはしなかった。

以上、勝部氏が紹介している「近事評論」(明治十二年九月二十三日)のなかの「福澤諭吉先生勝海舟先生の答弁に閉口す」を、わたくしが勝手に今風の文章に直してみた。

なお『福翁自伝』にも書かれているというが、福澤は三田に一万三千数百坪の土地を五百数十円で払い下げをうけて私有地としているのである。海舟がそこまで承知していて、福澤を閉口の極致にまで追い込んだのかどうかは、残念ながらつまびらかではない。のちに福澤は勝に頼んだことを「畢生の失策、懲々いたし候」と知人への手紙でぼやいているという。

## ●「之を忘る可からず」

さて、肝腎の『瘦我慢の説』であるが、前と後の二つに分かれている。前段は、江戸城無血開城にたいするきびしい叱責であり、後段は新政府に仕え爵位を得たことへの非難である。ただし、いまも人気のある「瘦我慢」の言そのものは、もっぱら前段の無抵抗の城明渡しのところに出てくる。つまり福澤センセイはこの腰抜け的「降伏」の糾弾で大いにハッスルしておられる。

それはそうであろう、大君の絶対王政のほかに現状打開の道なし、として、福澤は慶応二年に徳川慶喜に意見具申している。すなわち、

「外国の兵御頼みに相成り、防長二州を御取消し相成り候よう仕り度し」と、すこぶる勇ましい建言なのである。「外国の軍隊を借りても長州藩を取り潰してしまえ」と言うのである。明らかに福澤の構想は幕府を中心に諸藩合議制による日本統一であったのであろう。江戸城無血開城など考えてもみないこと。それはともかく、幕府の実力をよくよく承知している新将軍慶喜は、これには仰天したことであろう。

そういう御仁が筆先に力をこめて書いた『痩我慢の説』なんである。あまりにも有名でくどくど書くまでもないと思えるが、「立国は私なり、公に非るなり」にはじまる、無血開城批判のいちばんの勘どころを、ちょっと長く引用してみたい。

「我日本国に於て今を去ること二十余年、王政維新の事起りて、其際不幸にも此大切なる痩我慢の一大義を害したることあり。即ち徳川家の末路に、家臣の一部分が早く大事の去るを悟り敵に向い会て抵抗を試みず、只管和を講じて自から家を解きたるは、日本の経済に於て一事の利益を成したりと雖も、数百千年養い得たる我日本武士の気風を傷うたるの不利は決して少々ならず。其実は二三の強藩が徳川に敵したるものより外ならず、……」

「自国の衰頽に際し、敵に対して固より勝算なき場合にても、千辛万苦、力のあらん限りを尽し、いよいよ勝敗の極に至りて始めて和を講ずるか若しくは死を決するは立国の公道にして、国民が国に報ずるの義務と称す可きものなり。強弱相対して苟も弱者の地位を保つものは、単に此瘦我慢に依らざるはなし。啻に戦争の勝負のみならず、平生の国交際に於ても瘦我慢の一義は決して之を忘る可からず」

一言でいえば、私情に殉じて、たとえ相手がいかなる多勢にして強敵であろうと、国を立てるために瘦我慢をはりとおし、断固として抵抗し戦うところに、古来からの日本人の気風がある、というわけである。それなのに、官軍といったところで一、二の雄藩にすぎない敵に、一片の堪え性もなく幕府軍の総大将が、少々ばかりの利益を重んじて、ただひたすらに和を講じ、へなへなとなって哀れみを乞うとは何たることか。

十一歳年下の俊才に叱られて、さすがに勝っつぁんも閉口頓首したらしい。返事を催促されて簡潔な返事をしたためた。

「従古当路者古今一世之人物にあらざれば、衆賢の批評に当る者あらず。不計も拙老先年の行為に於て、御議論数百言御指摘、実に慙愧に不堪、御深志忝存候」

いつもの伝で、へそ曲がりを発揮することもなく、「衆賢」の一人の福澤の批評をいただき、実に「慙愧」に堪えない、とかなり正直に書いている。しかしながら、そしてその後に、これまた有名な一行、江戸っ子らしい粋な啖呵を付け加える。

「行蔵は我に存す、毀誉は他人の主張、我に与からず我に関せずと存候」

当路の政治家として自分の行ったことに余計な弁解はしない。そんなことをしても何にもならない。勝っつぁんはまことに潔いのである。

また勝っつぁんがその心境をあっさりと洩らした談話もある。

「福澤がこの頃、痩我慢の説というのを書いて、おれや榎本など、維新の時の進退に就いて攻撃したのを送って来たよ。ソコで『批評は人の自由、行蔵は我に存す』云々の返書を出して、公表されても差支えない事を言ってやったまでサ。／福澤は学者だからネ。おれなどの通る道と道が違うよ。つまり『徳川幕府あるを知って日本あるを知らざるの徒は、まさにその如くなるべし。唯百年の日本を憂うるの士は、まさにかくの如くならざるべからず』サ」

つまり『痩我慢の説』についての海舟の感想はそれだけである。幕府のためだけを主として考えるべきか、日本全体を主とすべきか、論争でカタのつく話じゃあるめえ、とでも考えていたのか。

それにしても、どうも世間一般の形勢は勝によろしくないように思われる。そこで海舟になり代わっての積もりもあってか、徳富蘇峰がこの『痩我慢の説』に猛反発して、勝の「聡明な」あり方に大そう肩をもつ論陣を張った。すると、ただちに「何をぬかすか」と喰ってかかる連中が続出。そのひとりが堺利彦で、福澤支持を鮮明にした彼の威勢のいい論文が、かなり評判をよんだそうな。

「世に意気地を除外したる聡明ほどくだらぬものはなし。聡明にして意地弱く臆病なる者は、ともすれば是れ大勢なり抗すべからずと称して事をなげうつなり。予輩は蘇峰君の聡明説よりも福澤翁の瘦我慢説が遥かに多く今日の社会を益す事と信ずる也」

左様、日本男子たるものは常在戦場の精神で、撃ちてしやまんの気概をつねに保持せねばならじ、と、だれでもがそう思いたくなる。いつだって男の子は元気がいちばん、なのである。聡明を選ぶか、瘦我慢を選ぶか、眼くじら立ててやり合うような話ではないが、どうも一般的に、「瘦我慢」に積極的賛成の人、消極的ながらうなずく人のほうが、「聡明」派よりも多いように思えてならない。

それに加えて後段の、新政府の高官そして爵位の件となると、パンチがしたたかにボディに利いてくるの感ありで、反論がますます容易でなくなってくる。

「……勝氏も亦人傑なり。……此点に就ては我輩も氏の事業を軽々看過するものにあらざれども、独り怪しむべきは、氏の維新の朝に曩きの敵国〔薩長〕の士人と竝立て得々名利の地位に居るの一事なり」

「古来の習慣に従えば、凡そ此種の人は遁世出家して死者の菩提を弔うの例もあれども、今の世間の風潮にて出家落飾も不似合とならば、唯その身を社会の暗処に隠して其生活を質素にし、一切万事控目にして世間の耳目に触れざるの覚悟こそ本位なれ」

まったく議論の上手な福澤センセイは、日本人的な情緒をくすぐって、うまいとこを突いてくる。坊主になるか隠遁せよには、つい拍手を送りたくなる。すでに書いたことであるが、海舟は江戸を離れて静岡に向かったとき、福澤の指摘するとおりに、すでに残りの人生を余生と見なし、遁世したいと考え、その旨の発言をしばしばしているが、諸般の事情でそうもならなかった。そのことをいくら強調してみても、下手な釈明になるだけであまり効果的とは申しかねる。

その上で、ごくごく下らないことをまっ先に書いてしまうと、明治九年より氷川の隠居となった海舟は、明治二十年五月、賞勲局より子爵に叙するという内命をうける。勝っつぁんは皮肉にそんな自分を笑い飛ばす。

今までは人並の身と思ひしが
五尺に足らぬししやくなりとは

俺が子爵かよ、もっと上にしろ、という抗議と、海舟嫌いの人はうけとるが、そんな阿呆なことを海舟が考えるはずはない。とだけ書いてはみたものの、結局、海舟は子爵どころか伯爵となる。翌二十一年四月、枢密顧問官に任ぜられ、そして十月には正三位にのぼった。徳川慶喜が静岡市紺屋町の元代官屋敷から、西草深町の邸に移ったころである。さらに二十二年十二月、勲一等瑞宝章を賜った。……という具合に栄進して、最後には正二位勲一等伯爵という重ったるしい肩書で死ぬことになる。

「帰りなん故郷へ、田園まさに荒れんとす」と恰好のいいことを言って、氷川の隠居となり、悠々自適の静かな余生を送った。と書ければ、ややこしい理屈をひねらないでもすむものを、高位高官の頂上近くまで昇ってしまうから、そうもいかなくなる。福澤諭吉に、「独り怪しむべきは、氏の維新の朝に曩きの敵国の士人と竝立て得々名利の地位に居るの一事なり」とくさされる所以となる。勝っつぁん贔屓には、いかにこれを論破すべきか、難儀な仕事が永遠に残されている。

それで山路愛山、田中惣五郎、そして子母澤寛といった勝海舟伝らしきものを書いた人も、「それからの海舟」についてはそれほどくわしくふれようとはしない。『瘦我慢の説』の説くように、明治政府の下で伯爵となり枢密院顧問官となり、「国家の功臣を以て傲然自ら居る如き」の勝海舟の身の処し方は、はたして「世界立国の常情に訴えて愧るなきを得ず」といったものであるのであろうか。

わたくしは考える、勝っつぁんの維新前後の生き方には毫も謗られる筋合いはない、と。維新の動乱を堂々と、強く生き抜いてきた男なのである、と。天下大動乱のとき、人々が難を恐れ策に窮してだれもその衝に当たろうとしないとき、勝は百難を恐れずに身を挺したのである。もちろん、旧幕府の首相兼外相兼陸相として、西軍側と交渉しなければならない立場におかれたゆえといえば、それまでであるが、決して逃げようとはしなかった。しかもその首尾一貫してとった方策が西欧列強の代理戦争としての内戦を避けることで、それを押しとおしたことは見事であった。

そのために、自分の刀を抜けないように紐で縛っている。外出のさいは馬の口取りひとりだけで、護衛の者はまったくなしにした。家にも屈強のサムライはひとりも置かず、用事をするのはすべて女ばかり。ということは、勝っつぁんはおのれの信ずるままに、自分自身も武装解除してしまったのである。そして日記にこう書いた。

「これより心中快然、挙止ただ一人、敵に逢えばただその討たるべきを知って、これと力を争わず」

ここまで平和に徹して力いっぱいの奮闘をしたのである。日本の明日のために。

名利の地位に昇ったのが怪しからぬ、という福澤の非難の根底に「痩我慢」があることは書くまでもない。卑俗にいえば、腰抜けの変節漢が時流に乗って偉くなるのは許せない、という正義論である。しかし、冷静に考えてみよう。その痩我慢をとおすことで日本全土を西欧列強の代理戦争に投じてしまうことが正しかったかどうか。炸裂するような激しさで、美学的な破滅を選ぶ。一国の存亡の責任を負うものとして、そうした一個の凶器となることが、武士道の粋ということなのか。華々しくて見栄えがするが、政治家としては決してそういうものではあるまいと思う。

そうした達人の生き方がわからず、どういうわけか「変節」といった言葉で海舟を批判する勇ましい輩がやたらと多い。結局は、そんな連中にかぎって、へなちょこな、口ばかり達者な手合いばかりなんであるが。そしてその根柢に、人間のいちばん低劣な根性である嫉妬があるように思われる。わたくしは、「それからの勝っつぁん」の生き方は、金輪際「愧じることなきを得ず」とは思わないから、この一冊をしこしこと書いたまでのことなのである。

## ●新しい「瘦我慢」の説

関連して、いささか余計な話を以下にしておきたい。それは福澤諭吉がこれを書いたのは明治二十四年十一月末、発表したのが三十四年一月、ということの意味についてである。

維新いらい四半世紀近くをすぎて、憲法発布、教育勅語の下賜、国会開設の実現へと、遅れて近代化に出発したわが日本国も、このころ近代国家としての形をどうやら完整しつつあった。別の視点でみれば、薩長藩閥による圧倒的な専制支配がようやくにして揺らぎはじめているころになる。前年の日本最初の総選挙は、立憲自由党、立憲改進党など反政府派が大勝をおさめ、国政はぐらぐらしはじめ、また、国際情勢も欧米列強の東アジアでの覇権をめぐるせめぎ合いがいよいよ激しさを増し、緊急な対処をせまられているときでもある。しかもいまだ欧米列強との不平等条約解消の目処もたっていない。独立国家としての存在意義がいまだふらふらと見つからず、何か〝精神の核〟となるものが不足している。こうして薩長閥政府への不満は高まり、このままでは我慢がならぬという不信と不平が民衆の間にある。そこにこそ、福澤をしてまさしく「瘦我慢の説」を書かせたモチーフがあったのである。

こうした時勢の変動を見てとって挑発的論文を書き上げた福澤は、翌二十五年一月、その写しを勝海舟と榎本武揚に送って、当事者の意見をもとめた。二人は放ったらかしにしていたらしいが、さらに手紙をだして、福澤は返事の催促をしている。勝はそこで前項に書いた「行蔵は我に存す、……」の手紙を書き、榎本は「昨今別而多忙に付、いずれ其中愚見可申述候」という返事を書いた。面白いのは、福澤は催促状で「天下後世のためだ」といっているのに、なぜかそのまま篋底に秘し、執筆後十年たった明治三十四年一月元日の時事新報に、勝と榎本の返書とともに全文を発表する。海舟はすでにこの世を去っているから、そんなことは知らない。

さて、何でそんなときに発表に踏み切ったか。折からの時世の流れというものがつよく作用したと推理するのである。すなわち、そのころの日本国民は、日清戦争後の三国干渉に涙を呑み臥薪嘗胆を合言葉に、帝国主義列強に抗するためには、何をおいても軍備充実なりと血眼になって急坂を駈け上っていた。とくに南下政策をとる帝政ロシアの強圧を、民衆は我慢と怒りの最大の対象にした。ロシアの侵略に備えようと、総決起運動がいたるところで展開され、いまこそ、全日本人の国民意識の統合が必要である。ふらふらしているときに非ず、と多くの人がひとしく感じていた。それは異常なナショナリズムの昂まりとなる。こうした天下独往の国家をつくらねばならないとの燃えるような国民的意欲を背景に、「痩我慢の説」が時の流れに棹さしてタイミングよく世に出たのである。これが大評判とならないはずはない。

いらい、「痩我慢」は外圧を受けて国家独立が叫ばれるとき、きまって持ち出されてくる教典になっていく。思想的な柔弱を論難するときの基本的な物差しともなる。とくに戦後日本においては、福澤諭吉が民主主義の開祖に祭り上げられ、痩我慢のおおかたの評判はすこぶる芳しいのである。

話をさらに拡げれば、現今の日本である。〝十年の空白〟とやらでこれまでの価値体系はご破算となり、社会秩序は崩壊し、その上にアメリカの「新しい戦争」論、北朝鮮の核武装などと外圧をまともに受けて、いまや国家意識・民族意識の統一高揚が唱えられている。それは、あらためてナショナリズムを喚起し、天下独往の国を造らねばならないという声なのである。つまり、まるで判で捺したように、新しい「痩我慢の説」が、いや、もう外国の干渉は我慢がならぬ説といったほうがいいか、威勢よく声高に叫ばれているのである。まこと歴史は、というよりも人間は、同じ道を選択して歩むものらしい。

## ●喧嘩過ぎての棒ちぎれ

「海舟は砥石をひきよせ、しずかにナイフをといでいる。とぎ終ると、ナイフを逆手にもって、チョイと後ろ頭をきる。懐紙をとりだして、存分に悪血をしぼりとっている。

それがすむと、今度は指をチョイと切る。そして存分に悪血をしぼる」

坂口安吾の推理小説集『明治開化安吾捕物帖』（全二十篇）のなかに出てくる名探偵の勝っつぁんである。こんな風にしてチョイチョイとここかしこを切って悪血をとるのが、勝っつぁんの日常であったらしい。事実、前にも記したが、巌本善治が、「氷川のおとづれ」という一文を書いて、『海舟座談』に収めている。それにこうある。海舟の居室には「必要な書類、手帳を置き、又小き鉢に水または湯を入れたるに蓋をしたると、砥石と古風な煙草盆とを置き、此の煙草盆の抽斗に色々の小道具が入れてある。その中に必らず、鋭利のナイフがあるが、之を砥石で研ぎ、自分で、指や、頭の辺を切って、しばしば悪血を取られるのである」。安吾さんがこれに拠っているのは明らかで、勝っつぁんは相当ののぼせ症であったらしいとわかる。

小説では、氷川の自宅に引き籠もり、明治十八、九年ごろの開化期の世情をしきりに慨嘆しつつ、名探偵よろしく勝海舟は、奇っ怪な事件のナゾ解きに大いに知恵をしぼる。されど、ズバリ犯人を当てることがほとんどない。といって、トンマな探偵の阿呆らしい推理とは違って、さすがに人間洞察にかけては当代随一といえる大頭脳であるから、推理にはいつだって三分ほどの理はある。その、もう少しというところでトチルのが残念でならない。されど、ご当人は「すべて探偵ということは、実地にこの目で見なくちゃァ真相は見破りがたいものだ」なんて泰然自若として言うばかり。この負け惜しみがすこぶる愉快で、わたくしは愛読している。

安吾さんが探偵に海舟を起用したのは、この江戸っ子的ヘソ曲がりの傑物を高く評価しているからにほかならない。どのくらい惚れ込んでいるか。その海舟観については、この『捕物帖』ではわからないが、別の傑作『安吾史譚』のなかの、勝っつぁんの、例の痛快な親父どののことを書いた「勝夢酔」を読むと、いっぺんにはっきりする。少々長く引用する。

「勝海舟の明治二十年、ちょうど鹿鳴館時代の建白書の一部に次のようなのがある。『国内にたくさんの鉄道をしくのは人民の便利だけではなくそれ自体が軍備でもある。多く人を徴兵する代りに、鉄道敷設に費用をかけなさい』

卓見ですね、当時六十五のオジイサンの説である。〔……〕兵隊なんぞは無用の長物だ。尤も、それよりも、戦争をしないこと、なくすることに目的をおくべきであろう。海舟という人は内外の学問や現実を考究して、それ以外に政治の目的はない、そして万民を安からしめるのが政治だということを骨身に徹して会得し、身命を賭して実行した人である。近代日本においては最大の、そして頭ぬけた傑物だ」

この、安吾さんの「卓見ですね」には、生涯をとおして不変不動であった勝の合理主義にたいする最大の評価がある。一大強国になるべく軍備増強に金をかけるよりも、鉄道建設に金をかけよ。勝のこの主張に満腔の敬意を表している。それはまた安吾さん自身の合理主義でもあったのである。軍備増強にやみくもに走るだけ走って、ついに国を滅ぼした昭和日本への、安吾さんの痛烈にして痛切な批判でもあるであろう。

さらにこのあとをつづける。

「明治維新に勝った方の官軍というものは、尊皇を呼号しても、尊皇自体は政治ではない。薩長という各自の殻も背負ってるし、とにかく幕府を倒すために歩調を合せる程のことに政治力の限界があった。／ところが負けた方の総大将の勝海舟は、幕府のなくなる方が日本全体の改良に役立つことに成算あって確信をもって負けた。否、戦争せずに負けることに努力した。／幕府制度の欠点を知悉し、それに代るにより良き策に理論的にも実際的にも成算があって事をなした人は、勝った官軍の人々ではなく、負けた海舟ただ一人である。理を究めた確実さは彼だけにしかなかった。官軍の誰よりも段違いに幕府無き後の日本の生長に具体的な成算があった」

惜しむらくは、ドシドシ書いてほしかったのに、この「勝夢酔」のほかの安吾さんの作品のどこにも、『瘦我慢の説』にたいする直接の言及はない。しかし、安吾さんが福澤説をとらないことは、ここに描かれているもっとも覚めた目をもった政治家にして、果敢な実行家の海舟像だけで、もう充分であろう。確信をもって負けたのである。そのために勝は一命を危険に何度もさらしたのである。

くり返すが、『瘦我慢の説』には「一丁やったるか」といった青春の客気のような威勢のよさ、歯切れのよさもあって、ごくごく説得的である。批評の気楽さといったところもある。しかし、冷静に、リアリスティックに判断すれば、維新後二十数年も経過したときに、高見に立って批評するものと、激動の真っただ中にあって政治の実際に当たったものとは、およそ較べようのないほどのプラス・マイナスの差がでてくる。

あの伸るか反るかのときに、江戸を焦土にしてもいい、サムライの意気地を立てて玉砕せよ、との徹底抗戦主義に諸手をあげて賛同する民衆がどれほどいたことか。太平洋戦争の終末期の八月十五日のわれら日本人のことを思い合わせてみれば、あまりにも答えは明瞭である。

はっきり言って、生命の危機もなく、ともかく生活は安穏無事に、家財の無事も保障された状況下ならば、どんなに強いことも言える。喧嘩過ぎての棒ちぎれ、とはまさにそのこと。いま、生命懸けで乗り切ろうとしている動乱のあとの、日本の明日に、理を究めた成算をもって処していたのは、まさしく安吾さんのいうように、勝っつぁんただひとりであったとわたくしにも思われる。

江藤淳氏もいっていたが、叩き壊すよりも、勝っつぁんはまとめることをえらんだ。それで確信をもって負けた。そこがエライ。政治において何事かを為し遂げるということが、どこかに突っつかれやすいマイナスをともなうということも、勝っつぁんははっきりと自覚している。しかし、機はいまをおいてないのである。それゆえの無血開城である。そのことにたいして弁解はしないのである。それが実行家というものなのである。やっぱりあとからの批評は気楽といったところになる。

第十二章

# 誰か知る「あひるの水かき」

## ●慶喜の長すぎた「余生」

海舟の明治を追いつづけるのに、つい気を入れてしまって、大事な人のその後をすっかり置き忘れてしまった。前将軍徳川慶喜のことを、である。明治二年九月二十八日、「順逆を審かにし、反省自ら新た」ゆえに謹慎をとかれ、十月五日紺屋町の元代官屋敷に移り無位無冠の市井人になった。「なお世をうしろめたく思し給いて、しばしば外出し給うこともなかりき」（『慶喜公伝』）というところまでは、大分前にふれたが、そのまま にわが筆は表舞台からこの人の姿を消してしまい、もう何十年もたってしまった。これはまことにいけぞんざいにしてつれない処置であった。

なにしろ、日本の歴史はじまってこの方、権力の平和的委譲ということは、神話の大国主命の出雲国譲りのほかにはなかったのである。すなわち、神話でなく歴史はじまっていらい、いっぺんもなかったことを意味している。そのだれもよく成しえぬことを徳川慶喜のみが行ったのである。西欧列強の代理戦争を国内でやって国家の基盤をゆるがしたら、近代日本の早期完成などはなかった、あるいは植民地化の憂き目にあっていたかも……。なるほど、「大政奉還」「江戸城明渡し」の発案者がほかにあったとしても、これを採用し、実行したのは慶喜その人なのである。慶喜が大坂城から江戸城に逃げ帰ってきたとき、フランス公使ロッシュが登城して謁見を乞い、しきりに再挙をすすめ、そのために軍艦・武器・資金の供給を辞さず、とまで言った。このときの、慶喜の返答は立派である。

「わが国の国風というものは、朝廷の命令と称して兵を指揮するときは、百令ことごとくそれに従う。勅命には何人も反くことはできないのである。いま兵を交えて、たとえわれらが勝利をえたとしても、それは末代までも朝敵の悪名からまぬがれがたいことになる。たしかに従来からの徳川家にたいする情義からしてわれに加担する者があるであろうが、そうなっては国内各地に戦闘が起こって、三百年前のごとき兵乱の世となり、万民がその害を受け苦しむことになる。これは余のもっとも忍びえざるところなり」

こうして江戸城深く食い入っていたロッシュの謀略路線を、慶喜は自分の判断で拒絶したのである。

という見地に立てば、当然のこと、慶喜は偉大な政治家であるという見方がでてくる。いきなりこんな風に褒めてみたとて、慶喜公は「いまさら何だよ」とプイと横を向くかも知れないが……。実のところ、ここで大喜びしてくれるような単純な人なら、どんなにか維新史がわかりやすかったことか。しかし、そうなると薩長の田吾作どもばかりとなって、探偵術による解明の楽しみは半減してしまうことも確実である。慶喜その人のなかに近代人的な、わけのわからなさ、不透明さ、不敵さが、逆にわずか十年余の政治的動乱を日本史上もっとも面白い時代としている。偉大な政治家などと、慶喜をまつりあげないほうが、この場合、歴史を愉しむためにはいいようである。

で、すっかり忘れていたわけではなかったが、海舟の晩年について語るためにはもう一度、慶喜公に御登場してもらう必要がある。やむなく退隠後の慶喜の生涯を略記する。明治五年正月六日、従四位に叙される。さらに黙々の八年間がすぎ、十三年五月八日、四十四歳にして一挙に正二位に叙された。かつて将軍であったときと同じ位階である。さらに何年かが経過して、二十一年三月六日、静岡市西草深町二二七番地の邸に移る。そしてここで満九年半以上たって、やっと東京に移住することとなり、三十年十一月十九日、東京は巣鴨一丁目に住むことになる。

海舟日記の十二月のところに、たった一つの記事があって、それにはこうある。残念ながら、日付はない。

「十一月中旬より多事。いよいよ世上不穏、財政困難を顕す。官察せず。内閣の政□《ママ》も甚だしく、ほとんど支え難きを見る。松方〔正義首相〕へ辞職成すべきを一言す。形勢、幕末と等しく」

そして上の欄外に、何と、「慶喜公御出府」のただの一行が書き込まれている。十二月にはほかの記事もほとんどなく、欄外の一行が書き残したくて、ついでに余分な時局談を記したとみることだって可能なんである。ところが、『海舟座談』にも、慶喜上京のことがふれられている。

「慶喜が来てから、また世話しくなってネ。〔徳川〕一門へ行って、それぞれこれまでの主旨を話さなければならぬ。これまでは、あちらへ〔静岡へ〕往来をなさるなと言って、止めてあったのだ。党を作るようになるし、考えがあるからネ。それが、いま宮様が御骨折で、お上からああなすって下すったのだから、真に有りがたいと思わねばならぬ。うまく行ったと思うては、また間違うからね」

どうも喜ぶべきことながらいささか面倒なことよ、と海舟は思っていた向きが読みとれる。

それはともかく、さらにつづければ、海舟死後の三十四年十二月、慶喜は小石川小日向第六天に居を移した。三十五年六月三日、公爵を授与され、四十一年四月三十日には勲一等旭日大綬章を賜る。これより前、三十三年に麝香間祗候《しこう》を仰せつけられ、病気のほかに何があろうと、宮中の式典に慶喜は参内を欠かすことはなかったという。その精励恪勤ぶりはほかに例をみない。

「しかも、金装の大礼服いかめしき人々の仲に、公は爵位服にていとつつましやかに在しければ、看る人みなその奥ゆかしき風采を感じ奉りき」(『慶喜公伝』)

ただし、政治にはいっさい口を出さなかった。そして大正二年十一月二十二日にその死となる。慶喜は数え年七十七歳。

略記と書いたが、その生涯は以上でほぼ尽きているのである。数え三十二歳の春から七十七歳で世を去るまでの四十五年間、慶喜は天下のことはもちろん、徳川家内部のことにも、いっさい口出しはしなかった。自決こそはしなかったが、自己を完全抹殺してそれを苦ともしていない。最後まで世間との交渉を絶って暮らした。それが自分が自分に科した罪状であるかのように。若いときから「強情公」と仇名をつけられていたというが、その強情さを生涯にわたって押しとおしたのである。

## ●自己抹殺のながい春秋

司馬遼太郎『最後の将軍』には、静岡にきた日、小姓頭取の新村猛雄にもらした慶喜の有名な言葉が引かれている。

「わしもまだ三十二歳……なお茫々とながい春秋を生きねばならない」

これを新村は「虚無的慨嘆」と思ったが、そうではなく、

「慶喜のいうところでは春秋がながいために日々退屈せぬようにせねばならないということであった」

と新村があとでわかった、というふうに司馬さんは書いている。

忌憚なくいってどうにも疑いを抱いてしまう。これはそうではないのではないか。それほどさばけて、自己に執しない人であったなら、慶喜の出処進退はもっとさわやかなものであったはずである。

むしろ新村の最初の観察「虚無的」な想いのほうでよかったのではないか。とにかくこの世から生きながら去ったの想いが、自己抹殺の想いが、ごく自然にくちをついて出たものであったのではないか。その信条あるゆえに、静岡時代はもとよりのこと、東京にきてからも、来客を避ける意思を強固に保持した。かつての側近第一号・永井尚志が太政官の大書記官となって、挨拶もかねてわざわざ静岡に訪れた折りにも、慶喜はついに会おうともしなかった。渋沢栄一と、のちに海舟の、わずかこの二人だけが常の出入りを許されていたというのであるから、その孤独に生きることの徹底ぶりは度外れている。

ところで、ことあらたまって、ここにわざとらしく「のちに海舟」と書いたのではないか、と疑われる方もあるかも知れない。すでに何度もふれてきたように、猜疑心の強い慶喜は頼みとしながらも、終始勝に心を開こうとはしなかった。海舟の江戸開城の骨身を削る努力と、それ以後の徳川家存続の全苦心だって、要は新政府と勝の「馴れ合い」と見ているのが慶喜という殿様なんである。その慶喜が、ついに勝の誠心誠意を認めるエピソードが実は慶喜の東京移住までの間にあったのである。

それは明治二十五年のことである。一月七日、胸を患い病弱であった長男の勝小鹿《ころく》（予備海軍少佐）がついに亡くなった。そして九日の海舟日記にこう記されている。

「我家相続の事、書付、溝口へ附し、徳川家差し出す」

さらに十七日の項にこうある。

「溝口勝如、拙勝氏の家、儀、死後、慶喜御末男を以て御続の事、御許容これあり、溝口大に骨折らるニ因る」

その意味するところは、勝部真長氏の「日記解説」に引かれている宮島誠一郎の追憶にすべて語られている。長文であるが、全部を引用する。

「小鹿サンの死んだときには、表は何んともなかったが、〔勝は〕余程悲しんだものだろう。それで、是非来てくれと云うことで、行ったら、棺を横に置いて、言うには、今朝から考えたが、勝家というものは、元と煙の如く消して仕舞いたいと思っていたものだが、既に爵位も頂戴した以上は、ワシの死後はこれを徳川氏に奉還したい。ソシテ慶喜公の末子を貰いたいと云うことであった。宮島さんは、この事に始めから関係して下さったから、どうか頼むと云うことだ。それから溝口が行って、話したら、慶喜公は、大相涙にムセバレたと云うことだ。『勝は自分に対して怨みでもしていると思ったら、それまで信切に思っていてくれるか』と、言われたそうな」

これではっきりする。末っ子の精《くわし》を養嗣子に迎えたいとの勝の希望に、慶喜は感涙にむせんだ。そして「そこまでわれのことを思ってくれるのか」とつぶやき、やっと心からの理解をしめしたというのである。つまり「のちに海舟」とわたくしが書いたゆえんである。慶喜はそれほど複雑な心情の持ち主であった。「茫々とながい春秋」の言葉のうちには、自己抹殺せんとの悲壮な決意と、無限の悲哀とがこめられている、とみるのが、やっぱり自然というものではないか。

では幕臣をすべて遠ざけて、懐かしく思うこともなかったのか。決してそうではない。明治九年、土方歳三の兄や近藤勇の養子らが相談しあって、高幡不動の境内に両人の碑を建立しようとした。その碑の篆額の文字を慶喜に頼もうとし、旧幕府の典医頭の松本順が家令を通じてその旨を言上した。

慶喜は往時を回想するようにしばらく瞑目していたが、

「近藤、土方か……」

とつぶやくと、せきあげるようにして落涙した。家令が松本に送った手紙がある。

「御書面をそのまま御覧に入れ候ところ、くりかえし御覧になられ、ただ御無言にて御落涙を催され候あいだ、御揮毫相成り候や否や、伺いあげ候ところ、なんとも御申し聞かせこれなく、なおまたその後も伺い候ところ、同様なんとも御申し聞かせこれなく……」

つまり、なんど催促しても落涙するだけで、いやとも応ともいわなかったという。譜代の幕臣でもない近藤や土方の至誠の奉公ぶりを、慶喜がいかに有難くも嬉しく思っていたことか知れる。ただこの時点では世間に少しでも名の出ることさえも慶喜はきびしく拒んでいた。それゆえにただ泣くだけであったのである。ちなみに揮毫は松平容保がひきうけている。

文字といえば、明治四十四年になって日本橋が改めて架けられることになり、橋の題字を東京市が慶喜に頼んできた。なんども依頼をうけてこのときは承諾している。いまもその字は橋に残っているが、なかなかに剛健にしてあたたかみのある筆致である。慶喜も七十をすぎて、いくらかは心をやわらかくしたものとみえる。

書もそうであるが、若き日の一橋慶喜のころから、この人はよき趣味人として大そうよく知られていた。静岡に隠棲し世間と没交渉となると、明治三年ころからの慶喜はその趣味生活にひたすら没頭するようになる。書はもちろん大弓、打毬、狩猟に鷹狩り、鉄砲、宝生流の謡曲、油絵。そして刺繡。いずれも余技の域を脱した上達ぶりをしめす。それを凝り性の人柄のゆえとするのは皮相な見方かと思う。「茫々とながい春秋」を沈黙を貫いて生きぬこうとする人の、つらく苦しい心の闘いが、そうした成果をもたらしたとみるべきではないか。

写真が好きで、将軍時代から彼を写した何枚もの写真が残されている。静岡時代にはこんどは自分で写し、現像をはじめた。そのために徹夜することもあったという。ずっとそばにいて警固の任についていた新門辰五郎が、老齢ゆえにお暇をいただき静岡を離れるときに、慶喜が彼を撮った写真がある。頭にモダーンな帽子をかぶり、短刀を腰にした辰五郎は、江戸っ子一流の照れくさい顔をして写っている。これ一枚でも、慶喜の腕前はなかなかのものであることがわかる。

## ●天皇と前将軍の対面

そのむつかしい人に、ほんとうに久し振りに、晴れの舞台が用意された。

明治三十一年（一八九八）三月二日、前征夷大将軍徳川慶喜が、維新いらいはじめて、かつての居城であった江戸城、いまの宮城の客となったのである。慶応四年（明治元年）慶喜が「江戸よ、さらば」と述懐し、この城を出てより三十年五ヶ月もの歳月がたっている。当時三十二歳の前将軍も、すでに還暦を超えた。この無位無冠の一介の市井人を迎えるのは明治天皇で、こちらも四十代の半ばになっている。

大広間での公式の謁見を終えると、前将軍は寝殿つまりお茶の間に通された。侍従にみんな退出を命じたあと、天皇はとくに皇后を呼び、前将軍に酒肴を差し上げるように命じた。そして皇后は手ずから慶喜に酌をしてもてなしたという。それだけのことであったといえばそれまでであるが、大袈裟にいえば、明治維新の大業はこのときにやっと完成し、そして終幕したといえるかもしれない。もっと俗ないいかたをすれば、明治天皇と徳川慶喜の手打ち式が無事にすんだことになろうか。

時期としては、それはまことにいいときの和解であったといえよう。またしてもくり返しになるが、明治日本は、二十七、八年の日清戦争に勝つことはできたものの、帝政ロシア・ドイツ・フランスの三列強の政治的・軍事的な干渉をまねいた。とくに帝政ロシアの強硬きわまりない南下政策と否応もなく向き合わざるをえなくなり、とるべき方策として臥薪嘗胆の忍苦を国民がしいられているときであったのである。薩長藩閥による政権もようやくゆらぎはじめている。明治二十九年秋ごろから「第二の明治維新」という言葉がさかんに唱えられている。たとえば、その年の九月の松方正義内閣などは、民党派の巨頭である大隈重信を副総理格の外務大臣で入閣せしめ、やっと面目を保っている。それから明治三十二年の大隈重信・板垣退助連立内閣にいたるプロセスは、いわゆる薩長藩閥中心の政治が急速に崩壊していく過程といっていいのである。

それればかりでなく、明治政府がたえず気にせねばならぬ隠然たる勢力が、まだ時代の底流にあってうごめいている。もし欧米列強を相手の外交政策に破綻をきたし国運をゆるがすようなことが起こったならば、ただちに大小の反政府的内乱が全国的に惹起するやも知れない恐れがつねに内在している。政権奪取のチャンスはいたるところにある。その場合のいちばん危険な勢力といえば、ごく常識的に考えても、日陰に追いやられたまま陰にこもった怨みを捨てきれないでいる旧徳川幕府の残党ということになろう。

さきにも書いたように、明治二十二年の帝国憲法発布のさいの大赦令で、西郷隆盛の賊名ですらとりのぞかれている。しかし、かつて「朝敵」とよばれ、生命まで召しあげられそうになった徳川慶喜には、〝大赦〟の恩寵はなかったのである。華族令が定められ、公・侯・伯・子・男の爵位を授けられたもの五百名を優に超えたのに、慶喜は放ったらかしである。やっと東京へ居を移すことができただけである。旧家臣団からすればなお許しがたい侮辱を浴びせかけられたまま、陰湿な圧迫がつづいているとしか思えないではないか。

そうしたなかでの、三十年ぶりの天皇と前将軍とのなごやかな対面、つまり仲直りの儀式が、しかも勝者と敗者ということではなしに、宮城内でとどこおりなく行われたのである。皇后が手ずから慶喜の盃に酌をすることの意味も大事である。慶喜の正室（貞粛院、四年前に死去）は一条忠香の養女で、皇后もまた一条忠香の娘筋の人で、血こそつながらないけれども、義理の姉妹ということになる。ということは、天皇が義理の兄を家族同様の歓待で大いにもてなした、ということを、天下に明示するものでもあった。

この日のことを、海舟は日記にこう記している。

「二日。慶喜公御参内。御取扱い向き甚だ厚く、皇后宮より賜物あり。皆出格。我が苦心三十年、少しく貫く処あるか」

さすがに海舟もかなり複雑な感懐を抱いたことが知れる。海舟日記はつづく。

「三日。慶喜公、御来訪。大悦せらる。三位殿同断」（三位とは当主徳川家達のこと）

「四日。参朝。御礼申し上ぐ」

このとき海舟は七十六歳である。日に日に身体が弱って、氷川の屋敷の一室の、敷きっぱなしの床の上で寝たり起きたりで毎日を送っている。その人がわざわざ身を運んで宮城に上って「御礼」を申し上げている喜びようなのである。「我が苦心三十年、少しく貫く処あるか」の一行に、生涯を賭けてやり遂げんとしたことを、すなわち天皇と慶喜との和解をなし遂げたあとの、あふれんばかりの想いがこめられている。

『海舟座談』にも、この参内の喜びについてがかなりの照れ隠しをまじえて語られている。

「慶喜が参内の時は、破格のお取扱があったから、お礼に行ったがネ、そのときから、こう風邪を引いた。／もうかれこれ送迎するものがあるし、慶喜はまた得意になる人だからネ、この間もひどくそう言って置いた。昔しから、功臣の殺されるのは、みなその功に誇るからだ。そうでなくとも、勢というものが変わるもの。功臣は邪魔にならあナ、それ位の事は、こっちはよく知っている。／これで、徳川氏の事は首尾を全うしたから、もうこれで〔終りだ〕。また他の事をよくせねばならぬ」

ここでも「首尾を全うした」と、一安心の気持を吐露しつつ、さりながら、あまりでしゃばると「邪魔にならあナ」と、かなり身を晦ましている。

この参内・対面は、表面的には故有栖川宮熾仁親王の弟の、海軍中将威仁親王の進言によって実現したものと、情報通のまことしやかな内報もあって、ごく自然に世には知られるようになった。そうと聞いてもだれもそれを疑おうとはしなかった。しかし、実は勝っつぁんがその背後にいた。〝あひるの水かき〟と評せられるその得意の裏工作があって、それが宮様を動かし、慶喜を参内拝謁させることにまで漕ぎつけたものであったのである。いまになれば明らかなことながら、当時そんなこととは誰ひとり知ることのないままに……。「少しく貫く処あるか」とは、まさしくそこに勝っつぁんのえもいわれぬ苦心があり、その誠心誠意の結果がある。維新このかた三十年の、動くことなきかれの信念も行蔵も、そこにあったのである。

## ●総スカンの長広舌

ところが困ったことに、勝っつぁんは、もともと複雑な感慨を抱いたまま墓場に黙ってもっていける人ではない。何事であれあっさりと、何気ない風にしてやれる御仁ではない。おしゃべりの上に、江戸っ子らしいヘソ曲がりというか、生一本というか、若いときから奥床しさを持ち合わさず、偽悪趣味でペラペラやるところがある。老来ますますその傾向が強まっているから、もう人に誤解されることばかり。ましてや齢も八十にほど近くなって、いまや大古狸になっている。どこまでが本当で、どこまでがホラ話か見当もつかないことを喋りまくり、聞く人の胸にコチンと当たるようなことをぬけぬけと口にだしていったりして、それを楽しんでいる。それでいっそう評判が悪くなると承知すればするほど、あえてやるのである。

すなわち翌年の明治三十二年三月七日付けの朝日新聞で、よせばいいのに勝っつぁんはこんなことをほざいているのである。

「徳川慶喜公もこの間は参内されて、皇后陛下から色々の御物を下賜されたよ。慶喜公は故有栖川宮殿下の御息所とご親戚の間柄であるから、威仁親王殿下には公の参内を非常に勧められ、一方ならぬご骨折りがあった。徳川家よりおれにも相談があったから、おれもかねてより望むところであるから、内々奔走したよ。こんなことを世の人が聞くと、勝めはまだ謀叛気があるなどというかも知れぬ。そこでおれも控えめにしていたよ。

慶喜公が参内された翌日、わざわざ来られて、天皇陛下に拝謁の際は、非常にご鄭重なるご待遇に与かり、また皇后陛下に拝謁のときも、陛下よりいろいろと長々のお物語ありて、美事なる銀製の花瓶一対と、紅白の縮緬と、金のご紋ある銀杯と、そのほか種々の御物を賜ったことを申されたから、おれも生きていた甲斐があったと思うて、覚えず嬉し涙がこぼれたよ」

これには元幕臣たちが激怒した。むべなるかな。もともと勝は「薩長閥の走狗」として評判がすこぶる悪い。その男がいうにことかいて「慶喜公がわざわざおれのところに来られて」とは、何たる不遜な言い方であることか。ところが、そんな批判や陰口や罵倒などてんから承知のこと。であるから、その上に、彼らの神経を逆なでするようなことを、海舟はぬけぬけとつけ加える。

「そこで慶喜公にこう云ったよ。今後もどこまでも品位を保って、無闇に旧の大小名と往来なさるな。旧の大名などと往来すれば、みずから品位を下げる。そればかりではない、無益な入費がかかって、それでなくとも多くの費用を要する公爵家がいちばん難儀する。三位様が可愛そうだ。しかし、これからは巣鴨の邸に永住さるるも、馬車などには決して乗らず、一人曳きの人力車で、どこへでもお出なされ、たまには徒歩して市中の有様などご覧なされ、と云うたら、ご示教は有りがたい、その通りにします、どこまでも天恩のかたじけなさに酬い奉り、祖宗の祀りを絶やさないように努むるゆえ、この絖《ぬめ》へ『楽天理』と書いて下されと頼まれたから、おれは余りの嬉しさに、落つる涙を呑み込んで、快く承諾したよ。さすが水戸家で養育された方だけのことはある、とおれは感心したよ。

鎌倉にもとゐ開きしその末を
　まろかに結ぶ今日にもあるかな
結ぶうへにいやはりつめし厚氷

春のめぐみにとけてあとなき

おれの役目はもうこれで終わったのだから、明日のことは若い人にたのむよ」

いささか長い引用になったが、いかにも勝っつぁんらしい人を喰った談話である。が、それだけにいっそう、これが五月に単行本『海舟百話』となって発行されたとき、三河武士の血筋をひいた融通のきかぬ連中は完全に爆発した。新聞だけならまだしも、本にまでして後世に残すとは、と多くのものが頭から湯気を噴き上がらせた。なかには、

「公はいやしくも前将軍ではないか。勝という男は骨の髄まで無礼きわまる奴だ。その尊貴な方をわが家に呼びつけるとは、許されざる不忠！　憎むべき輩だ」

と殺気立つ時代遅れもあったとか。

まったくの話、その胸の底の底にある大そうな喜びをそのままに出そうともせずに、やや面白おかしく、半ばホラ話か落とし話のように軽くいなして語って、聞くものを煙に巻く。わざわざ訪ねてきた旧主君を説教してやったら、とても有難がっていたよ、と自慢たっぷりにいう。これで旧幕の堅い連中が頭にこなかったらどうかしている。

海舟という人は、勝部真長氏もいうように、誤解されようが、「それを百も承知で、むしろ煙幕を張って、ぼかしてしまって、痕跡を消してしまう」のが好きなのである。本音を雲か霞のように消し飛ばす、それが性にあっている。それこそ江戸っ子的、といってしまえば、まさにそれにつきてしまうけれども、頭の悪い奴にくどくど分かり切っ

たことを説明するのが面倒くさいのである。いいか、真に旧主君のためを思うのなら、慶喜公にいそいそと近づいて、なんらかのおこぼれにあずかろうとするなよ、と慶喜にさとすふりをして、旧幕の頑迷古陋な連中にいっているのである。慶喜をもう一度頭に戴いて歴史を逆転させようなどというバカなことを考えなさるなよ、と言外にたしなめているのである。さらに風流な二首に、思いの丈をこめている。とくに後の方の、

結ぶうへにいやはりつめし厚氷
春のめぐみにとけてあとなき

に、いかにも海舟らしい感慨がこめられている。もはや「はりつめし」讐などは「とけてあとなき」時勢なんであるぞ、と。

それにしても、「おれの役目はもうこれで終わった」の言葉は、意味深長である。さらには「明日よりのことは若い人にたのむよ」というようなセリフを勝っつぁんが口にするのは、このときがはじめてなんである。これ以前に海舟がこのようなことをいったことはない。勝っつぁんは死ぬまで現役と思っている男である。人の知れないところで大仕事をしてきたし、これからもしつづけるつもりなのである。その男が維新後にずっとつづけてきた〝あひるの水かき〟もこれでお終い、と自分にいいきかせた。よっぽど天皇と慶喜との和解が嬉しかったに違いないのである。そしてその翌年に実際に「これでおしまい」と、海舟はあの世へとあっさり旅立ってしまう。イキな男であることよ。

## ●頑迷派と生意気派

くり返しになるが、海舟の歯に衣を着せぬ言は、まことにさわやかである。それだけにその冷笑的な毒舌に辟易する向きもあり、海舟にたいする風当たりもまたどうして、ひどいものがある。福澤諭吉、福地桜痴、栗本鋤雲など、錚々たるところが、勝嫌いを鮮明にする。これに乗って旧幕臣たちが口をきわめて罵る。その代表格が福澤の『瘦我慢の説』であるが、これについてはすでに書いた。わたくしは福澤の論を「教室武士道論」とする意見に賛成であることにもふれた。

ここには、天皇と慶喜との対面に関連して、武士道について論じた海舟の談話をあげておくことにする。これがなかなかにいいと思うからである。山岡鉄舟述の『武士道』のなかに出てくる海舟談である。海舟はこういうのである。

「一兵をも動かさずして江戸城を官軍に引渡したことは、やはり武士道から割り出したのだ」

おのれの信じる武士道からいってそれは正しかった、と勝っつぁんは断言する。その上でこう論理を展開する。

「そもそも武士道には形もあれば心もある。形は心の発動だ。それゆえに、その精神さえ一定不変であれば、形は臨機応変なものだ。しかるに、この義について、そしりをいう奴に、二種あるよ。第一を頑迷派、第二を生意気派とでもいうておこうよ」

鳥羽伏見の一戦ののち、江戸に帰った慶喜は、軍事総裁海舟の問いに、「徹底恭順でゆく」と答えた。このとき海舟も、それが日本国のためにも徳川家のためにも賢明であると信じ、その後は迷わずその決断を遂行するため奮闘努力した。

ところが、この深い思案がわからず刀を抜いたものがいる。海舟はこの連中を一に「頑迷派」という。かれらは惜しむらくは見識に足らぬところがあるが、「そこに武士道の形だけは認めて、確かにそれを守っておるから、やはり武士道を守っている人間といってよい」と評価した。しかし、もう一方に、口先だけのものもいる。江戸城無抵抗開城はゼッタイにいかぬ、と本心で思ったのなら、断固として一戦すべきであるのに、その決断も実行もしなかった連中がいる。そんなのに限って、あとで武士道がどうのこうの喧しくいっている。かかる輩は「ただ生意気派として蔑視すればたる」と、海舟は吐き捨てる。精神のともなわない口だけの武士道など、勝っつぁんはチャンチャラおかしいと、決して容赦しようとはしなかったのである。

では、勝っつぁんが貫いたおのれの武士道とは？……結局のところ、彼の果たさなければならなかった政治責任ということになろう。その日、海舟は必敗を期して江戸城を明け渡した。私情を捨て日本の国のために、徳川八万騎の反乱を抑えきった。結果として徳川慶喜をして兵を語らざる敗軍の将とせねばならなかった。それゆえに、江戸城無血開城の談判このかた、いつの日にかかならずや「朝敵」徳川慶喜の汚名を雪がねばならないと心に決めた。海舟の「政治責任をとる」ということはその一事にある。徳川の家臣としての彼の考える敗者の武士道もそこにある。

実際の話、海舟は私心なくそれを実行した。そうしただけではなく、その後もずっと国内分裂を回避することに全力を尽くし、いらざる暴発を抑え続けたのである。こんどは日本国のためにである。そのために人知れぬところで〝あひるの水かき〟をつづけることをやめなかった。見えざるところで懸命な奔走をつづけたのである。そして慶喜の汚名を見事に晴らすことになる。そこに勝っつぁんの考えるところの武士道があり、その形があり心があり行動があったのである。あっぱれな男の生きようがある。少々しゃべり過ぎのキライはあるとしても。

エピローグ

# 洗足池の墓詣で

## ●「コレデオシマイ」

明治天皇に慶喜対面の翌年の、明治三十二年(一八九九)一月十七日午後、にわかに脳溢血の発作がおこり、二日後の十九日に勝海舟は亡くなった。十九世紀の最後の前年である。享年七十七。

『海舟座談』の編者の巖本善治が、みずから主宰している「女学雑誌」一月二十五日号に「先生を失うの歎き」を書き、海舟の死にぎわの様を活写している。

「大寒に入る前一日、天気晴朗なり。この日、海舟先生、意気殊に爽然として、諧謔百出す。午後、入って浴して後、微しく異状あり。少らくして、胸頭激痛を起し、悪汗流れ発す。命じてこれを拭わしむるとき、顧みて微笑していう、今度は死ぬるゾと。湯を求めていまだ至らず、忽焉として倒れ、これより長眠せらる」

これからわかるかぎりでは、海舟の最後の言葉は、「今度は死ぬるゾ」であったということになる。勝っつぁんは死の直観があったのであろうか。

いっぽうに、いよいよの死にさいして、海舟は「コレデオシマイ」といって、にっこりした、という話もある。わたくしはこっちのほうが好きである。西郷の汚名返上と慶喜の名誉回復もすんだ。まさに「コレデオシマイ」である。いずれにしても、洒脱味のある末期の言葉で、いかにも勝っつぁんらしい。

悲しい死の話をしながら、どことなく楽しんでいるんじゃないかと誤解を招きそうである。それを承知でもう一席をつづければ、勝っつぁんもからんで、ここでは山岡鉄舟の堂々たる最期が思い出されてくる。山岡鉄舟口述『武士道』に寄稿している「海舟評論」の一節である。

「山岡死亡の際は、おれもちょっと見に行った。明治二十一年七月十九日（死の当日）のこととて、非常に暑かった。当時、正午前、おれが山岡の玄関まで行くと、息子、今の直記が『いま死ぬるというております』と答えるから、おれがすぐ入ると、多勢人も集まっている。その真中に鉄舟が例の禅坐をなして、真白な着物に袈裟を掛けて、神色自若として坐している。おれは座敷に立ちながら、『どうです。先生、ご臨終ですか』と問うや、鉄舟少しく目を開きにっこりとして、『さてさて、先生よくお出でくださった。ただいまが涅槃の境に進むところでござる』と、なんの苦もなく答えた。それでおれもことばを返して、『よろしくご成仏あられよ』とて、その座を去った。少しく所用あってのち帰宅すると、家内の話に『山岡さんが死になさったとのご報知でござる』と言うので、『はあ、そうか』と別に驚くこともないから、聞き流しておいた」

まったく、達人たちの今生の別れはあっさりしていて、かつ見事である。「どうです。先生、ご臨終ですか」「ただいまが涅槃の境に進むところでござる」とは、ともに死に面して泰然、絶妙なやりとりと感嘆するほかはない。あるいは、達人ならずとも「人の死するやその言や善し」で、こう淡々としたものでなければいけないのかも知れない。

ところが巌本善治ときたらあの「先生を失うの歎き」では、「かの逝くものや、気息絶する時、魂魄去り、生死刹那に分れ、幽明立ちどころに隔たる。その距離千万里、長久えにこれを喚ぶこと能わず。……」なんて大歎きに歎いている。巌本どのは勝家にさかんに出入りすることを許されていたらしいが、勝っつぁんのことを真に理解していた御仁とは思えない。何事にも執することなく、闊達で粋な江戸っ子勝っつぁんの最期を書くのに感傷的になるべからずである。「オシマイデスカ」「コレデオシマイ」の、あうんの呼吸こそが肝要なのである。

## ●二つの五輪の塔

盆のまっさい中の、梅雨の晴れ間のある日、わたくしは勝っつぁんの墓参りをすることにした。

東急池上線の洗足池駅で降りて、中原街道を渡るとすぐにやや大きめの池にぶつかる。

洗足池である。これは井の頭公園の池がそうであるように、自然に湧き出した地下水があつまって出来たもので、それがいつのことなのか、はっきりはしていないという。『江戸名所図会』にはこんな風に書かれている。

「本門寺の西一里余を隔て池あり。長さ東西へ三丁ばかり、幅南北へ五十歩ばかりあり。土人〔土地の人〕言う、往古この池に毒蛇住めり。のち七面に祭るという。また池の側に日蓮上人の腰を懸け給いしと称する古松一株あり」

ここにあるように「腰を懸け」たに非ず、日蓮上人の「袈裟懸の松」は、いま御松庵という寺の境内にある。中原街道を少し東にいったところである。この寺から散歩の第一歩をはじめる。

寺の伝承によると、日蓮さんは弘安五年（一二八二）九月に身延山を下りて十日目に、池上右衛門太夫の屋敷に向かうべく、武蔵国の池上に到った。そして、そのとき、この池で足を洗ったということになっている。洗足池の名のおこりなそうな。また、そのときに、汚さないように袈裟をとって近くの松の枝に懸けた。それがこの松の命名の由来であるそうな。なるほど、こっちのほうが『江戸名所図会』の説明よりも、納得できるというものである。

そういえば、と途端に思い出した。勝っつぁんは九歳のとき犬に急所を嚙まれ、父小吉が必死の想いで、「南無妙法蓮華経」と祈った話があり、本書のプロローグで書いた。

それが本所の妙見大菩薩で、ここは法華経の霊場・能勢妙見山から分霊した寺である。然り、もともと勝家は法華経の信者で、そんなご縁もあって、日蓮上人ゆかりの場所に別宅を建てたのか、と思ったが、どうやらそれはこっちの勝手な思い込みであったらしい。

例の幕末大変のとき、西軍の本営のおかれたのが池上本門寺である。海舟は東西両軍の間を往来することしばしばで、その折りにほぼきまってこの千束村あたりを通った。のちになって、夫人同伴でこのあたりを散策したとき、勝っつぁんはこみあげてくる懐かしさもあって、このあたりの風光がぞっこん気に入った。それを美文で書くと、「……当時千束村は風腥く血雨海舟の衣巾を濡す。今の千束村は一草一木皆泰平を装うの具ならざるはなし。海舟この地を過ぎて感慨に堪えず。一地をトし記念の処となしたりと云う。……」、すなわち「千束村に幽地を購い小屋を築き、楓樹千株竹数竿以て小閑の所となす。名付けて洗足軒と云う」。

というわけで、日蓮上人と松と勝っつぁんの選択とはぜんぜん関係はなかったのである。

で、御松庵には早々と暇を告げて、池の畔に足を延ばす。率直にいって、どう贔屓目に見ても、このあたりの楓樹千株の風光はその昔とはすっかり相貌を変えてしまっている。楓樹にあらぬビル千戸がまわりにおっ立ち、深い緑にかこまれた雅趣ある地とは義理にも申し兼ねる。海舟が津田梅子の父から二百五十両で買ったとつたえられる別邸「洗足軒」跡は、このあたりならんと当たりをつけてみれば、中学校の敷地の一角になったりしている。

勝っつぁんの墓所はその少し先にあり、ちょっと高くなった石垣の中に勝っつぁんはいまも眠っている。そこはいまも池にのぞんだ静かな木立のなかにある。わずかに自然の変わらないたたずまいを残している。勝家の先祖伝来の墓は牛込の赤城神社坂下の清隆寺にあるというが、死んだら洗足池に映る富士のみえる風光明媚なこの地の土に還してくれと、海舟はわざわざ遺言を残した。御松庵の住職にもその希望を語ったが、あいにくこの寺は墓地をもたない。そこで広大な別邸の庭の一部を、みずから墓所と定めておいたという。

墓は五輪塔で「海舟」とだけ彫られている。あっさりとして、すがすがしくてよい。向かって右どなりにもう一基、五輪塔の墓がある。こっちには、「勝海舟室」とある。たみ夫人の墓である。長年にわたってつづいた妻妾同居の生活。とにかく我慢に我慢を重ねて何十年、あまりの勝の勝手気儘な振舞いである。ついに「生きているうちはともかく、死んでからは一緒の墓には入らん」と、たみ夫人の墓ははじめ青山墓地にあったが、のちに移されたものという。夫人がはたしてそれを喜んだものか。人の気も知らないで無細工なことをしてくれたものよ、といまもカンカンになっているかも知れない。

それとも、もうとうの昔に勘弁してやっていますよ、と呟いているか。お参りしながら虚心坦懐に眺めたかぎりでは、お二人の墓はごくごく仲良く並んでござる。

海舟の墓所の左どなりに、同じように石垣に囲まれて、西郷隆盛の留魂碑と留魂祠が建てられている。前に書いた木下川の浄光寺の境内にあった南洲の記念碑を、大正二年(一九一三)八月、荒川放水路の改修のとき、黒田清隆を中心とする有志がここに移してきたのであるという。もちろん、まったく関わりのないことながら、となりへ来た西郷どんを迎えていちばん喜んだのが、勝っつぁんであったことであろう。このとき、ついでに黒田たちが南洲七回忌のときに碑のそばに建造した小さな祠をも、一緒に移してきた。それが留魂祠ということになる。

右にたみ夫人、左に西郷どん、この世で信ずるに足る二人に挟まれて、勝っつぁんは泉下で何を想うらん？

余計なことを想像するな。死んでしまった者は灰に化すだけよ。何も考えちゃぁいねえよ。何？ 天国で南洲と俺と何をくっちゃべっているかって。ハハ、話すことがあるとすれば、人間の誠ということについてだけさね。そうよ、「南洲の至誠に、俺は至誠をもって応じたから、江戸城受渡しも、あの通り立派の間にすんだのさ」というわけさ……。

夕闇がそっと近づき、樹間を吹き過ぎる夏の風も涼しさを増した。その風に運ばれるように、そんな勝っつぁんの言葉が、漂いながら聞こえてきたような気がした。たしか南洲の至誠に俺は至誠を云々は、『氷川清話』にあったものか。

「得意の俳句で、いまどんな心境なるか、教えてくれませんかね」

と、言葉をかけてみると、五輪塔が即座に答える。

「べらぼうがべらぼうを云うて夕涼み、ってところだね。呵々」

そんな勝っつぁんとわたくしの静かな対話をかき乱して、携帯電話で話す若い娘の黄色い声が通り過ぎていった。五輪塔は、そのあと、何も答えようとはしなかった。

# あとがき

表題の「それから」の「それ」とは、こと改めて記すまでもなく、三田薩摩屋敷での勝海舟・西郷隆盛の会談のときである。結果として、国内戦争を惹き起こすこともなく、江戸城は無血開城となり、近代日本は華やかに幕を開いた。本書はその歴史的転換点となった「それから」の、つまり勝海舟の明治を書こうとしたものである。といっても、第一章で「それ」までのことについてもかなりふれていることを、あらかじめお詫びしておきたい。一つには話の運びの都合があり、他の理由にはわたくしの東軍贔屓を鮮明にしておく必要があると考えたことによる。

東京は向島の生まれで育ち、幼いときに生家の近くにあって馴染んだ榎本武揚の銅像にちょくちょく攀じ登って遊んだ。また勝海舟に縁故のある寺や神社で、海舟の偉さを教えられた記憶をもっている。やや長じてから雪の越後長岡で数年を暮らした。そこはまた戊辰戦争のさいに河井継之助を総指揮官として、勇壮無類に西軍を相手に戦い、ついに焦土と化してしまった賊軍の町である。本文中にも書いたが、薩長軍は不平不満の貧乏公卿を巧みに利用して年若い天皇を抱き込み、尊皇を看板に、三百年来の私怨と政権奪取の野心によって討幕を果たした無頼の徒輩にすぎない、というかなり進んだ認識を、ほんとうに悪ガキのときからもっていた。巷間でもっぱら信じられている明治維新史は、「勝てば官軍」用のこしらえものにすぎないゆえ、いつの日か敗者の側からみた明治受難史なるものを書いてみたいとずっと思いつづけていた。

そんなであるから、筑摩書房の豊島洋一郎、湯原法史両君から「勝海舟のことを書いてみませんか」と提案されると、「ハイ、書きます。喜んで」と即座に乗った。「ただし、後半生の海舟、つまり、それからの海舟、をです」と条件をつけられたけれども、まったく屁とも思わなかった。雑誌や新聞で、勝っつぁんのことを書けと頼まれたら瞬時に承知することを、わたくしは平生の心がけとしていたからである。それに明治の海舟を描いている作家や歴史家はほとんどいないから、本邦初の快挙となるやもしれぬとの気負いもいくらかあった。

ところがいざ机に向かったら大そう難儀な仕事となった。それにお初どころか、松浦玲先生がすでにして同じテーマで二冊も労作を書かれているではないか。さらには勝部真長氏も。それで、かなり気勢をそがれるところもあったが、とにかく雑誌「ちくま」に二〇〇一年一月号から二〇〇二年十二月号まで連載した。長期であるのに、辿り着いたのは本書の第七章まで、まこと不細工なことであった。そこでこんど一冊にまとめるに当たって第八章以下を書き下ろした。いずれにしても碩学の両氏の著作を大いに参考にさせていただいた。とくに松浦先生にはいろいろな意味でお手数をお掛けいたし心からお礼を申しあげる。また「ちくま」連載時から出版にいたるまで万事を煩わした豊島君にも感謝する。

本書に、いくらかの取り柄が、もしかしてあるとすれば、いわゆる〝薩長善玉史観〟にまったく与《くみ》していないことにあろうか。歴史にはもともと善玉も悪玉もない。人間を善悪の両極端でしかとらえられないというのは、およそ焼きの回ったものの見方というほかはない。それを承知しながら、海舟好きを自負しているわたくしは、精一杯に勝海舟を善玉とし近代日本最高の傑物に磨き上げてみた。薩長嫌いの方には、読んで楽しい物語になっているであろう、と本気で考えている。

いや、そんなことよりも、当時の歴史観やら時世観やらの違いはあったであろうが、ひとしく日本の明日のために挺身し、徒死せねばならなかった多くの東軍の死者のために、この本を捧げたいと臆面もなく思っている。この人々はいまもってお呼びでなくて靖国神社に祀られていないのである。勝海舟によって代表させて、声なき死者たちの言い分や愚痴にも耳を傾けてみようと精々努めたつもりである。

なお勝手ながら、若い読者にも多く読まれることを願って、『氷川清話』『海舟座談』『海舟日記』をふくめて、引用の資料は常用漢字、新かな遣いに改め、句読点もほどこした。文献学的には参考にならぬことをお断りしておく。

二〇〇三年九月

〈文庫本のための付記〉

本書が二〇〇三年秋に出版されてほとんど時をおかず、阿川弘之先生から「此の作品ほんたうに面白いですよ」との有難い一文を雑誌「ちくま」に寄せていただいた。それをそのまま本書の解説に、とまたまた厚かましくも願い出たところ、先生のご快諾を得ることができた。忝《かたじけな》くも嬉しいことであった。心からお礼を申しあげます。

二〇〇八年三月　　　　半藤一利

〔参考文献〕（本文中に明記した一部を除く）

『勝海舟全集』14・18・19・20・21巻　勝部真長・松本三之介・大口勇次郎編（勁草書房）
『勝海舟全集』1・2・20巻　江藤淳・司馬遼太郎・川崎宏・松浦玲編（講談社）
『海舟座談』巖本善治編（岩波書店）
『海舟言行録』楫取正彦編（光融館）
『遠い崖―アーネスト・サトウ日記抄』11・12・13巻（朝日新聞社）
『歴史資料大集成・内乱騒擾篇』平野晨（歴史資料大集成刊行会）
『一外交官の見た明治維新』上・下　アーネスト・サトウ（岩波書店）
『鐵舟随感録』安部正人編（秋田屋書房）
『新聞記事で綴る明治史』荒木昌保編（亜土）
『勝海舟』石井孝（吉川弘文館）
『海舟余波』江藤淳（文藝春秋）
『江戸開城』海音寺潮五郎（新潮社）
『勝海舟』上・下　勝部真長（ＰＨＰ研究所）

『漫談・江戸は過ぎる』河野桐谷編（萬里閣書房）
『志士と官僚』佐々木克（ミネルヴァ書房）
『海軍創設史』篠原宏（リブロポート）
『徳川慶喜公伝』4・5巻　渋沢栄一（平凡社）
『転向―明治維新と幕臣』しまね・きよし（三一書房）
『勝海舟』上・中・下　子母澤寛（講談社）
『勝海舟』田中惣五郎（千倉書房）
『勝海舟伝』蘇峰徳富猪一郎（改造社）
『勝海舟戊申《ママ》日記』橋本敏夫（金鈴社）
『勝海舟』松浦玲（中央公論社）
『勝海舟と幕末明治』松浦玲（講談社）
『明治の海舟とアジア』松浦玲（岩波書店）
『明治維新私論』松浦玲（現代評論社）
『大久保一翁』松岡英夫（中央公論社）
『明治軍制史論』上　松下芳男（国書刊行会）
『幕末の三舟』松本健一（講談社）
『醒めた炎』下　村松剛（中央公論社）

『勝海舟』山路愛山（改造社）
「旧幕臣を救済した『人情と資金』操作」光武敏郎（「歴史読本」一九九〇年一月号）
「福澤諭吉『痩我慢の説』の真意」桶谷秀昭（「歴史読本」同右）
「アーネスト・サトウー動乱列島の情報源」楠家重敏（「歴史読本」同右）

# 解説　頑固な、下町つ子風――『それからの海舟』について

阿川弘之

「ちくま」に連載中、私は毎号、此の作品を読むのを楽しみにしてゐた。何がそんなに面白いのかと問はれたら、「やはり、勝海舟といふ傑出した人物の、独特の個性が」、多分さう答へただらう。それを今回、あらためて通読してみて、「待てよ」と考へ直した。個性は個性でも、一番面白いのは著者半藤一利の、頑固な、下町つ子風の、独特の人間味ではないだらうか――。

海舟その人について知りたければ、「氷川清話」を初め、御当人の遺した著作がたくさんあるし、学者や他の小説家の手になる海舟伝、海舟物語も、多数世に出てゐる。「それからの海舟」には、その種の書物では得られない何物かがあるやうに思はれる。

何しろ著者は向島の生れ、戦争末期家を焼かれて避難した先が越後の長岡、言ふまでもなく朝敵の土地、そこの、「米百俵」で名高い長岡中学を卒業後、東京へ帰つて来る。したがつて、生来薩長が大嫌ひ、江戸つ子大好き。維新に際しての「官軍、賊軍」なんてものは認めない。「西軍、東軍」と呼ぶ、徳川家《とくせん》に生涯を捧げた海舟のことは、十二

分の親しみをこめて「勝っつぁん」と呼ぶ。

その半藤さんが、若かりし日、「文藝春秋」の小泉信三担当編集者として、小泉邸を訪れ、勝っつぁんに関し議論を吹っかけた話が、本書の第十一章に出てゐる。慶応の元塾長は、当然のことながら福沢諭吉贔屓で、勝海舟に対し批判的であつた。何故勝っつぁんを嫌ふかと聞く青年編集者に、五つばかり理由を挙げて、信三博士が理路整然と答へる。その気魄にたぢたぢとなりながら、尚も海舟を擁護するので、「小泉さんはついに不愉快そうな面持ちを消し去ることはなかった」さうである。

此処を再読して私は、「小泉先生、そりゃ無理ですよ」と言ひたくなつた。「先生のお好きな野球に喩へれば、相手は熱狂的な巨人ファンで、阪神のよさなんぞ、初めから一切認める気が無いんですから。特に、巨人のピッチャー勝を語り出したら、手放しの惚気ツ放しで、いくら理路整然、何を仰有らうと、通じやしませんよ」

半藤非難の言と誤解されないやうに、もう一度念を押して置かう。著者のその、頑固な、下町っ子風の、手放しの惚気ぶりが、此の作品を殊の外面白くしてゐるのだと思ふ。小泉信三先生もし御在世なら、苦笑しつつも、面白く読まれたらうといふ気がしてならない。

実際、苦笑したくなるほど一方的な海舟礼讃の言葉が、作中到るところに出て来る。曰く、「江戸っ子はこうでなくちゃいけない」、曰く、「勝っつぁんならではの啖呵といえようか」、曰く、「毅然として動かざること山の如き勝っつぁん」——。

本来なら、作家は物語の主人公に、かういふ剝《む》き出しの親愛感を示してはいけないのである。「作中人物に惚れるな」が創作上の一つの鉄則だといふことを、編集者時代も含めて文筆生活五十年の著者が、知らないはずは無い。半藤さんは、どうもその原則を逆手に取つた気配がうかがへる。「自分は勝っつぁんにこれだけ惚れてるんだ。仕方がないぢゃないか」と、江戸城明け渡しから、明治三十二年海舟が亡くなるまでの、海舟を軸にした歴史の歩みを、謂はば私小説風に書き綴つて、何とも言へぬ面白さを滲み出させようとしてゐる。慶喜公に対する見方や、現今の時流に対する著者の憤激ぶりに、評者として多少の異論が無いではないが、海舟礼讃の裏づけとなる史実も、「歴史探偵」の名にふさはしく、丹念に調べ上げてあつて、興味津々のエピソード（例へば慶喜をロンドンへ亡命させる計画）が次々披露される。プライベイトなことを言へば、私の亡父は長州の出、私どもの本籍は現在も山口県にあり、半藤さんにさんざん罵られてゐる「薩長の田吾作」なのである。田吾作の児孫が面白いと保証するのだから、此の作品ほんたうに面白いですよ。

（「ちくま」二〇〇三年十二月号より転載）

本書は二〇〇三年十一月、筑摩書房より刊行された。

**武士の娘** 杉本鉞子 大岩美代訳

明治維新期に越後の家に生れ、厳格なしつけと礼儀作法を身につけた少女が開化期の息吹にふれて渡米、近代的女性となるまでの傑作自伝。

**ハーメルンの笛吹き男** 阿部謹也

「笛吹き男」伝説の裏に隠された謎はなにか？ 十三世紀ヨーロッパの小さな村で起きた事件を手がかりに中世における「差別」を解明。（石牟礼道子）

**隣のアボリジニ** 上橋菜穂子

大自然の中で生きるイメージとは裏腹に、町で暮らすアボリジニもたくさんいる。そんな「隣人」アボリジニの素顔をいきいきと描く。（池上彰）

**サンカの民と被差別の世界** 五木寛之

歴史の基層に埋もれた、忘れられた日本を掘り起こす。漂泊に生きた海の民・山の民。身分制で賤民とされた人々。彼らが現在に問いかけるものとは。

**世界史の誕生** 岡田英弘

世界史はモンゴル帝国と共に始まった。東洋史と西洋史の垣根を超えた世界史を可能にした、中央ユーラシアの草原の民の活動。

**日本史の誕生** 岡田英弘

「倭国」から「日本国」へ。そこには中国大陸の大きな政治のうねりがあった。日本国の成立過程を東洋史の視点から捉え直す刺激的論考。

**島津家の戦争** 米窪明美

薩摩藩の私領・都城島津家に残された日誌を丹念に読み解き、幕末・明治の日本を動かした最強武士団の実像に迫る。薩摩から見たもう一つの日本史。

**それからの海舟** 半藤一利

江戸城明け渡しの大仕事以後も旧幕臣の生活を支え、徳川家の名誉回復を果たすため新旧相撃つ明治を生き抜いた勝海舟の後半生。（阿川弘之）

**その後の慶喜** 家近良樹

幕府瓦解から大正まで、若くして歴史の表舞台から姿を消した最後の将軍の〝長い余生〟を近しい人間の記録を元に明らかにする。（門井慶喜）

**幕末維新のこと** 司馬遼太郎 関川夏央編

「幕末」について司馬さんが考えて、書いて、語ったことの真髄を一冊に。小説以外の文章・対談・講演から、激動の時代をとらえた19篇を収録。

仁義なきキリスト教史　架神恭介
イエスの活動、パウロの伝道から、叙任権闘争、十字軍、宗教改革まで――。キリスト教二千年の歴史が果てなきやくざ抗争史として蘇る！（石川明人）

現代語訳 文明論之概略　福澤諭吉　齋藤孝 訳
「文明」の本質と時代の課題を、鋭い知性で捉え、巧みな文体で説く。福澤諭吉の最高傑作にして近代日本を代表する重要著作が現代語でよみがえる。

鬼の研究　馬場あき子
かつて都大路に出没した鬼たち、彼らはほろんでしまったのだろうか。日本の歴史の暗部に生滅した〈鬼〉の情念を独自の視点で捉える。（谷川健一）

ギリシア神話　串田孫一
ゼウスやエロス、プシュケやアプロディテなど、人間くさい神々をめぐる複雑なドラマを、わかりやすく綴った若い人たちへの入門書。

橋本治と内田樹　橋本治　内田樹
不毛で窮屈な議論をほぐし直し、「よきもの」に変える成熟した知性が、あらゆることを語りつくす。伝説の対談集ついに文庫化！（鶴澤寛也）

9条どうでしょう　内田樹／小田嶋隆／平川克美／町山智浩
「改憲論議」の閉塞状態を打ち破るには、「虎の尾を踏むのを恐れない」言葉の力が必要である。四人の書き手によるユニークな洞察が満載の憲法論！

哲学の道場　中島義道
哲学は難解で危険なものだ。しかし、世の中にはこれを必要とする人たちがいる。――死の不条理への問いを中心に、哲学の神髄を伝える。（小浜逸郎）

哲学個人授業　鷲田清一　永江朗
哲学者のとぎすまされた言葉には、歌舞伎役者の切る「見得」にも似た魅力がある。哲学者23人の魅惑の言葉。文庫版では語り下ろし対談を追加。

夏目漱石を読む　吉本隆明
主題を追求する「暗い」漱石と愛される「国民作家」をつなぐ資質の問題とは？　平明で卓抜な漱石講義十二講。第2回小林秀雄賞受賞。（関川夏央）

ナショナリズム　浅羽通明
新近代国家日本は、いつ何のために、創られたのか。日本ナショナリズムの起源と諸相を十冊のテキストを手がかりとして網羅する。（斎藤哲也）

誘拐　本田靖春
戦後最大の誘拐事件。残された被害者家族の絶望、犯人を生んだ貧困、刑事達の執念を描くノンフィクションの金字塔！（佐野眞一）

疵　本田靖春
戦後の渋谷を制覇したインテリヤクザ安藤組の大幹部、力道山よりも喧嘩が強いといわれた男……。伝説に彩られた男の実像を追う。（野村進）

宮本常一が見た日本　佐野眞一
戦前から高度経済成長期にかけて日本中を歩き、人々の生活を記録した民俗学者、宮本常一。そのまなざしと思想、行動を追う。（橋口譲二）

新 忘れられた日本人　佐野眞一
佐野眞一がその数十年におよぶ取材で出会った、無私の人、悪党、そして怪人たち。時代の波間に消えて行った忘れえぬ人々を描き出す。（後藤正治）

占領下日本（上・下）　半藤一利／竹内修司／保阪正康／松本健一
1945年からの7年間日本は「占領下」にあった。この時代を問うことは、戦後日本を問い直すことである。多様な観点と仮説から再検証する昭和史。

現人神の創作者たち（上・下）　山本七平
日本を破滅の戦争に引きずり込んだ呪縛の正体とは何か。幕府の正統性を証明しようとして、逆に「尊皇思想」が成立する過程を描く。（山本良樹）

東京の戦争　吉村昭
東京初空襲の米軍機に遭遇した話、寄席に通った話。少年の目に映った戦時下・戦後の庶民生活を活き活きと描く珠玉の回想記。（小林信彦）

ワケありな国境　武田知弘
メキシコ政府発行の「アメリカへ安全に密入国するための公式ガイド」があるってほんと⁉　国境にまつわる60の話題で知る世界の今。

週刊誌風雲録　高橋呉郎
昭和中頃、部数争いにしのぎを削った編集者・トップ屋たちの群像。週刊誌が一番熱かった時代を貴重な証言とゴシップたっぷりで描く。（中田建夫）

増補版 ドキュメント 死刑囚　篠田博之
幼女連続殺害事件の宮﨑勤、奈良女児殺害事件の小林薫、附属池田小事件の宅間守、土浦無差別殺傷事件の金川真大……モンスターたちの素顔にせまる。

**田中清玄自伝**　田中清玄　大須賀瑞夫
戦前は武装共産党の指導者、戦後は国際石油戦争に関わるなど、激動の昭和を侍の末裔として多彩な人脈を操りながら駆け抜けた男の「夢と真実」。

**権力の館を歩く**　御厨貴
歴代首相や有力政治家の私邸、首相官邸、官庁、政党本部ビルなどを訪ね歩き、その建築空間を分析。権力者たちの素顔と、建物に秘められた真実に迫る。

**タクシードライバー日誌**　梁《ヤン》石日《ソギル》
座席でとんでもないことをする客、変な女、突然の大事故。仲間たちと客たちを通して現代の縮図を描く異色ドキュメント。（崔洋一）

**新版 女興行師 吉本せい**　矢野誠一
大正以降、大阪演芸界を席巻した名プロデューサーにして吉本興業の創立者。NHK朝ドラ『わろてんか』のモデルとなった吉本せいの生涯を描く。

**ぼくの東京全集**　小沢信男
小説、紀行文、エッセイ、評伝、俳句……作家は、その町を一途に書いてきた。『東京骨灰紀行』など65年間の作品から選んだ集大成の一冊。（池内紀）

**吉原はこんな所でございました**　福田利子
三歳で吉原・松葉屋の養女になった少女の半生を通して語られる、遊廓「吉原」の情緒と華やぎ、そして盛衰の記録。（阿木翁助　猿若清三郎）

**ちろりん村顛末記**　広岡敬一
トルコ風呂と呼ばれていた特殊浴場を描く伝説のノンフィクション。働く男女の素顔と人生、営業システム、歴史などを記した貴重な記録。（本橋信宏）

**ぐろぐろ**　松沢呉一
不快とは、下品とは、タブーとは。非常識って何だ。公序良俗を叫び他人の自由を奪う偽善者どもに〝闘うエロライター〟が鉄槌を下す。

**独特老人**　後藤繁雄編著
埴谷雄高、山田風太郎、中村真一郎、淀川長治、水木しげる、吉本隆明、鶴見俊輔……独特の個性を放つ思想家28人の貴重なインタビュー集。

**呑めば、都**　マイク・モラスキー
赤羽、立石、西荻窪……ハシゴ酒から見えてくるのは、その街の歴史。古きよき居酒屋を通して戦後東京の変遷に思いを馳せた、情熱あふれる体験記。

ちくま文庫

# それからの海舟《かいしゅう》

二〇〇八年六月十日　第一刷発行
二〇二一年二月五日　第十八刷発行

著者　半藤一利（はんどう・かずとし）
発行者　喜入冬子
発行所　株式会社 筑摩書房
東京都台東区蔵前二—五—三　〒一一一—八七五五
電話番号　〇三—五六八七—二六〇一（代表）
装幀者　安野光雅
印刷所　明和印刷株式会社
製本所　株式会社積信堂


ISBN978-4-480-42443-3　C0123